Cómo criar niños
autodisciplinados

Cómo criar niños
autodisciplinados

Robert Brooks
Sam Goldstein

Traducción de
Gerardo Piña

AGUILAR

AGUILAR

Copyright © Robert Brooks y Sam Goldstein, 2007.
Título original: *Raising a Self-Disciplined Child: help your child become more responsable, confident, and resilient.*
Publicado por Mac Graw-Hill, 2006
De esta edición:
D. R. © Santillana Ediciones Generales, S.A. de C.V., 2008.
Av. Universidad 767, Col. del Valle.
México, 03100, D.F. Teléfono (52 55) 54 20 75 30

Argentina
Av. Leandro N. Alem 720.
C1001AAP, Buenos Aires.
Tel. (54 114) 119 50 00
Fax (54 114) 912 74 40

Bolivia
Av. Arce 2333.
La Paz.
Tel. (591 2) 44 11 22
Fax (591 2) 44 22 08

Colombia
Calle 80, 10-23.
Bogotá.
Tel. (57 1) 635 12 00
Fax (57 1) 236 93 82

Costa Rica
La Uruca,
Edificio de Aviación Civil, 200
m al Oeste
San José de Costa Rica.
Tel. (506) 220 42 42 y 220 47 70
Fax (506) 220 13 20

Chile
Dr. Aníbal Ariztía 1444.
Providencia.
Santiago de Chile.
Telf (56 2) 384 30 00
Fax (56 2) 384 30 60

Ecuador
Av. Eloy Alfaro N33-347
y Av. 6 de Diciembre.
Quito.
Tel. (593 2) 244 66 56 y 244
21 54
Fax (593 2) 244 87 91

El Salvador
Siemens 51.
Zona Industrial Santa Elena.
Antiguo Cuscatlan - La Libertad.
Tel. (503) 2 505 89
y 2 289 89 20
Fax (503) 2 278 60 66

España
Torrelaguna 60.
28043 Madrid.
Tel. (34 91) 744 90 60
Fax (34 91) 744 92 24

Estados Unidos
2105 NW 86th Avenue.
Doral, FL 33122.
Tel. (1 305) 591 95 22 y 591 22 32
Fax (1 305) 591 91 45

Guatemala
7ª avenida 11-11.
Zona nº 9.
Guatemala CA.
Tel. (502) 24 29 43 00
Fax (502) 24 29 43 43

Honduras
Boulevard Juan Pablo, casa 1626.
Colonia Tepeyac.
Tegucigalpa.
Tel. (504) 239 98 84

México
Av. Universidad, 767.
Colonia del Valle.
03100, México D.F.
Tel. (52 5) 554 20 75 30
Fax (52 5) 556 01 10 67

Panamá
Av. Juan Pablo II, 15.
Apartado Postal 863199,
zona 7.
Urbanización Industrial La
Locería.
Ciudad de Panamá
Tel. (507) 260 09 45

Paraguay
Av. Venezuela 276.
Entre Mariscal López y España.
Asunción.
Tel. y fax (595 21) 213 294 y
214 983

Perú
Av. San Felipe 731.
Jesús María.
Lima.
Tel. (51 1) 218 10 14
Fax. (51 1) 463 39 86

Puerto Rico
Av. Rooselvelt 1506.
Guaynabo 00968.
Puerto Rico.
Tel. (1 787) 781 98 00
Fax (1 787) 782 61 49

República Dominicana
Juan Sánchez Ramírez 9.
Gazcue.
Santo Domingo RD.
Tel. (1809) 682 13 82 y 221
08 70
Fax (1809) 689 10 22

Uruguay
Constitución 1889.
11800.
Montevideo.
Tel. (598 2) 402 73 42 y 402
72 71
Fax (598 2) 401 51 86

Venezuela
Av. Rómulo Gallegos.
Edificio Zulia, 1º.
Sector Monte Cristo.
Boleita Norte.
Caracas.
Tel. (58 212) 235 30 33
Fax (58 212) 239 10 51

Primera edición: octubre de 2008.
ISBN: 978-970-58-0441-0
Traducción: Gerardo Piña
Diseño de cubierta y de interiores: Mariana Alfaro Aguilar.
Impreso en México.

ÍNDICE

Con amor para mis nietos Maya, Teddy, Sophia y Lyla. Les deseo una vida autodisciplinada llena de gozo, amor y compasión.

R.B.

Como siempre, para Janet, Allyson y Ryan.

S.G.

Queremos agradecer a Judith McCarthy, nuestra editora, por su paciencia, aliento y apoyo en la creación de este libro, el cuarto con Mc Graw-Hill. También queremos agradecer a nuestro agente, James Levine, y a Kathleen Gardner, nuestra diseñadora de portadas.

R.B.
S.G.

PREFACIO

En un artículo reciente publicado en la revista *Psychology Today*, Hara Estroff Marano sugiere que actualmente los padres de familia están formando una generación de "berrinchudos" porque sus hijos han estado muy sobreprotegidos y sus vidas han sido planeadas con extremo cuidado. La inquietud principal de Marano es que los niños rara vez tienen que valerse por sí mismos o experimentar pequeños contratiempos porque los padres se apresuran a protegerlos y dirigir su vida. Sin embargo, como afirma en uno de sus artículos el escritor y psicólogo infantil David Elkind, de la Universidad de Tufts: "Los niños deben sentirse mal de vez en cuando. Aprendemos a través de las buenas y malas experiencias. Por medio de nuestros errores aprendemos a enfrentar las dificultades". Como mencionamos en este libro, los errores son retos importantes que ayudan a los niños a manejar obstáculos y a ser capaces de sobreponerse a las dificultades.

Por cada niño sobreprotegido, existen otros a los que sus padres les permiten valerse por sí mismos o a quienes tratan duramente imponiéndoles castigos por muy pequeña que sea su equivocación. Por un lado, muchos niños están expuestos a diversas cosas desde edades muy tempranas. Tienen acceso ilimitado a la televisión y a las computadoras a través de las que son bombardeados por imágenes que no pueden asimilar. Su conocimiento proviene cada vez más del ciberespacio que de sus padres. Por otra parte, existen padres enojados y arbitrarios que roban a sus hijos las oportunidades de tomar la iniciativa y convertirse en niños reflexivos que resuelvan problemas de manera eficaz. Cuando a los niños se les sobreprotege, se les descuida o se les trata duramente, se pierden de las experiencias que les faciliten establecer el sentido de la autodisciplina: la cual es un requisito clave para enfrentar los retos de la vida.

En las décadas de los años cincuenta y sesenta, la televisión mostraba a los niños como bribones inocentes, aunque también en ocasiones malvados, cuyas payasadas caían en gracia y entretenían a los espectadores. Sus familias eran completamente tradicionales: encabezadas por padres que habían estado casados por varios años. Aun cuando una madre o un padre no estuviera presente, estas familias de la televisión tenían dos figuras paternas, como en el programa *Mis tres hijos*, donde aparecía el tío Charlie como la madre sustituta de sus tres sobrinos nietos. ¡De hecho, el tío Charlie aparecía casi siempre cocinando con un delantal puesto!

Adelantémonos hasta el nuevo milenio. La televisión, las películas y los videos musicales describen a los niños de hoy como seres confundidos, si no es que perturbados, enojados y crónicamente disfuncionales. Casi siempre los niños se educan a sí mismos o se encuentran en el ámbito de familias fragmentadas, con padres igualmente afectados e incompetentes. En su defensa, los creadores de los programas más populares, explican que su trabajo simplemente refleja las tendencias de nuestra cultura. Aunque nosotros nos preguntamos si no será al revés, el hecho es que en muchos casos tienen razón. Es verdad que muchas familias encuentran formas para educar a sus niños de manera saludable, capaces de enfrentar las dificultades y responder al estrés de hoy día, pero también es cierto que más de un tercio de los niños vive en hogares con padres solteros; situación que con frecuencia añade más estrés a la familia. Además, muchos niños crecen en hogares que sufren al menos un problema importante generador de estrés. En los últimos veinte años este panorama se ha incrementado entre los jóvenes, como la obesidad, las enfermedades mentales y la victimización. Ningún niño es inmune a esto. El número de pequeños que atraviesan situaciones críticas y la cantidad de adversidades que enfrentan aumenta dramáticamente. Aun los afortunados que no experimentan graves dificultades, traumas, ansiedad o estrés intenso todos los días, resienten las presiones a su alrededor y el peso de las expectativas sobre ellos.

En nuestro libro anterior afirmamos que los niños tienen un alto potencial para experimentar serios problemas en una cultura compleja y tecnológicamente avanzada. Los padres, por lo tanto, deben preparar a sus hijos para hacer frente a un mundo en constante cambio. Para alcanzar esta meta los padres deben convertirse en educadores, guiar a sus hijos para que desarrollen lo que llamamos una *mentalidad con capacidad de sobreponerse*. Cuando los padres fomentan esta mentalidad, sus niños aprenden a manejar el estrés y la presión, a enfrentar los retos de la vida diaria y a reponerse de las decepciones, la adversidad o los traumas. Los niños con capacidad de sobreponerse pueden fijarse metas, resolver problemas, relacionarse con otros y desarrollar empatía, altruismo y autodisciplina. Para formar niños así, los padres no se concentran en construir muros ni en poner candados más fuertes para mantenerlos lejos del mundo; más bien los ayudan a desarrollar destrezas y habilidades para manejar los acontecimientos de la vida.

En su fascinante libro *The Eternal Child*, Clive Bromhall afirma que mucho después de que los humanos desarrollamos la habilidad para andar en dos piernas y nuestros cerebros se hicieron más grandes que los de cualquier otra especie en el planeta, la humanidad aún estaba limitada en el pensamiento y el desarrollo. Los cerebros de nuestros antepasados se hicieron más grandes, pero los humanos parecían cosechar pocos beneficios intelectuales. Sin embargo, en los últimos cincuenta mil años ocurrió algo en este órgano, se transformó. En algún punto el sistema de circuitos del cerebro cambió. Nuestros antepasados humanos desarrollaron la habilidad de pensar. Como dice Bromhall, el cerebro se "dividió", y permitió la experiencia subjetiva. En otras palabras, podemos experimentar simultáneamente los pensamientos internos y el mundo exterior.

Esta fascinante capacidad descrita por Bromhall está considerablemente influenciada por nuestra capacidad para la autodisciplina. Las habilidades asociadas con la autodisciplina nos dan la facultad de detenernos, pensar, generar estrategias, considerar alternativas y, lo más importante, actuar mientras analizamos consciente y críticamente las consecuencias de nuestros actos. Estas habilidades no están solamente en los genes, sino que deben cultivarse mientras crecemos. Por lo tanto, no es sorprendente ni inesperado que la capacidad de autodisciplina haya desempeñado y continúe desempeñando un papel crítico en nuestra vida cotidiana.

Desde la publicación de nuestro primer libro, *Raising Resilient Children,* se ha vuelto muy claro que para la juventud de hoy saber qué hacer y hacer lo que se sabe no significa necesariamente la misma cosa. Nos hemos vuelto muy conscientes de que las oportunidades para desarrollar una mentalidad con capacidad de sobreponerse son necesarias pero no suficientes para asegurar que los procesos de dicha capacidad ocuparán un papel central en las vidas de nuestros niños. Nos hemos dado cuenta de que uno de los componentes de una mentalidad así puede ser también una fuerza fundamental para conducir dicha mentalidad; este componente de gran influencia es la autodisciplina. Tener capacidad de sobreponerse requiere de la habilidad de pensar antes de actuar, más que permitir que nuestras acciones sean dominadas por nuestras emociones. Para sobrevivir en un mundo con frecuencia caótico e impredecible, los niños deben aprender a negociar la vida de una manera reflexiva y eficiente.

Con este objetivo, hemos creado una guía para que los padres se vuelvan promotores más eficaces de la disciplina y para que estén mejor preparados al momento de formar niños autodisciplinados en lo que aún es un camino desconocido para muchos. Esperamos que esta guía los ayude a recorrer el trayecto del viaje tan importante que es el de ser padres.

El talento sin disciplina es como un pulpo en patines. Hay mucho movimiento, pero nunca sabes si va a ir hacia delante, atrás o a los lados.
— H. Jackson Brown Jr., autor de *Live and Learn and Pass it on.*

Si no nos disciplinamos nosotros mismos, el mundo lo hará por nosotros.
— William Feather, autor y editor.

Ha llegado a un punto en que la importancia que le doy a la disciplina raya en una "prescripción invariable" para los problemas de los niños. Desde luego, el que la disciplina y los límites sean importantes para tener niños saludables dista mucho de ser una gran novedad.
—Lawrence H. Diller, pediatra del desarrollo y autor de *The Last Normal Child..*

CAPÍTULO 1

DESARROLLAR LA AUTODISCIPLINA EN NUESTROS NIÑOS

*

Recientemente, mientras cenábamos en un restaurante muy conocido fuimos confrontados con el poderoso papel que los niños desempeñan y la manera en que le dan forma al mundo que los rodea. Un poco después de haber llegado a este lugar entró una pareja de jóvenes con un niño de 11 meses de nacido, quienes se sentaron a dos mesas de distancia de nosotros. Pronto nos dimos cuenta de que era su primer hijo. En pocos minutos, el niño se las había arreglado para involucrar a todos los que lo rodeaban. Las meseras se detenían para acariciarle la cabeza. Si lo observabas, él buscaba la manera de hacer contacto visual y sonreír en todo momento. Su capacidad de relacionarse, su temperamento y estado de ánimo tan agradables eran contagiosos. Para sus padres primerizos, ser padres (según nos dijeron después de preguntarnos cuál era nuestra profesión) no había sido tan difícil. De hecho, nos dijeron orgullosos que estaban planeando tener varios niños más.

Como a la mitad de la cena, otra joven pareja llegó con un niño de más o menos la misma edad y se sentaron cerca de nosotros. Quizá este niño estaba teniendo un día difícil o tenía un temperamento difícil. Desde que la familia estaba esperando a que le asignaran mesa, el bebé ya se retorcía y pataleaba en los brazos de su madre. Cuando ella se dio vuelta, el niño tiró con el pie un vaso con agua de una mesa cercana. La madre lo regañó pidiéndole que dejara de retorcerse y desde ese momento en adelante la cena se fue a pique para ellos. El comportamiento irritable del niño pronto molestó a los otros comensales; no mostraba ningún interés en relacionarse de manera positiva con los demás y si no hubiera sido tan pequeño habríamos pensado que tenía un plan para molestar a sus padres. ¡Tal vez esta familia sólo tendría un hijo!

Pensamos que, si hubiéramos investigado, habríamos encontrado poco sobre las estrategias en la crianza y sobre las personalidades de estas dos jóvenes parejas, las cuales pudieran predecir la importante diferencia del autocontrol a una edad tan temprana. Si bien hemos defendido la idea de que la biología no marca nuestro destino, es un hecho que afecta de manera considerable la probabilidad. En otras palabras, los padres pueden tener influencia en el resultado del comportamiento de sus hijos, pero sólo dentro de los límites determinados por la estructura genética del niño. En el restaurante, el primer niño parecía tener un fuerte atributo en su estructura genética para el autocontrol y el comportamiento agradable, por lo cual sus experiencias interpersonales tempranas fueron positivas. En comparación, la falta de autocontrol del segundo niño ya había desencadenado en sus padres una serie de esfuerzos insuficientes para manejar lo que quizá pudo ser el lado débil del niño, biológicamente hablando. Aun a una edad tan temprana, las diferencias en la autodisciplina producen consecuencias importantes.

EL PODER DE LA AUTODISCIPLINA

Aunque la necesidad de desarrollar y manejar la autodisciplina a una edad temprana es un punto crítico en cualquier cultura, puede ser aún más importante en una sociedad llena de demandas complejas, retos y estrés. Tener autodisciplina y saber usarla correctamente prepara un terreno adecuado hacia la vida adulta. En un mundo que va tan de prisa y que a ratos parece caótico, los niños que pueden usar la autodisciplina a edades tempranas son capaces de sortear el laberinto de la familia, la escuela, los amigos y la comunidad con mayor éxito que quienes luchan para poder controlarse. Un niño con autodisciplina se ha apropiado de una serie de reglas que aplicará aun cuando sus padres no estén cerca. Sin que nadie lo vigile, actuará de forma reflexiva, pensando sobre sus actos.

> Los niños que pueden usar la autodisciplina a edades tempranas son capaces de sortear el laberinto de la familia, la escuela, los amigos y la comunidad con mayor éxito que quienes luchan para poder controlarse.

La autodisciplina es un elemento vital en el sentido de responsabilidad que una persona tiene sobre su comportamiento. Varias investigaciones han demostrado que a los niños que pueden resistir las tentaciones (una aplicación simple de autodisciplina en todas las edades) les va mejor que a sus compañeros más impulsivos cuando entran en la adolescencia. Por ejemplo, un equipo de investigación midió, en un grupo de niños de nivel preescolar, la habilidad para resistirse a comer una rica botana. Aquellos que se contuvieron fueron más susceptibles de alcanzar mejores resultados como adolescentes en aspectos como el éxito académico, la salud mental y la delincuencia juvenil. El poder que tiene la autodisciplina para afectar el curso de la vida de un niño o de un adulto no debe subestimarse. La autodisciplina es muy importante porque nos permite desarrollar cualidades que integran nuestra capacidad para sobreponernos a las dificultades.

En varios de nuestros libros anteriores nos hemos enfocado en ayudar a los niños a desarrollar la capacidad para sobreponerse a los problemas. Les hemos mostrado a los padres y educadores los elementos que forman la mentalidad. Una *mentalidad* se conforma por actitudes e ideas que tenemos sobre nosotros mismos, las cuales delinean nuestro comportamiento y las habilidades que desarrollamos. Los padres que forman jóvenes con capacidad de sobreponerse comprenden —explícita o intuitivamente— lo que pueden hacer para fomentar este comportamiento y esta mentalidad en sus hijos. Estos padres siguen un programa de principios, ideas y acciones en la interacción cotidiana con ellos. Ayudan a que sus hijos aprendan a comunicarse, experimentar la empatía, a ser aceptados, a sentirse apreciados, a resolver problemas, a tomar decisiones y a desarrollar una conciencia social. Estos aprendizajes y experiencias determinan los pasos necesarios para que los padres refuercen la mentalidad de sobreponerse, así como los obstáculos que con frecuencia impiden que ayuden a sus hijos a desarrollar esta mentalidad.

Uno de los obstáculos más grandes para desarrollar la capacidad de sobreponerse a los problemas es la falta de una autodisciplina eficaz. Muchos padres tienen ideas muy limitadas sobre cómo infundir la autodisciplina en sus niños. Sin embargo, todas las cualidades vinculadas con la capacidad de sobreponerse no significan mucho si a los niños les falta la autodisciplina necesaria para ponerlas en práctica. Saber qué hacer (por ejemplo, tener empatía) no garantiza que los niños hagan lo que saben (actuar siguiendo su sentido de la empatía). Para hacer lo que deben, los niños —igual que los adultos— necesitan autodisciplina.

> Saber qué hacer no garantiza que los niños hagan lo que saben. Para hacer lo que deben, los niños necesitan autodisciplina.

EL PAPEL DE LOS PADRES

Para fomentar el desarrollo de la autodisciplina en sus hijos, los padres tienen un elemento clave con qué contribuir: disciplina. Uno de los papeles más importantes que desempeñan los padres es precisamente ser quienes imponen la disciplina, sin importar la naturaleza del temperamento innato del niño. Sin embargo, los padres cumplen con este papel de diversas maneras, tal como lo ilustran los siguientes ejemplos.

Entre los participantes de un taller que impartimos sobre la crianza de los hijos había dos parejas: Bill y Samantha Ewing, y Tom y Jennifer Franklin. Cada pareja tenía tres hijos: en ambas familias el mayor era varón y tenía 12 años de edad. Conforme los padres describían a sus respectivos primogénitos, nosotros pensábamos que ambos habían nacido con temperamentos bastante desafiantes o "complicados". Comparados con sus hermanos menores eran más difíciles de manejar, más irritables, discutían más y eran menos dados a mostrarse cooperativos, particularmente cuando se sentían decepcionados.

Se generó una fuerte discusión cuando surgió el tema de las prácticas disciplinarias. Bill Ewing afirmó: "Jim sólo entiende a nalgadas. Puedes tratar de hacerlo entrar en razón por horas y acabará por desgastarte. Nunca hace lo que le pides. Siempre hay una discusión. Sólo hace lo que quiero cuando le pego. A mis otros hijos no tengo que pegarles porque hacen lo que Samantha y yo les pedimos. Creo que hay niños que sólo entienden a nalgadas. Para ser honesto, mis padres me daban de nalgadas y yo salí bastante bien". Mientras Bill describía el comportamiento de su hijo era evidente el enojo en su voz.

Su esposa, Samantha, agregó: "Aunque Bill creció en un hogar donde sus padres le daban nalgadas, a mí mis padres nunca me golpearon. Antes de que tuviéramos hijos habría jurado que nunca gritaría ni pegaría a mis hijos, pero eso cambió después de tener a Jim. Tengo que reconocer que estoy de acuerdo con Bill en que Jim sólo parece responder cuando se le pega. Lo único que me preocupa es que llevamos años dándole nalgadas y sigue haciendo las mismas cosas. Ya es casi un adolescente. No estoy segura de que podamos seguir dando nalgadas por mucho tiempo más".

Jennifer Franklin entró en la discusión: "Mis padres me daban nalgadas, así como los padres de Bill se las daban a él. No creo que eso me haya hecho ningún bien. Aún tengo resentimiento por lo que hicieron. Sé que no fui la niña más dócil, pero cada vez que me pegaban mi enojo aumentaba. Hasta el día de hoy no tengo una relación muy buena con ellos. Debo admitir que cuando nació Stevie hubo momentos en que realmente sentí ganas de golpearlo. Me hacía enojar mucho, pero cada vez que estaba a punto de darle una bofetada o gritarle me acordaba de lo que mis padres me habían hecho. No quería que Stevie sintiera hacia mí lo que yo siento hacia mis padres".

Tom Franklin agregó: "Me siento igual que mi esposa. Hemos leído varios libros sobre cómo educar a los hijos, pero aun sin los libros sabemos que Stevie ha sido un niño muy difícil de educar desde que nació. Hemos pasado varias horas pensando y hablando sobre cómo lidiar con él. Sabemos que tenemos que mantener cierta autoridad porque somos sus padres. Sabemos que algunas cosas son negociables, y hemos descubierto que si escogemos nuestros campos de batalla con cuidado, si le damos opciones, si le hablamos calmadamente, él se vuelve más razonable y cooperativo. Todavía hay veces en que surgen problemas, pero en general las cosas avanzan con más calma y menos arrebatos".

Tras escuchar los comentarios de Tom, Bill respondió: "Me alegro de que haya dado resultado la forma en que manejaron las cosas con Stevie, pero eso nunca funcionaría con Jim. Él sólo entiende una cosa: que cuando le damos unas nalgadas estamos hablando en serio y más le vale escucharnos".

APLICAR EL PROPÓSITO DE LA DISCIPLINA

Las familias Ewing y Franklin creían ser eficaces al momento de imponer la disciplina, pero sus métodos eran opuestos. Cada pareja creía que la manera en que disciplinaba a sus hijos fomentaba el desarrollo de la autodisciplina y que al hacerlo les ayudaban a desarrollar la capacidad de sobreponerse a los problemas. ¿Cómo puede ser esto? Si nosotros asumimos, equivocadamente, que sólo hay un modo correcto de hacer las cosas, entonces una de las parejas de padres ha estado utilizando el método inadecuado.

Reflexione por un momento sobre lo que entiende por disciplina. ¿Qué método va mejor con usted? ¿Qué método cree que funcionaría mejor con su hijo o hijos?

Con frecuencia, conforme los padres contemplan una selección de acciones disciplinarias nos preguntan: "¿Cuáles son las mejores formas de disciplinar a los niños?" Nosotros preferimos replantear la pregunta al recordar primero el significado de la palabra *disciplina*. Proviene de la palabra *discípulo* y se entiende mejor si la consideramos como un proceso de aprendizaje. Para que reconozcan la disciplina como una forma de educación, los niños no deben asociarla con la intimidación, la humillación o la vergüenza.

> La disciplina se entiende mejor si la vemos como un proceso de aprendizaje.

Para poner la disciplina en el contexto de un proceso de aprendizaje, los padres pueden contemplar los objetivos principales de la misma. Muchas metas son posibles, pero consideramos que la disciplina tiene dos funciones principales: la primera, asegurar que los niños tengan un ambiente consecuente y seguro en el que puedan aprender reglas razonables, límites y consecuencias, y comprender por qué estos elementos son importantes; la segunda, igualmente fundamental, es alimentar la autodisciplina o el autocontrol.

Aplicar la disciplina para enseñar la autodisciplina resulta con frecuencia un desafío. Al igual que con otras cualidades o características humanas, los niños vienen al mundo con diferentes predisposiciones y capacidades. Algunos desarrollan fácilmente la autodisciplina, mientras que a otros les cuesta trabajo. Algunos responden a la disciplina, son capaces de cambiar su comportamiento rápidamente tras una sola experiencia negativa o intervención disciplinaria, mientras que a otros les resulta difícil. Aun así, queremos que los niños se apropien de lo que tratamos de enseñarles, y no que lo desechen o resientan.

A partir de estas dos funciones claves de la disciplina, los padres pueden preguntarse: "¿Qué habilidades debo tener para inculcar la disciplina con eficacia? ¿Qué habilidades debo enseñarle a mis hijos para fomentar la autodisciplina?" Para responder a la primera pregunta, en la que profundizaremos en el próximo capítulo, diremos que las acciones disciplinarias son más constructivas cuando los padres muestran empatía, establecen una buena comunicación, tienen la capacidad de reconocer y cambiar cuando sus acciones son negativas, y cuando reconocen el temperamento único de cada niño y fijan metas realistas para sus hijos.

Sin embargo, hemos encontrado que muchos padres con buenas intenciones no poseen estas cualidades, por lo que no logran enseñar la autodisciplina a sus hijos. Cuando los padres reaccionan inadecuadamente son dados a las crisis, castigan de más, son duros, denigrantes, arbitrarios o inconsecuentes; así, las metas positivas de la disciplina se vuelven inalcanzables. Irónicamente, cuando los padres recurren a los gritos o los golpes (como en el caso de la familia Ewing) muestran el comportamiento que no quieren que sus hijos tengan: se vuelven modelos de una autodisciplina pobre.

El aprendizaje de la autodisciplina también se pone en riesgo cuando los padres tienen estilos diferentes de disciplinar o cuando dudan en poner límites por miedo a que sus hijos se enojen con ellos —algunos niños toman ventaja de este temor y reaccionan a las consecuencias con el reproche: "¡Ustedes no me quieren!"—. Finalmente, los niños tendrán dificultades para ser autodisciplinados cuando los padres impongan expectativas irreales de comportamiento; estos niños se convierten en personas cada vez más frustradas y enojadas.

DESARROLLAR LA AUTODISCIPLINA: FOCOS DE ATENCIÓN EN LA MENTALIDAD Y SOLUCIONES

La pregunta: "¿Qué habilidades y actitudes debemos reforzar en nuestros hijos cuando les inculcamos disciplina?", también puede formularse del siguiente modo: "¿Cuál queremos que sea el resultado de nuestras técnicas disciplinarias?" Nosotros creemos que la respuesta puede hallarse dentro de un concepto que propusimos en nuestro libro *Formando niños con capacidad de sobreponerse a los problemas*: una mentalidad que conlleve dicha capacidad.

Como mencionamos anteriormente, este tipo de mentalidad se integra por las actitudes e ideas que tenemos sobre nosotros mismos, y que son la base para el desarrollo de comportamientos y habilidades que nos hacen más capaces para tolerar la frustración. Como consecuencia, nuestro comportamiento y habilidades influyen sobre el conjunto de ideas de autoconcepción, haciendo de éste un proceso dinámico y permanente.

Los niños que poseen la mentalidad de sobreponerse tienen esperanzas y alta autoestima. Se sienten especiales y apreciados. Han aprendido a fijar metas y expectativas realistas para ellos mismos. Demuestran autodisciplina y han desarrollado la habilidad de resolver problemas y tomar decisiones. Son dados a ver los errores, dificultades y obstáculos como retos a enfrentar, más que como fuentes de estrés a evitar. Saben diseñar y aplicar estrategias para enfrentar los problemas que se convierten en una oportunidad de crecimiento, más que un sentimiento de derrota. Aunque estos niños están conscientes de sus debilidades y puntos vulnerables, también reconocen sus fortalezas y talentos. El concepto de sí mismos está permeado por una autoconcepción de fuerza y competencia. Han desarrollado habilidades interpersonales eficaces para relacionarse tanto con otros niños como con los adultos. Son capaces de buscar ayuda y cuidados de los adultos que pueden proveer el apoyo que necesitan de una manera apropiada y sin dificultades. Finalmente, pueden definir los aspectos de su vida sobre los que tienen control, y centran su energía y atención en ellos más que en los factores sobre los que tienen poca o nula influencia.

Es difícil imaginar a los niños esperanzados, optimistas y preparados para manejar retos y dificultades si les falta autodisciplina, si actúan antes de pensar, si no logran considerar las posibles consecuencias de su comportamiento. Del mismo modo, la autodisciplina desempeña un papel fundamental en lo que Daniel Goleman llama "inteligencia emocional". En su libro *Inteligencia emocional*, Goleman entiende a la autodisciplina como un elemento innegable de esta forma de inteligencia, considerada esencial para alcanzar resultados satisfactorios en los aspectos personales y profesionales de la vida, incluidas las relaciones interpersonales.

Concebir la autodisciplina como una constante en la vida de quienes tienen mentalidades con capacidad de recuperación, facilita identificar las habilidades y actitudes que intentamos reforzar en los niños cuando los disciplinamos. Como padres, queremos que nuestras técnicas fomenten una mentalidad de recuperación, incluyendo la autodisciplina. Queremos que muestren ciertas actitudes sobre ellos mismos y sobre otras personas, congruentes con una perspectiva y un modo de vida más positivo.

Para lograrlo, necesitamos identificar claramente las características de la autodisciplina, y contrastar la mentalidad que poseen los niños con autodisciplina y capacidad de recuperación con la de los chicos que carecen de ella. Como hemos afirmado antes, y como seguiremos señalando a lo largo de este libro, para que un niño tenga una capacidad de recuperación, primero debe autodisciplinarse.

> Los padres deben estar conscientes de que ayudar a sus hijos a adoptar actitudes positivas, autodisciplina y una mentalidad con capacidad de recuperación es un proceso que toma tiempo.

Actitudes positivas y negativas de los niños

En la siguiente lista, las actitudes positivas son comparadas con sus opuestos. Se presentan como declaraciones; puede ser que un niño o un adolescente no use exactamente las mismas palabras, pero captan el sentido de lo que muy probablemente experimenta. Discutiremos cada una de ellas en los capítulos posteriores.

1. Estar en (fuera de) control

Positiva: Defino lo que puedo controlar o sobre lo que tengo influencia en mi vida y concentro mi tiempo y energía en esas áreas.

Negativa: Tengo poco o ningún control sobre las circunstancias de mi vida.

2. Resolución de problemas

Positiva: Pienso antes de actuar y resuelvo problemas de forma reflexiva.

Negativa: Las soluciones que doy a mis problemas rara vez funcionan. Simplemente no sé cómo resolver una tarea.

3. Reconocimiento de logros

Positiva: Mis logros son resultado de mi esfuerzo y recursos.

Negativa: Con frecuencia pienso que mis logros son producto de la suerte y no estoy seguro de repetir buenos resultados.

4. Responsabilidad sobre los errores

Positiva: Cuando tengo un error o fallo en algún cometido, aprendo de la experiencia para obtener mejores resultados la próxima vez.

Negativa: Cuando tengo un error cuestiono qué tan listo soy o si alguna vez aprenderé cómo hacer las cosas.

5. Autoestima

Positiva: Me aprecio por ser quien soy.

Negativa: Siento que he decepcionado a otros y que me he decepcionado a mí mismo.

6. Reacción ante los contratiempos

Positiva: Aunque algunas cosas en la vida no me parecen justas, cuando se presentan pienso en qué puedo hacer para mejorar la situación.

Negativa: Creo que la vida es injusta y que me ha tocado una suerte fatal.

7. Relación con los demás

Positiva: Creo que la mayoría de los adultos son amables y compasivos, y no están molestos o enojados conmigo. También pienso que puedo contribuir al bienestar de otras personas.

Negativa: Creo que las personas siempre están enojadas por las cosas que digo o hago. Creo que tengo muy poco o nulo apoyo de los demás.

8. Optimismo/pesimismo

Positiva: Aun cuando las cosas no salen muy bien, soy positivo y considero distintas soluciones a los problemas.

> Negativa: Soy pesimista al pensar que mi vida puede mejorar. Con frecuencia me descubro sin esperanzas para el futuro.

Los padres deben estar conscientes de que ayudar a sus hijos a desarrollar actitudes positivas, autodisciplina y una mentalidad con capacidad de recuperación es un proceso que toma tiempo. Es más probable que este esfuerzo tenga resultados si se basa en un enfoque que se centre en reforzar las habilidades del niño y no simplemente en arreglar problemas. Ese tipo de enfoque señala que la autodisciplina se fortalece cuando los padres y toda la comunidad están dedicados a criar niños con capacidad de recuperación.

En este libro compartiremos nuestro modelo para ayudar a los niños a desarrollar una mentalidad de recuperación y aplicarla a la disciplina y la autodisciplina. Ofrecemos varios ejemplos sobre cómo comprender el concepto y las implicaciones de la mentalidad con capacidad de recuperación, lo que puede ayudar a los padres a ser más eficaces al fomentar la disciplina y mediar la construcción de la autodisciplina en sus hijos. Veamos cómo esto ayudó a Bill y Samantha Ewing a cambiar el comportamiento de su hijo Jim.

La familia Ewing: "¿Qué otro enfoque podemos usar?"

En nuestro taller para padres revisamos los intentos que hacía el matrimonio Ewing para reducir los problemas de conducta de Jim. Discutimos las ideas que tenían y que contribuían a que aplicaran un enfoque más centrado en castigar que en enseñar. Ellos habían defendido el uso de las nalgadas al afirmar que eran "el único lenguaje que Jim entiende".

Dada la aparente ineficacia al golpear a Jim, planteamos la posibilidad de que cambiaran su estilo de disciplina. Cuando lo hicimos, Bill Ewing exclamó: "¿Están diciendo que es nuestra culpa que Jim actúe como lo hace? Si nos retractamos y cambiamos de enfoque sería lo mismo que ceder ante él y así nunca mejorará. Si acaso, sabrá que puede hacer lo que quiera sin consecuencias".

Hemos escuchado estas razones con frecuencia. Nuestra respuesta fue acordar con Bill que su meta era que Jim fuera más responsable y respetuoso; enfatizamos que cuestionábamos sólo los medios que utilizaban para alcanzar dicha meta. Hemos encontrado que los padres son más dados a considerar nuevos métodos, especialmente los que tienen que ver con la disciplina, si primero validamos, genuinamente, las metas que desean alcanzar.

Le dijimos a Bill que estábamos de acuerdo en que quisiera que Jim se hiciera cargo de sus responsabilidades y se comportara con respeto. Pero enfatizamos en la queja de Bill en cuanto a Jim, quien había mostrado una actitud de falta de respeto durante años y que darle de nalgadas ayudaba sólo temporalmente. Sugerimos que quizá él y Samantha necesitaran una nueva forma de inculcar disciplina a su hijo para darle la oportunidad de cambiar. En nuestros años de experiencia hemos visto que si los padres utilizan una forma de disciplina y no funciona, el siguiente paso es observar qué pueden hacer, en lugar de seguir esperando un cambio repentino en el niño.

Afortunadamente, Bill y Samantha Ewing reconocieron que respaldábamos su deseo de que Jim fuera más responsable y respetuoso. Bill preguntó: "¿Qué otro enfoque podemos usar? Me parece que hemos agotado las opciones. El enfoque más tranquilo que Tom y Jennifer utilizan con su hijo Stevie no parece funcionar con Jim".

Recomendamos a Bill y Samantha que consideraran la opción de utilizar la disciplina diseñada para desarrollar una mentalidad con capacidad de sobreponerse.

Samantha preguntó: "¿Qué es eso?"

Hicimos un repaso de los atributos que tiene esta mentalidad concentrándonos particularmente en aumentar el sentido de pertenencia y responsabilidad de Jim sobre su comportamiento, al involucrarlo en actividades destinadas a resolver problemas. Les recomendamos a los padres que utilizaran un enfoque similar al que propone nuestra colega Myrna Shure. La Dra. Shure ha desarrollado un programa de muy buenos resultados que se llama *Yo puedo resolver problemas* donde los niños están comprometidos a proponer soluciones en situaciones difíciles. Específicamente, les aconsejamos que se sentaran con Jim tranquilamente por un rato y que le dijeran: "Pensamos que te hemos fastidiado mucho. ¿Tú qué piensas?"

Bill dijo de inmediato: "Sé que Jim va a decir que sí lo fastidiamos mucho. Pero lo que él ve como fastidiar nosotros lo vemos como nuestro trabajo para hacer que cumpla con sus responsabilidades".

Estuvimos de acuerdo con lo que Bill decía y también pensamos que Jim no reconocería su papel en todo esto. Le dijimos a Bill que una vez que Jim les dijera que pensaba que ellos lo fastidiaban mucho, entonces podían responderle que no querían seguir haciéndolo y que deseaban encontrar junto con él la solución a su situación.

Samantha dijo: "Probablemente dirá que dejemos de recordarle que haga ciertas cosas y de darle nalgadas cuando nos falta al respeto".

De nuevo estuvimos de acuerdo. Les aconsejamos que si Jim respondía eso, ellos podrían prometerle que iban a tratar de no gritar ni reprender, y le dejarían a él la tarea de pensar en qué podía ayudar para mejorar la situación.

Bill respondió con un sentimiento que hemos escuchado en otros padres cuando les sugerimos este tipo de conversación: "Probablemente Jim va a decir que no sabe lo que mejorará la situación. O puede decir que si nosotros no lo fastidiáramos tanto, él nos haría caso y no nos faltaría al respeto. Pero sabemos que aun si dice eso, en realidad no nos va a hacer caso".

Nosotros señalamos que aun si antes no ha hecho caso, en nuestra experiencia hemos observado que si los niños tienen ideas para recordar hacer ciertas cosas o para que se les recuerde si se les olvida, son más dados a ser cooperativos, ya que las ideas surgieron de ellos mismos. Este método aumenta su sentimiento de responsabilidad, mejora sus habilidades para resolver problemas y los ayuda a ser más cooperativos y a tener una mejor capacidad de respuesta ante las dificultades.

También les aconsejamos que si Jim contestaba que no sabía qué podía cambiar, Bill y Samantha debían evitar dejarle toda la responsabilidad en ese momento. Podían decirle simplemente: "No esperamos que lo sepas en este momento; tómate un día o dos para pensarlo".

Añadimos que nuestra meta es que los niños se vuelvan más respetuosos y cooperativos, no que sean dóciles, obedientes, resentidos o que estén enojados. Queremos que desarrollen la autodisciplina, que, básicamente, implica que se hagan responsables de su conducta.

Les advertimos que cambiar la manera de hablarle a Jim o la forma de reaccionar hacia él no iba a producir un cambio de la noche a la mañana. El problema llevaba años y tomaría tiempo y paciencia corregirlo. Mencionamos esto porque algunos padres que han cambiado sus costumbres para modificar su propia conducta se enojan y recurren a castigos muy fuertes cuando sienten que sus hijos no cambian tan rápido como ellos quisieran. Sin embargo, pensamos que si Bill y Samantha castigaban cada vez menos y con menor dureza a Jim, eventualmente verían una mejora en el comportamiento de su hijo.

Para definir más claramente y apoyar los cambios que los Ewing habían planeado hacer con Jim, nos pusimos a realizar algunas actividades de "representación de papeles". Les pedimos que consideraran varios escenarios con Jim, cuál sería la respuesta de su hijo a los cambios en la conducta de ellos, y cómo a su vez responderían ellos. Aunque tuvieron dificultades en modificar su guión establecido (sus patrones de respuesta) reconocieron que el enfoque que habían estado utilizando estaba llevándolos a una relación tensa y difícil con Jim. Alentamos a los Ewing a vincular sus prácticas disciplinarias con estas dos preguntas: lo que hacemos, ¿está reforzando la autodisciplina y una mentalidad con capacidad de sobreponerse en Jim?, ¿nos está llevando a una relación más positiva con él?

Los Ewing vinieron a consulta con nosotros durante varios meses. Jim resultó ser muy desafiante, así que en ocasiones cuestionaron si este enfoque más "razonable" daría resultado, pero se mantuvieron firmes. Una razón por la que perseveraron fue que reconocían a qué grado había resultado negativo y contraproducente su método previo. Encontraron que una perspectiva con bases sólidas de disciplina, apoyada en el concepto de una mentalidad de sobreponerse, representaba una buena alternativa ante su anterior estilo de inculcar la disciplina en Jim.

Los Ewing también descubrieron otro beneficio importante al vincular la disciplina con la capacidad de sobreponerse: mejoraba enormemente la relación con su hijo. Como hemos enfatizado en nuestros libros anteriores, la disciplina es más efectiva cuando se lleva a cabo en una relación de comprensión, la cual es la base sobre la que florece la mentalidad de sobreponerse, caracterizada por cualidades como autodisciplina, compasión, respeto y responsabilidad.

FORTALEZCA LA CAPACIDAD DE AUTODISCIPLINA EN SU HIJO

En los capítulos siguientes describiremos cómo los lazos afectivos de los niños pueden ser utilizados para fortalecer su capacidad de autodisciplina y de sobreponerse a los problemas. Cuando estos lazos existen, tanto los padres como las demás personas que están encargadas de la educación, se vuelven formadores de disciplina en el verdadero sentido del término; son maestros que enseñan a sus hijos a reflexionar en torno a las consecuencias de sus acciones, a que asuman la responsabilidad de su comportamiento y a que consideren los derechos y los sentimientos de los demás. El verdadero poder de la capacidad de sobreponerse está en la habilidad de los niños para aprovechar las cualidades de dicha capacidad en su vida diaria. Una autodisciplina eficiente es el combustible que hace funcionar el motor de la capacidad de respuesta.

CAPÍTULO 2

MENTALIDAD PARA UNA DISCIPLINA EFECTIVA

*

En el primer capítulo mencionamos que las familias Ewing y Franklin tenían opiniones muy diferentes sobre el tipo de disciplina más efectivo. Sus perspectivas, basadas en sus ideas sobre por qué los niños actúan como lo hacen, los llevó a utilizar diferentes técnicas disciplinarias. Veamos a continuación dos ejemplos más que ilustran otras respuestas comunes de los padres frente al comportamiento de sus hijos. Después, identificaremos las categorías básicas de estilos disciplinarios y examinaremos la mentalidad que es más congruente con la disciplina efectiva y la enseñanza de la autodisciplina.

LA FAMILIA BURNS: "HAY QUE DOMESTI-CAR A LOS CABALLOS SALVAJES"

Louise Burns vino a vernos después de una recomendación del pediatra de sus hijos. Era divorciada, madre de Jeffrey, de 10 años de edad, y de Amy, de 13. El divorcio había terminado cinco años antes. El padre de los niños, Mel, quien se había vuelto a casar y tenía un hijo en edad preescolar con su nueva esposa, vivía a más de mil seiscientos kilómetros de distancia. Aunque Mel hablaba por teléfono con Jeffrey y Amy al menos una vez por semana, las visitas de los niños a su padre estaban limitadas a una semana durante el ciclo escolar y un mes durante el verano.

Louise estaba particularmente preocupada por la actitud "retadora" y el "enojo" de Jeffrey. Ella lo describió como alguien con "mal carácter, que miente con frecuencia sobre lo que hace y siempre trata de evadir la responsabilidad". Añadió: "Aun antes de que Mel y yo nos separáramos, Jeffrey ya me daba mucho trabajo. Amy puede tener sus malos ratos, pero cuando le digo que haga algo, lo hace. Es difícil ser una madre sola. La mayoría de las veces regreso a casa exhausta del trabajo, lo último que quiero entonces es librar batallas con mis hijos. Jeffrey me amenaza diciéndome que quiere irse a vivir con su padre. Dice que su padre no está detrás de él todo el tiempo, pero no piensa que Mel actúa así porque sus hijos están de vacaciones. De todas formas, aun si Mel quisiera que Jeffrey viviera con él, cosa que dudo, sé que su esposa no lo aceptaría, especialmente si su hijo apenas camina".

Comprendimos las dificultades de Louise y estuvimos de acuerdo en que es complicado ser madre divorciada, trabajar tiempo completo y manejar las responsabilidades de casa. Le pedimos que nos hablara más sobre la conducta de Jeffrey y Amy, incluyendo cómo había manejado las situaciones complicadas. ¿Qué le había funcionado y qué no?

"No estoy preocupada por Amy", dijo. "Como ya lo he mencionado, ella me escucha. Es una niña fácil de educar; pero Jeffrey, no. Está listo para discutir por todo y debo ser dura con él, si no lo hago ahora, imaginen cómo se comportará dentro de un par de años, cuando sea adolescente". Louise hizo este comentario con una mezcla de frustración, enojo y temor.

Le preguntamos qué era lo que funcionaba mejor con Jeffrey.

Respondió de inmediato: "Debe de saber quién manda y que no puede hacer lo que quiera todo el tiempo. Si fuera por él, sería un pequeño dictador. Puede creer que siempre estoy detrás de él, pero se debe a la forma en que se comporta".

Como parte de nuestro trabajo médico, con frecuencia preguntamos a los padres si su hijo les recuerda a alguien. Casi siempre mencionan a otro miembro de la familia. Esta asociación provoca una reflexión sobre una teoría que sostiene que la manera en que responden a sus hijos está basada, en parte, en sus sentimientos e ideas sobre este otro miembro de la familia y, además, conduce a una descripción más realista de su hijo. Así que le preguntamos a Louise si Jeffrey le recordaba a alguien.

Su respuesta no fue común, pero ayudó a explicar su estilo de disciplinar con castigos. Dijo: "Es interesante que me hagan esa pregunta. Puede sonar un poco extraño, pero lo primero que pienso es que Jeffrey no me recuerda a otra persona. Cuando pienso en él, pienso en caballos salvajes, y a los caballos salvajes hay que domesticarlos".

Ya que nos habló de esa imagen de un caballo al que hay que domesticar, no pudimos dejar de reflexionar en lo que había dicho poco antes: "Tal vez piensa que siempre estoy detrás de él". Le preguntamos qué entendía por "domesticar".

Louise respondió: "Bueno, tal vez *domar* sería una mejor palabra, pero la gente utiliza la palabra *domesticar* cuando se refiere a los caballos".

Le pedimos que nos explicara un poco más y dijo: "Creo que los niños nacen básicamente salvajes, unos más que otros.

Quieren que los premies al instante y con frecuencia sólo piensan en ellos mismos. Considero que deben entender que no pueden hacer lo que quieran ni como lo quieran. Tienen que aprender quién manda".

La comparación de Jeffrey con un caballo salvaje fue muy fuerte. Conocer la forma de pensar de Louise nos permitió comprender su forma de educar con castigos a su hijo. Aunque puede parecer obvio que la mentalidad de una persona afecte su comportamiento, mucha gente no reflexiona sobre su mentalidad o, si algunos lo hacen, muchos la aceptan como una verdad más que como un conjunto de ideas que deben ponerse a prueba. En el caso de Louise Burns, nosotros no pensábamos que su mentalidad y prácticas disciplinarias *causaran* el problema de conducta de Jeffrey, pero sospechamos que sí intensificaban el comportamiento y conducían a peleas que podían evitarse con un conjunto diferente de ideas sobre la paternidad.

Más adelante en este capítulo volveremos al caso de Louise Burns.

Analicemos ahora otra mentalidad frecuente en los padres.

LA FAMILIA WEST: "¡NO AZOTES LA PUERTA!"

Brian y Mary West buscaron nuestra ayuda porque su hija Jessica, de 10 años de edad, tenía frecuentes dolores de cabeza y de estómago; la realización de un examen médico no reveló causas físicas de dichos síntomas.

Mary West describió a Jessica como "básicamente una buena niña" que tenía "muchos amigos cercanos e iba bien en la escuela". La pareja West nos contó que estaban muy sorprendidos por los dolores de Jessica, que aparecieron tres años antes, y cada vez eran más intensos.

Les dijimos que muchas veces los dolores de cabeza o estómago en los niños son síntomas de estrés o presión. Preguntamos a los padres si pensaban que había algo estresante para Jessica.

Brian respondió: "No. Crecí en un hogar donde había muchos gritos, así que yo sé de primera mano lo que eso puede hacerle a un niño. Mis padres se gritaban el uno al otro o nos gritaban a mis hermanos y a mí todo el tiempo".

Ya que Brian había asociado inmediatamente la cuestión de ese momento con el ambiente emocional de la casa en que creció, pensamos que sería útil comprender el impacto que eso había tenido en él. Así que le preguntamos cómo había manejado ese tipo de ambiente y cómo le había afectado.

Brian respondió: "Todo lo que quería hacer era salir de la casa o encerrarme en mi cuarto. Es duro lidiar con ese tipo de enojo todo el tiempo. Cuando nuestro hijo Adam nació, me dije a mí mismo que las cosas serían muy diferentes en nuestro hogar; que nosotros no nos enojaríamos ni nos gritaríamos el uno al otro".

Mary miró a su esposo y dijo, titubeante: "Pero me parece que algunas veces nos hemos pasado un poco".

Le preguntamos a Mary a qué se refería, pero Brian replicó: "Mary piensa que soy muy duro con los niños; que reacciono muy rápido para decirles que se callen o que no discutan. Yo creo que si no intervienes pronto, las cosas pueden salirse de control muy fácilmente. También hay que decir que no les grito cuando intervengo en las situaciones".

Mary interrumpió: "Pero me pregunto si no somos muy estrictos con ellos". Mientras lo decía, parecía obvio que la disciplina era una fuente de tensión en casa.

Brian dijo: "No veo por qué el hecho de pedir que haya silencio en la casa signifique que somos muy estrictos".

Les dijimos que era muy común que los padres entendieran de forma diferente la disciplina. Le pedimos a Mary que pusiera un ejemplo de aquello a lo que se refería como "muy estrictos".

Dijo: "Puedo poner como ejemplo algo que pasó a principios de esta semana. Jessica quería ir con una amiga al centro comercial. Brian y yo le dijimos que pensábamos que todavía no tenía edad suficiente para pasar la tarde allí, ella replicó que nunca la dejábamos hacer lo que los otros niños hacían. Antes de que pudiéramos decir algo se metió corriendo a su cuarto y azotó la puerta. Sé que ella se sentía frustrada y molesta. Yo lo hubiera dejado pasar, pero Brian subió corriendo, abrió la puerta y le dijo: 'No azotes la puerta. No seas irrespetuosa'. Luego la castigó sin dejarla salir el fin de semana".

Brian protestó ante la versión de los hechos de Mary: "Así quedo yo como el malo de la película. Le dije que era inaceptable que azotara la puerta, y se lo dije en voz baja. No quiero que las cosas se salgan de control".

Preguntamos a Brian a qué se refería con que "las cosas se salieran de control".

"Es lo que dije antes. Sé muy bien lo que se siente cuando las personas se enojan entre sí".

Mary dijo: "Yo tampoco quiero las cosas fuera de control". Entonces formuló una pregunta y un comentario interesantes: "¿Cómo se supone que Jessica debe mostrar su enojo? Todos nos enojamos, así que ella cerró la puerta con fuerza. ¿Por qué castigarla por eso? Recuerdo algo que leí en un artículo sobre los dolores de cabeza y de estómago. Decía que algunas veces estos malestares se debían a que la gente se guardaba los sentimientos en lugar de expresarlos".

Brian exclamó: "¿Entonces quieres que Jessica ande por ahí gritando?"

Mary respondió: "No. No estoy sugiriendo eso para nada, pero me pregunto si estamos dejando que ella exprese sus sentimientos de alguna manera. Brian, creo que uno de los problemas es que tú ves la menor muestra de enojo como algo que conduce a la pérdida control, y yo no lo veo así en absoluto. De hecho, desearía que Jessica fuera más abierta con sus sentimientos".

Y Brian respondió: "Sólo trato de tener un hogar tranquilo".

De una manera positiva, Mary dijo: "Sé que eso quieres. Yo también quiero vivir en un hogar tranquilo. Simplemente pienso que debemos revisar algunas de las cosas que estamos haciendo con los niños y ver si podemos dejar que expresen sus sentimientos y al mismo tiempo tener un hogar tranquilo".

Al escuchar el diálogo pudimos ver que los West tenían un matrimonio de amor y cuidados. Eran capaces de escucharse con respeto el uno al otro, así que nos sentimos esperanzados de poder ayudarlos. Este intercambio de opiniones entre ellos dio pie a una serie de sesiones provechosas en las que comenzamos a incluir a Jessica y a Adam.

Para alguien externo a la familia West puede resultar obvio que, debido al deseo que tenía Brian de vivir en un hogar tranquilo, estaba prohibiendo y castigando las expresiones necesarias de enojo. Usted se puede preguntar por qué Brian no veía esto. Sin embargo, es común que la gente no se dé cuenta de que su comportamiento muchas veces está dirigido en función de suposiciones que se creen verdades y no simples suposiciones. En este caso, Brian no se daba cuenta a qué grado su mentalidad con respecto al enojo, que se había formado en sus experiencias de la infancia, estaba dañando a su hija.

A través de nuestras intervenciones con la familia West, incluyendo terapias familiares, Brian aprendió que la expresión del enojo no conduce necesariamente a una pérdida de control o a un hogar emocionalmente cargado. Conforme Mary y Brian permitieron a Jessica expresar su enojo (de manera respetuosa) y dejaron de castigarla por hacerlo, sus dolores de cabeza y estómago desaparecieron. La mentalidad es determinante en nuestro comportamiento.

ESTILOS DE PATERNIDAD

Como hemos visto en las familias de los Ewing, Franklin, Burns y West, en nuestro papel de padres todos llevamos una serie de expectativas y suposiciones sobre nosotros y nuestros hijos. Estas suposiciones están basadas, en parte, en las experiencias con nuestros propios padres y otros adultos, así como en el temperamento y comportamiento de nuestros hijos. Como hemos señalado antes, nuestra mentalidad influirá en nuestros actos que implican las formas en que inculcaremos la disciplina en nuestros hijos.

Los psicólogos y otros especialistas del desarrollo infantil han estudiado cómo los distintos estilos de paternidad y de disciplina afectan a los niños. Diana Baumrind distingue tres estilos principales: autoritativo, autoritario y permisivo. Mientras lee las descripciones de cada estilo considere cuál categoría describe mejor el suyo. ¿Qué estilo cree que ha estado más asociado con el bienestar emocional en la vida adulta? Responderemos a esta pregunta después de haber presentado las descripciones.

Paternidad autoritativa

Los padres que tienen un estilo *autoritativo* muestran cariño y se involucran con sus hijos. Muestran apoyo emocional pero también son firmes al establecer guías, límites y expectativas. Escuchan con atención a sus hijos y los animan a tomar decisiones. Cuando es conveniente, los involucran en el proceso de crear reglas y consecuencias para que sus hijos comprendan y aprecien los motivos de las mismas. Se centran en un intercambio positivo de ideas, como dar ánimos y elogios más que castigar. Los padres autoritativos reconocen que la disciplina es más efectiva cuando se da en el contexto de una relación amorosa. El amor que se manifiesta es incondicional, no se basa en el desempeño ni en el comportamiento particular del niño.

Paternidad autoritaria

Aunque las palabras *autoritativo* y *autoritario* suenan parecido, los estilos de paternidad con los que cada uno está asociado son muy diferentes. Con frecuencia los padres autoritarios no son cariñosos ni cuidadosos. No toman en cuenta los sentimientos de sus hijos fácilmente; tienden a ser más rígidos e imponen reglas sin discutir el sentido de éstas con sus hijos. Se apresuran a decir: "Lo haces porque te digo que lo hagas" o "Lo haces porque soy tu padre (o madre)". Recurren a la autoridad y, se den cuenta o no, básicamente buscan docilidad y obediencia. Los padres autoritarios bien pueden dar muestras de amor, pero por lo regular son condicionadas y se determinan dependiendo de que el comportamiento del niño sea el que los padres consideran apropiado. Cuando sienten que sus hijos no están cumpliendo con sus exigencias o que se han sobrepasado de algún modo, los padres autoritarios son más dados a usar el castigo corporal que resolver problemas.

Paternidad permisiva

Los padres que tienen un estilo *permisivo* no establecen metas realistas, expectativas ni límites para sus hijos. Baumrind identificó dos tipos de padres permisivos: los "permisivos que consienten" y los "desentendidos". Los padres permisivos que consienten pueden demostrar amor y cariño, pero parecen guiarse por la idea de que los hijos van a aprender por sí mismos. Tienen dificultad para establecer reglas y límites y el niño comienza a llevar la batuta. Si eventualmente tratan de establecer límites y dicen "no", con frecuencia el niño se resiste porque está acostumbrado a tener el control. En esa situación es común que los padres queden exhaustos y terminen por ceder a las demandas de su hijo.

> Los padres autoritativos no sólo inculcan mejor la disciplina que los padres que utilizan otros estilos de paternidad, sino que también son más dados a fomentar en sus hijos una mentalidad optimista y con capacidad de sobreponerse a los problemas.

Los padres desentendidos no consienten a sus hijos, fracasan al proporcionarles estructura y alimento emocional. Con frecuencia son negligentes. El lazo entre padre e hijo es débil en los mejores casos. Las conexiones positivas que sirven como fundamento para el desarrollo emocional y el bienestar están ausentes.

¿Cuál estilo funciona mejor?

En varios estudios los investigadores han identificado familias que utilizan cada uno de estos estilos de paternidad y han medido las consecuencias (cómo han resultado los niños). En el libro *Cómo manejar a un niño difícil de manejar,* el psicólogo C. Drew Edwards resume los resultados de esta investigación. Edwards afirma que los mejores beneficios fueron para los niños cuyos padres utilizaron el enfoque autoritativo:

> Los niños de padres autoritativos tienden a tener una autoestima saludable, relaciones positivas con sus compañeros, confianza en sí mismos, independencia y logros en la escuela. Parecen tener menos dificultades emocionales que las personas que han sido educadas con otros estilos de paternidad. Estos niños hacen frente al estrés de buen modo, buscan alcanzar sus metas y guardan un equilibrio entre el autocontrol, la curiosidad y el interés en una variedad de situaciones (pp. 56-57).

Desde nuestro punto de vista, los padres autoritativos no sólo inculcan mejor la disciplina que los padres con otros estilos de paternidad, sino que también son más dados a fomentar en sus hijos una mentalidad optimista y con capacidad de sobreponerse a los problemas.

Los resultados en los niños educados por padres autoritarios son sumamente contrastantes con quienes crecieron en hogares con padres autoritativos. Edwards resume esta diferencia:

> Las investigaciones han mostrado que los hijos de padres autoritarios pueden ser inhibidos, temerosos, retraídos y con un mayor riesgo a la depresión. También pueden pasar muy malos

ratos tratando de tomar decisiones por ellos mismos, ya que están acostumbrados a que les digan qué hacer. Los padres autoritarios no toleran mucho los desacuerdos, por ello los hijos tienden a luchar por su independencia (p.57).

Mientras que algunos hijos de padres autoritarios parecen comportarse bien y se presentan a sí mismos como "buenos" niños, otros comienzan a resistir las demandas de sus padres y se inicia un ciclo dominante y negativo en la interacción de padre enojado e hijo.

Finalmente, los resultados no son muy buenos para los hijos educados bajo las variantes del estilo de paternidad permisivo. Los hijos educados por padres permisivos que los consienten se convierten en lo que Edwards llama típicos niños "malcriados":

Tienden a no obedecer a otros adultos. Son demandantes, tienen poca confianza en sí mismos y carecen de autocontrol. No se ponen metas ni disfrutan actividades que impliquen responsabilidad. Pueden ser agradables y bien portados siempre y cuando las cosas estén funcionando a su manera, pero se frustran en cuanto sus deseos no se cumplen (p. 59).

El estilo desentendido está asociado con lo que Edwards llama "el efecto más negativo en los niños". Edwards lo detalla así: "Estos niños tienen un riesgo muy alto de experimentar problemas emocionales y de comportamiento, dificultades académicas, baja autoestima y abuso del alcohol u otras sustancias". Estos tristes resultados en los hijos de padres desentendidos o negligentes son de esperarse, considerando que estos niños no han experimentado amor incondicional y aceptación.

LA MENTALIDAD CORRECTA PARA LA DISCIPLINA EFECTIVA

Cada uno de los estilos de paternidad definidos por Baumrind está asociado con un grupo diferente de ideas sobre el papel de los padres y el desarrollo del niño. Como dijimos antes, generalmente los padres no reflexionan sobre estas ideas o formas de pensar, pero las formas de pensar son fuerzas poderosas que determinan nuestras prácticas como padres y nuestra manera de inculcar la disciplina, así como la relación con nuestros hijos. Conforme los padres van mejorando al reconocer las ideas que dictan su comportamiento, se vuelven capaces de modificar las prácticas que no están funcionando. En el proceso experimentan interacciones más positivas con sus hijos.

Dado nuestro enfoque en la capacidad de sobreponerse a los problemas, no es de sorprender que las características de un padre autoritativo sean más congruentes con lo que consideramos la mentalidad para los padres eficaces, quienes alimentan la capacidad de sobreponerse en sus hijos y los preparan para enfrentar varios retos con que habrán de toparse. Estos padres inculcan disciplina utilizando técnicas que refuerzan la autodisciplina y la capacidad de sobreponerse.

Las siguientes ideas son típicas de quienes tienen la mentalidad de los padres que inculcan la disciplina eficazmente. Mientras lee la descripción considere hasta qué punto sus propias ideas coinciden con la mentalidad para la disciplina eficaz.

La disciplina es un proceso de enseñanza

Como señalamos en el Capítulo 1, la disciplina tiene que ver con la enseñanza. La enseñanza no debe incluir humillación ni intimidación; no debe basarse en castigos que opacan el intercambio positivo de ideas. Si vemos a los hijos como caballos salvajes a los que hay que domesticar, como Louise veía a Jeffrey, seremos propensos a castigar e intimidar, sobre todo si nuestro hijo no responde rápida o sistemáticamente a nuestros requerimientos o demandas.

Si pensamos en la disciplina como un proceso de enseñanza dirigido a reforzar la autodisciplina, nuestros actos pueden partir de la pregunta: "¿Están mis hijos aprendiendo de mi autodisciplina, compromiso y responsabilidad o mi mensaje se está perdiendo entre el enojo y los resentimientos?" Tras haber entrevistado a varios niños y adolescentes en nuestra práctica médica, nos sorprendimos de cuántos no pueden identificar las razones por las cuales sus padres les inculcan disciplina, aunque pueden recordar el tono negativo que dominó la relación con sus padres. Del mismo modo, cuando los adultos reflexionan sobre a su infancia, recuerdan más el tono utilizado por su padres, que los mensajes que sus padres intentaban transmitirles. En situaciones donde prevalecían el enojo y la humillación, en lugar de la autodisciplina se reforzaba el resentimiento.

> Si pensamos en la disciplina como un proceso de enseñanza dirigido a reforzar la autodisciplina, nuestros actos pueden partir de la pregunta: "¿Están mis hijos aprendiendo de mi autodisciplina, compromiso y responsabilidad o mi mensaje se está perdiendo entre el enojo y los resentimientos?"

La disciplina eficaz requiere de una relación positiva

Con frecuencia, nuestros pacientes y quienes participan en el taller nos preguntan cuáles técnicas disciplinarias o estrategias estimulan la autodisciplina. Nuestra respuesta es simple: una relación positiva con el niño. A menudo los padres y otros adultos encargados de la educación de los niños están tan ávidos de aprender un recetario de enfoques disciplinarios que olvidan considerar que los niños tienden a escuchar y responder a peticiones, límites y consecuencias cuando confían en el adulto que las fija.

Los padres eficaces reconocen que la calidad de la relación padre-hijo es una parte importante en un enfoque disciplinario positivo. Los niños y adolescentes escuchan más a los adultos que perciben como justos, enfáticos y respetuosos, que a los que perciben arbitrarios, inconsecuentes y enojados. Hay mucha verdad en el dicho: "A los niños no les importa lo que sabes hasta que saben que les importas". Este dicho se aplica tanto en la relación padre-hijo como en la de maestro-estudiante.

> Los niños y adolescentes escuchan más a los adultos que perciben como justos, enfáticos y respetuosos, que a los que perciben arbitrarios, inconsecuentes y enojados.

Al final de uno de nuestros talleres, una pareja se acercó a compartir su historia personal, y con ello reforzó nuestra afirmación de que una relación positiva es la base para una disciplina eficaz. Tenían dos hijos; uno de siete y otro de diez.

El padre comentó que los recuerdos que tenía de su propio padre, ya fallecido, eran cuando mucho ambivalentes.

Nos dijo: "Mi padre no me pegaba, ni siquiera levantaba mucho la voz, pero siempre me criticaba mucho. Me hacía sentir mal, ridiculizaba las cosas en las que yo estaba interesado y me castigaba. Aunque no gritaba parecía estar de malas la mayor parte del tiempo. Cuando crecí, sus formas favoritas de demostrarme quién era el que mandaba eran no dejarme salir ni ver la tele, por ejemplo. De verdad no creo haber sido un "mal niño", pero sentía que mi padre me veía y trataba como si lo fuera. Yo sentía que a él no le importaba".

Cuando terminó esta frase se le llenaron los ojos de lágrimas, pero continuó: "Es como dijeron ustedes en la conversación. Entre más límites trataba él de poner, más intentaba romperlos, con frecuencia a sus espaldas. Ahora, con el paso del tiempo, creo que mi actitud era: 'Tú no me respetas, ¿por qué tengo que respetarte yo?' No importaba cuál fuera el punto; yo no iba a escuchar".

Su esposa participó: "Cuando nació nuestro hijo mayor, mi esposo y yo hablamos mucho sobre el tipo de relación que él había tenido con su padre y que deseaba una relación muy diferente con nuestro hijo. Estoy muy orgullosa de lo amoroso que es como esposo. Mis dos hijos saben lo mucho que su padre los ama. Pasa tiempo con ellos, los abraza y siempre encuentra tiempo para decirles un cumplido. Yo sé que todavía están muy pequeños y muchas cosas pueden ocurrir, sobre todo cuando sean adolescentes, pero verdaderamente lo respetan y lo escuchan".

Su esposo agregó: "Ellos hacen lo mismo por mi esposa". Por su comentario pudimos ver que en este matrimonio ambos se apoyaban el uno al otro y trabajaban juntos para educar a sus hijos.

Su esposa concluyó: "Es como ustedes dijeron. La disciplina es más eficaz en el contexto de una buena relación. [Nos sorprendió que hubiera recordado exactamente las mismas palabras que habíamos usado.] De verdad escuchan lo que les decimos y parecen comprender que hay consecuencias de sus actos. La relación que tienen con mi esposo es muy distinta a la que él tuvo con su padre".

Aunque nuestra interacción con esta pareja fue breve, pudimos notar que este hombre era capaz de ser un padre para sus hijos de un modo muy diferente a lo que había sido su propio padre. Al cambiar la mentalidad generacional y el guión aprendido se convirtió en alguien que inculca la disciplina en el verdadero sentido de la palabra: como un maestro de valores importantes.

La empatía es una parte vital de la disciplina

En todos nuestros escritos hemos señalado que la empatía es una habilidad vital para desarrollar relaciones satisfactorias y positivas. La empatía se ha definido popularmente como la capacidad de ver el mundo a través de los ojos de los demás, apreciando sus sentimientos e ideas, entendiendo su perspectiva.

LA FAMILIA BURNS: APRENDIENDO LA EMPATÍA

En nuestro trabajo con Louise Burns, a quien describimos anteriormente en este mismo capítulo, analizamos su comentario en el que había mencionado que su hjo Jeffrey "podría pensar que siempre estoy detrás de él, pero eso se debe a la manera en que se comporta". Lo hicimos para promover la empatía y una mentalidad más positiva.

¿Tiene empatía hacia su hijo?

Estamos tan impresionados por la importancia de la empatía en la paternidad que normalmente pedimos a los padres que reflexionen sobre las siguientes preguntas:

¿Cómo esperaría que mis hijos me describieran?

¿Cómo, de hecho, me describirían?

¿Qué tanto se parecen ambas descripciones? Si no se parecen mucho, ¿cómo puedo cambiar para que las palabras con las que deseo que me describan mis hijos coincidan con aquellas que de verdad utilizarían?

¿Me gustaría que alguien me hablara de la misma forma en la que hablo a mis hijos?

En todo lo que sigo o hago con mis hijos, ¿qué espero lograr? Algo que es todavía más importante: ¿mi manera de hablar o actuar provocará que mis hijos tengan más deseos de escucharme y aprender de mí?

Resulta esencial considerar estas preguntas en nuestro papel como formadores de disciplina. No podemos llegar tan lejos como para esperar que los niños nos agradezcan por ponerles límites y consecuencias, pero esperamos que aprendan de nosotros. Si nos mostramos como irritables, arbitrarios, duros e inflexibles, nuestras prácticas disciplinarias van a estar en riesgo. En lugar de disciplina, nuestros niños pueden aprender enojo y resentimiento.

Preguntamos a Louise cómo la describiría Jeffrey, además de lo que ya había dicho. Después de pensarlo por unos segundos dijo: "Últimamente, yo creo que él diría que regaño todo el tiempo y que le grito. Pero él debe entender que si hiciera lo que le corresponde, yo no estaría recordándole las cosas ni gritándole". Con frecuencia escuchamos este tipo de razonamiento; que los padres serían menos negativos si sus hijos hicieran lo que les piden sin necesitar recordatorios constantes.

Le preguntamos: ¿cómo le gustaría que Jeffrey la describiera?

Ella respondió: "No he pensado en eso, pero supongo que me gustaría que dijera que me preocupo por él, que estoy tratando de hacer lo mejor que puedo como madre soltera, que soy justa. Él siente que no soy justa y que trato a Amy mejor que a él, pero no ve que ella me hace caso y no me contesta de mala manera. Es más fácil ser amable con ella. Si él cambiara, si tuviera una mejor actitud, sería más fácil tratarlo mejor".

Estuvimos de acuerdo en que su papel de madre sería mucho más fácil si el comportamiento de Jeffrey mejorara. Sin embargo, señalamos que lo que ha estado haciendo con Jeffrey no ha tenido los resultados que ella quisiera ver. Tras asegurarle que respaldábamos sus objetivos de lograr que su hijo fuera más cooperativo y menos desafiante, le comentamos que teníamos distintas ideas sobre cómo alcanzarlos. Le sugerimos que un enfoque diferente hacia la disciplina podría arrojar los resultados que Louise esperaba ver. Al explicarle nuestro punto de vista tratamos de expresarle la empatía y el reconocimiento de los retos de ser una madre divorciada. También queríamos apoyarla en ciertas metas particulares que ella tenía para el comportamiento de Jeffrey, mientras le compartimos la idea de que puede haber más formas constructivas de disciplinar a Jeffrey y alcanzar estas metas.

Ella preguntó: "¿Qué quieren decir con un enfoque diferente?"

Le recordamos que su hijo pensaba que "siempre estaba detrás de él", mientras que ella deseaba que él la viera como alguien que se preocupa y es justa. Pedimos a Louise que considerara si Jeffrey cambiaría su forma de pensar si ella continuaba haciendo lo mismo. "No, pero el punto es que he sido justa y él tiene que aprender eso. Es él quien necesita cambiar, no yo".

Estuvimos de acuerdo en que Jeffrey necesitaba cambiar, pero repetimos que si ella continuaba disciplinándolo del mismo modo en que lo hacía, él no cambiaría y no la vería como una persona justa. Le explicamos que no estábamos diciendo que debía rendirse, sino que debía encontrar una forma diferente de disciplinar a Jeffrey, una manera que le permitiera ser más cooperativo y a verla de la manera en que a ella le gustaría.

"Creo que ya he intentado casi todo". Este es otro comentario frecuente de los padres cansados y frustrados.

Le dijimos que probablemente había intentado muchas cosas distintas, pero le recordamos que tal vez había otras cosas inexploradas que podían dar resultado.

Louise sonrió y dijo: "¿Qué puedo perder? Las cosas no están funcionando actualmente".

Con esta invitación a continuar presentamos el tema de la mentalidad de Louise y su forma de relacionar a Jeffrey con la imagen de un caballo salvaje. Pensamos que éste era un paso necesario si ella quería ser una formadora de disciplina más eficaz. También descubrimos que debíamos transmitir nuestro mensaje de una manera en que ella no se sintiera juzgada para que no se pusiera a la defensiva y se resistiera a trabajar con nosotros. En esencia, teníamos que mostrar con Louise la misma empatía que le estábamos pidiendo que tuviera hacia Jeffrey.

Para completar esta tarea utilizamos una estrategia que nos había dado resultados en nuestra práctica médica: antes de hacer nuestras observaciones le expresamos a Louise que nos preocupaba parecer que la acusábamos o juzgábamos. Le pedimos que nos dijera cuando sintiera que empezábamos a sonar críticos, le aseguramos que nuestra intención no era criticarla sino analizar si su manera de pensar sobre Jeffrey era un obstáculo para practicar un enfoque de la disciplina nuevo y más eficiente. Específicamente, le pedimos que reflexionara sobre la idea de que disciplinar a Jeffrey era como domesticar a un caballo. Aunque una persona preparada para domesticar caballos podría decir que es un proceso que requiere de sensibilidad y cuidados, como probablemente es el caso, comentamos que domar o domesticar a un niño parecía tener un significado diferente, uno que es más duro y que implica castigarlo.

Louise nos escuchó con atención y dijo: "Es interesante que hayan dicho eso. Realmente no veo a Amy del mismo modo. Jeffrey siempre me ha parecido más salvaje y más impredecible que Amy". Tan pronto mencionó la palabra *salvaje* sonrió y dijo: "Ahí voy otra vez. Pero ustedes saben que él es más bravucón que Amy".

Aceptamos su observación y comentamos que todos los niños son diferentes desde el nacimiento, aun viniendo de los mismos padres. Estuvimos de acuerdo en que lo que funciona con un niño puede no funcionar con otro.

"¿Qué es lo que puedo cambiar en mi trato con él?"

Propusimos que dejara de ser castigadora y de ver a su hijo como alguien que necesita ser domado, y le dijimos que si involucraba a Jeffrey en la solución del problema, él dejaría de verla como alguien que está siempre detrás de él y comenzaría a ser cooperativo.

"Eso sería un gran alivio. ¿Dónde empiezo?"

Le sugerimos el enfoque de "resolver problemas", similar al de la familia Ewing mencionado en el Capítulo 1. Específicamente, le aconsejamos que le dijera a Jeffrey que está cansada de regañarlo y que agregara: "Verdaderamente quisiera que encontráramos juntos cómo tú, Amy y yo podemos ayudarnos, sin necesidad de estarnos recordando lo que debemos hacer y sin discusiones. Quiero encontrar la manera en que podemos hablar el uno al otro sin que las cosas se conviertan en una discusión".

Al principio, Louise se mantuvo escéptica sobre este enfoque; sentía que ya antes había tratado de ser razonable y no había funcionado. Le dijimos que tal vez era cierto, pero que valía la pena intentarlo nuevamente, especialmente porque lo que estaba haciendo no funcionaba. Fuimos enfáticos al señalarle que si consideraba las preguntas que habíamos hecho sobre la empatía, su conversación con Jeffrey tendrá más probabilidades de éxito. También le dijimos que no se desanimara si no veía una respuesta positiva inmediata. Cambiar los guiones negativos puede tomar tiempo.

LAS METAS FUNDAMENTALES DE LA DISCIPLINA

Idealmente, el resultado final de la disciplina no es producir niños sumisos y obedientes. Este tipo de niños pueden seguir reglas, pero generalmente lo hacen por temor y no porque comprendan su razón de ser. Si los jóvenes no entienden el propósito de las reglas y las consecuencias, y si creen que les han sido impuestas, tienen más dificultad para incorporarlas como guías para su vida. Por lo mismo, muchos niños que parecen obedientes se comportan mal a espaldas de sus padres, o en algún momento se despojan de su "buena personalidad" y demuestran sus frustraciones.

Si, como lo hemos sostenido, uno de los principales objetivos de la disciplina es la autodisciplina, los padres deben considerar que ésta implica que una persona acepte la pertenencia y la responsabilidad de las reglas que rigen su vida. Por lo tanto, la autodisciplina está asociada con uno de los elementos básicos de una mentalidad con capacidad de sobreponerse a los problemas: un sentido de control personal. Como afirmamos en nuestro libro *El poder de la capacidad de sobreponerse*, el control personal implica reconocer que los humanos somos los autores de nuestras vidas, que no debemos buscar nuestra felicidad esperando que alguien más cambie. En lugar de eso, cuando enfrentamos un problema debemos preguntar: "¿Qué puedo hacer para que cambie la situación?"

Cuando los niños son pequeños, los padres establecen, comprensiblemente, casi todas las reglas y las consecuencias que dirigen su vida. Sin embargo, quienes fomentan la disciplina de un modo eficaz descubren que mientras sus hijos se desarrollan cognitiva y emocionalmente deben transferir una gran porción de responsabilidad y control a sus hijos. Los padres, al igual que otros adultos encargados de la educación de los niños, quieren que éstos incorporen valores que habrán de guiarlos aun cuando los adultos no estén presentes. Quieren que los niños se den cuenta de que distintos comportamientos conducen a diferentes consecuencias y que siempre tienen la opción de decidir cómo comportarse. Edwards, en su libro *Cómo manejar a un niño difícil de manejar*, menciona que los padres autoritativos son más dados a educar niños con "confianza en sí mismos e independencia", ingredientes del control personal, que los padres autoritarios, cuyos hijos eran más dados a "pasar un mal rato al tomar decisiones para ellos mismos, ya que están acostumbrados a que les digan qué hacer".

Entonces, para que los niños adquieran un sentido de control personal y autodisciplina, los padres deben aprender a utilizar técnicas disciplinarias con las que puedan lograrlo; así, sus hijos aprenderán y utilizarán las habilidades para resolver problemas y tomar decisiones. Lo que desarrolla la verdadera esencia de la autodisciplina es aprender a pensar antes de actuar y considerar diferentes opciones para resolver problemas.

La familia Burns: "Nuestra mentalidad es una criatura poderosa"

Volvamos al caso de Louise Burns y veamos cómo se concentró en la meta de la autodisciplina. Animada por otras recomendaciones, le dijo a su hijo Jeffrey que sabía que él sentía que ella estaba todo el tiempo detrás de él y que quería cambiar su manera de reaccionar.

Él respondió con cierto sarcasmo: "Bueno, eso sería excelente".

En lugar de responder al sarcasmo, Louise dijo que ella creía que sería de ayuda si, como una forma de empezar, ellos dos, junto con Amy, su hermana, se sentaban a discutir cuáles de sus responsabilidades tenían que ver con la casa y cómo debían hacerse cargo de éstas sin que hubiera constantes recordatorios para cumplirlas.

Jeffrey se sintió tomado por sorpresa con este nuevo enfoque y respondió: "¿Y qué tal si tú y Amy se unen en contra mía y me dicen que debo hacer más cosas que ustedes?"

Su madre le preguntó: "¿Sientes que nosotras nos unimos contra ti?"

"A veces", respondió.

Con una habilidad y una empatía sorprendentes, Louise dijo: "Lo que acabas de expresar es muy importante. Las cosas sólo funcionarán si los tres sentimos que estamos siendo justos entre nosotros. Si uno siente que está siendo tratado injustamente, no seremos capaces de tener un hogar feliz. Cuando discutamos responsabilidades debemos dejar que los otros sepan si sentimos que son justos, y si uno de nosotros no se siente así debemos encontrar la manera de corregir la situación". Louise sabía que Jeffrey podía responderle con rapidez que las cosas no eran justas, pero al anticiparse a esta posibilidad y al enfatizar que ellos podían encontrar formas para corregir la situación si se presentaba, ella estaba asumiendo una actitud de resolver problemas.

Al principio, Louise había hablado con nosotros sobre la posibilidad de mantener la conversación sobre la responsabilidad en el contexto de las sesiones de terapia familiar. Aunque estuvimos de acuerdo, Louise descubrió que por su cuenta podía utilizar las habilidades de paternidad y disciplina que aprendió en las sesiones con nosotros. Ella esperaba que Amy cooperara, lo que sucedió, pero estaba gratamente sorprendida de que Jeffrey también se mostrara abierto a sus sugerencias. Él participó con entusiasmo para definir expectativas para cada uno de ellos, y decidió alternar ciertos deberes de la casa que eran "aburridos" y diseñó horarios para pegar en cada uno de los cuartos y en la cocina para recordarles a los miembros de la familia sus deberes.

Durante nuestra última sesión, Louise nos agradeció nuestras sugerencias y apoyo. Ella mencionó que, aunque Jeffrey algunas veces olvidaba cumplir con alguna responsabilidad y ocasionalmente se quejaba de que las cosas no eran justas, cada vez ocurría menos. También que, cuando se presentaban, ella se sentía más cómoda respondiendo de una manera en la que su hijo no sentía que lo estaba "regañando ni gritando".

Ella dijo: "Dado que algunas de las ideas sobre cómo recordarnos entre todos lo que nos tocaba hacer eran ideas que propuso Jeffrey, realmente él no podía acusarme de que lo estaba regañando, ya que simplemente estaba siguiendo sus sugerencias. Tal vez ésa es una de las razones por las cuales se ha mostrado más cooperativo. Como ustedes dijeron alguna vez, él estaba involucrado en resolver el problema más que en intensificarlo". Continuó: "¿Pero saben en lo que pienso con frecuencia? En cómo solía comparar a Jeffrey con un caballo salvaje al que había que domesticar. Creía que mi deber era mostrarle quién mandaba. Ahora me doy cuenta de que recibí lo que esperaba".

Después, repitiendo lo que ella había escuchado en varios momentos durante nuestras sesiones, agregó: "Nuestra mentalidad es una criatura poderosa". Se rió y explicó: "Por criaturas no quiero decir caballos salvajes".

Para subrayar la contribución de Louise a los cambios positivos en su familia, mencionamos con una sonrisa que, sin importar cuáles fueran las "criaturas" que habitaban en las mentalidades, tenía un buen control sobre todas ellas. Le recordamos que no sólo había cambiado su propia mentalidad, sino también había contribuido a cambiar la mentalidad de Jeffrey hacia ella.

TÉCNICAS DE DISCIPLINA

Hasta ahora hemos hablado de los diferentes estilos de paternidad y de cómo se relacionan con la mentalidad detrás de la disciplina efectiva. Hemos ofrecido ejemplos de varios casos. Pero, ¿qué más pueden hacer los padres para poner estas ideas en práctica cada día? Las siguientes técnicas son consecuentes con la disciplina destinada a desarrollar la autodisciplina en nuestros hijos.

Utilice consecuencias naturales y lógicas

Si las técnicas disciplinarias son arbitrarias —basadas en cómo nos sentimos en el momento, o cambiables de un momento a otro— o de castigos muy duros, no van a fomentar la autodisciplina ni una mentalidad con capacidad de sobreponerse. En su lugar, los niños deben aprender que su comportamiento tiene como resultado consecuencias que no son duras ni arbitrarias sino que están basadas en conversaciones que los padres han tenido con ellos, o bien, especialmente con los niños más chicos, en acciones que los padres han realizado antes. Algunas de las formas de control más efectivas son consecuencias lógicas y naturales, que son adecuadas cuando la situación no pone en riesgo la seguridad del niño ni de los demás.

Las *consecuencias naturales* son aquellas que resultan de los actos de un niño; los padres no necesitan hacer que se respeten porque se desprenden naturalmente del comportamiento del niño. Estas consecuencias pueden enseñarle que sus acciones o elecciones están dentro de su control y conducen a consecuencias específicas. Por ejemplo, en uno de nuestros talleres, una madre describió una situación en la que su hija de nueve años de edad salió a jugar una tarde en que hacía mucho frío. La madre pronto comenzó a discutir con su hija si debía llevar guantes o no. Finalmente dejó de discutir y se dijo a sí misma que éste no era realmente un tema de seguridad porque si a su hija le daba frío en las manos, las metería en los bolsillos del abrigo o regresaría a la casa por los guantes. Después de 30 minutos afuera, la niña volvió a casa por sus guantes y para guardar las apariencias le dijo a su madre que la temperatura había bajado considerablemente desde que ella había salido, una declaración que la mujer sabiamente aceptó. Esta niña aprendió más sobre las consecuencias de sus elecciones que lo que hubiera aprendido de todas las lecciones de su madre al respecto.

Aunque las *consecuencias lógicas* a veces se confunden con las naturales, las primeras involucran típicamente algún acto que realizan los padres como respuesta al comportamiento de su hijo. Este acto está relacionado directamente con el comportamiento y no involucra castigos fuertes como dar nalgadas. En uno de nuestros talleres un padre nos dio un ejemplo de consecuencia lógica. Le había dicho varias veces a su hijo de nueve años que al final del día pusiera su bicicleta dentro de la cochera. Le dijo a su hijo que si llovía la bicicleta podía dañarse o que alguien podía llevársela. Finalmente, cansado de recordarle a su hijo, le dijo que sería su responsabilidad acordarse. El niño dejó la bicicleta afuera y se dañó durante una tormenta.

El daño de la bicicleta podría verse como una consecuencia natural del comportamiento de este niño. Entonces, cuando se molestó y le pidió a su padre que llevara la bicicleta a arreglar, la respuesta del padre representaba una consecuencia lógica. No reaccionó con el típico: "Te lo dije". En lugar de eso, cuando su hijo le dijo que la bicicleta estaba "arruinada", replicó que podrían llevarla al taller de bicicletas para ver si la podían reparar, pero que sería responsabilidad del niño pagar las reparaciones. Si la bicicleta ya no se podía arreglar, el hijo sería responsable de comprar una nueva con sus ahorros. Este tipo de respuesta es efectiva si se presenta en un tono neutral; el niño aprende de la consecuencia misma, no del padre dándole lecciones sobre dicha consecuencia.

Las consecuencias naturales y lógicas deben coincidir con la magnitud del "hecho". También, dentro de lo posible, nuestros hijos deben conocer las reglas y sus consecuencias de antemano. Por ejemplo, si un chico de 17 años planea salir un sábado por la noche y tiene como hora de llegada las 12, los padres deben asegurarse de que conozca muy bien cuáles son las consecuencias si llega después de esa hora. En una casa que conocimos, llegar después de la hora acordada significaba que el hijo no podría salir el sábado siguiente. El muchacho llegó a las 12:30 a.m. y explicó que había llegado tarde porque había tenido que ir a dejar a varios amigos a su casa después de una fiesta. Su padre respondió con calma: "La próxima vez que vayas a dejar a unos amigos tendrás que salirte de la fiesta antes para que puedas estar en casa a la hora acordada, pero si esto fue lo que hiciste, ya sabes cuál es la consecuencia de lo que acordamos: el próximo sábado no puedes salir".

El muchacho contestó que él sólo había tratado de ayudar a sus amigos. El padre respondió con calma: "Me alegra que hayas querido ayudar a tus amigos llevándolos a su casa, pero tienes que encontrar una manera de hacerlo en el futuro sin llegar más tarde de la hora pactada".

El padre añadió en nuestro taller: "Estaba a punto de rendirme, pero entendí que mi hijo no había cumplido con su responsabilidad y si yo perdonaba que hubiera llegado tarde sería asumir que yo no estaba tomando nuestro acuerdo seriamente. Desde luego, si hubiera sido una situación extraordinaria, como que el carro se hubiera descompuesto, habría sido más tolerante, pero en este caso lo que sucedió estuvo bajo su control. Por cierto, creo que el enfoque funcionó porque esa fue la última vez que llegó después de la hora acordada".

Estos ejemplos ilustran las formas en las que la disciplina puede reforzar la autodisciplina y una mentalidad con capacidad de sobreponerse. Involucran cuatro acciones de los padres:

1.- Decida las reglas, expectativas y consecuencias con sus hijos.
2.- Identifique y plantee los comportamientos que requieren de un cambio.
3.- Considere las posibles soluciones para los problemas de comportamiento.
4.- Diga a sus hijos que es muy importante que sepan que tienen opciones en las soluciones que van a utilizar, pero que cada opción conduce a una consecuencia distinta.

Este proceso fortalece un sentimiento de responsabilidad y de hacerse cargo, así como un sentido de control sobre la propia vida.

Concéntrese en la prevención, no en la intervención

En la disciplina eficaz aplica muy bien el dicho: "Un gramo de prevención vale un kilo de curación". Los padres que inculcan la disciplina eficazmente reconocen que obtienen mejores resultados con un enfoque proactivo, más que de uno reactivo. Un enfoque proactivo encaja muy bien con el modelo de disciplina que consiste en resolver y aprender a sobreponerse a los problemas de los que hemos estado hablando. Anima a los padres a ser enfáticos, a tratar de entender lo que está causando el comportamiento problemático del niño y después a preguntarse: "¿Hay manera de modificar la situación para hacer que mi hijo deje de comportarse de ese modo?" También ayuda a que los padres consideren maneras de involucrar a su hijo al incluir diferentes opciones para resolver el problema.

Cuando sugerimos que los padres intenten entender por qué los niños actúan del modo que lo hacen, no queremos decir que necesitan convertirse en psicólogos de cabecera ni que analicen cada palabra y cada acto de sus hijos. De hecho, ayuda bastante tomar cierta distancia de vez en cuando y pensar en lo que puede estar provocando tal comportamiento en lugar de castigar de inmediato. Nos hemos encontrado con muchos padres bien intencionados que castigan a sus hijos por ideas equivocadas sobre su conducta.

La familia Ashlund: berrinches a la hora de dormir

Un buen ejemplo es el de una familia que describimos en nuestro libro *Cómo formar niños con capacidad de sobreponerse a los problemas.* John y Cathy Ashlund buscaron nuestra ayuda porque Robert, su hijo de cuatro años, tenía un comportamiento difícil a la hora de dormir. Cuando llegaba el momento, Robert se echaba a correr por toda la casa y sus padres corrían tras él. Cuando lo atrapaban se ponía a gritar y no se tranquilizaba. Nos dijeron que este comportamiento llevaba por lo menos seis meses. Antes de eso, Robert no había mostrado problemas para irse a dormir.

Con el fin de evaluar la mentalidad de los padres con respecto al comportamiento de Robert, les preguntamos cómo entendían lo que estaba ocurriendo. De inmediato nos dimos cuenta de que lo interpretaban como una forma de retarlos y llamar la atención. Dado que sentían que Robert recibía mucha atención durante el día, se enojaban cuando él se negaba a irse a dormir. Al percibir este comportamiento como una expresión de reto hacia ellos, con frecuencia sentían la necesidad de responder a sus gritos con palabras de enojo y en voz alta. Muchas veces, debido a la frustración, recurrieron a darle nalgadas. Aunque afirmaron que se sentían mal cuando utilizaban el castigo corporal, también dijeron que hacerlo "funcionaba". A menudo, Robert permanecía en la cama después de las nalgadas y lloraba hasta quedarse dormido.

La mentalidad de los Ashlund se parecía a la de Louise Burns, quien veía el comportamiento de Jeffrey como un reto, como un caballo salvaje que debía ser domado. Dado que el comportamiento de Robert continuaba noche tras noche a pesar de las medidas que tomaban, cuestionamos si las nalgadas realmente "funcionaban"; después de todo, no habían obtenido resultados de largo alcance con ello. La perspectiva que los padres tenían del problema, quienes veían el comportamiento del niño como un indicador de oposición y búsqueda de lo que consideraban una atención injustificada, parecía aumentar su enojo y disminuir su capacidad de empatía. Se había iniciado un círculo vicioso. Los Ashlund, al manifestar cada vez menos empatía, veían el comportamiento de Robert de una sola manera lo cual los mantenía preparados para el castigo como respuesta. Sus gritos y nalgadas aumentaban los berrinches de Robert.

Programamos una sesión para conversar con Robert y nos quedamos impresionados por su forma de ver el problema. Durante nuestra sesión le preguntamos si a veces tenía "pesadillas". Robert parecía sorprendido: "¿Cómo supieron?"

Le explicamos que muchos niños de su edad tienen pesadillas y queríamos saber un poco sobre las suyas. Una sensación de alivio se hizo evidente en su rostro al tener la oportunidad de describir sus pesadillas, en las que veía que lo perseguían a él y a su familia. Luego pedimos a Robert que hiciera un dibujo de alguno de estos sueños para enseñarlo a sus padres. Mientras dibujaba le preguntamos más sobre sus sueños. Robert nos dijo que temía irse a dormir porque sabía que tendría pesadillas.

Aunque los padres de Robert veían su comportamiento como de reto y manipulación, permitir que su niño expresara sus sentimientos mostró que la causa de sus problemas a la hora de dormir estaba relacionada con sus intentos por evitar la ansiedad que le provocaban las pesadillas. Los padres, después de ver el dibujo y escuchar nuestro relato sobre la sesión, estuvieron más abiertos para considerar esta explicación alternativa. Este cambio en su forma de pensar los llevó inmediatamente a tener más empatía, a castigar menos y a tomar en cuenta los sentimientos de desesperación que Robert había expresado cada noche.

Al mantener nuestra idea de que los niños, aun tan pequeños como Robert, son capaces de proponer soluciones, le preguntamos lo que él creía que ayudaría a resolver el problema. Hemos encontrado que con frecuencia las perspectivas de los niños nos proporcionan información con la que se pueden prevenir problemas. Robert no nos decepcionó; tuvo dos sugerencias. Pidió que le pusieran una lámpara de noche, a la que sus padres se habían negado antes porque pensaban que no lo dejaría dormir. Su segunda sugerencia podría ser subrayada en cualquier libro sobre educación de los hijos. Pidió que le pusieran una foto de sus padres a un lado de la cama y explicó que así, si tenía miedo, podía ver su fotografía. John y

Cathy Ashlund estuvieron dispuestos a seguir estas recomendaciones de inmediato, expresando su arrepentimiento por no haber permitido a Robert que tuviera una lámpara de noche. También decidieron leerle un cuento extra a la hora de dormir y dejar la puerta de su cuarto abierta.

Cuando los Ashlund adoptaron este enfoque preventivo, basado en la empatía y en la actitud de resolver problemas, Robert dejó de hacer berrinches y de resistirse a ir a la cama. El ambiente dentro de la casa, especialmente a la hora de dormir, mejoró considerablemente.

La familia Centro:
"¿Hay alguna probabilidad de que puedas morir?"

En otra situación que involucra la prevención como una forma poderosa de disciplina, Tony y Celeste Centro nos consultaron sobre Cynthia, su hija de 10 años. Nos dijeron que habían notado que se estaba volviendo cada vez más "rebelde" con ellos. Con frecuencia se negaba a ayudarlos con los deberes de la casa y les hacía desaires.

Celeste dijo: "Hasta hace un año era cooperativa. Tal vez son las hormonas de la adolescencia que se le adelantaron. No es alguien con quien uno tenga ganas de estar".

Preguntamos si había ocurrido algo dentro de la familia durante este último año. Resultó interesante saber que a Tony le habían diagnosticado "un leve cáncer en la piel". Añadió que ahora estaba bien y que no había sido algo grave. Preguntamos sobre la reacción de Cynthia ante su cáncer. Tony, obviamente un padre cariñoso, dijo: "Simplemente le dijimos que yo iba a estar bien, y lo estoy. Le hicimos saber que no había ninguna necesidad de preocuparse por eso y pareció aceptarlo".

Cuando hablamos con Cynthia recibimos una versión muy diferente sobre este "leve caso de cáncer de piel". Ella habló de inmediato sobre otro niño de la escuela cuyo padre había muerto de cáncer y añadió: "No estoy tan segura de que todo marche bien, ya que mis papás parecen esconder algo. Si hago una pregunta, ellos sólo dicen que las cosas están bien y después no parecen querer hablar de eso. Me tratan como a un bebé".

Mientras escuchábamos a Cynthia nos preguntábamos si su comportamiento de parecer "rebelde" no era en realidad una máscara para ocultar su elevada ansiedad. Decidimos programar una sesión familiar con Tony, Celeste, Cynthia y su hermano Sam, de ocho años.

Con el permiso de Cynthia comenzamos la sesión diciendo que ella tenía algunas preguntas que hacer sobre el cáncer de piel de su padre. Cynthia manifestó las preocupaciones que había compartido con nosotros. Los padres les dijeron que habían creído equivocadamente que hablar mucho del cáncer de Tony les causaría mayor preocupación. Aceptaron que se daban cuenta de que sus dudas para hablar directamente sobre el cáncer de Tony sólo estaba aumentando la ansiedad de Sam y de Cynthia.

Esta apertura le permitió a Cynthia preguntarle a su padre: "¿Piensas que hay probabilidades de que el cáncer vuelva y de que mueras por eso?"

Su padre respondió: "De acuerdo con lo que me dijo el doctor estoy bien y me han revisado con frecuencia para asegurarse de que siga así".

Cynthia preguntó: "¿Estás seguro de que eso es lo que piensa el doctor?"

Tony dijo que sí y nosotros sugerimos que, si el doctor aceptaba, ayudaría mucho que Cynthia y Sam acompañaran a su padre a la próxima cita con el médico. El doctor estuvo de acuerdo.

Los padres llamaron para comentarnos que después de la sesión Cynthia "se veía notablemente más feliz y tranquila". En una llamada telefónica posterior, reportaron que la "actitud irreverente y la falta de cooperación" de Cynthia habían terminado.

Encuentre los motivos

Los niños deben saber que hay consecuencias cuando se portan mal pero, como lo muestran los casos de Robert y Cynthia, algunas veces la mejor manera de lidiar con el mal comportamiento es concentrarse en aquello que lo está provocando. Entonces, en lugar de imponer consecuencias más duras y estrictas, los padres deben minimizar las condiciones que provocan el comportamiento negativo.

> Algunas veces la mejor manera de lidiar con el mal comportamiento es concentrarse en aquello que lo está provocando.

La prevención también implica tener expectativas realistas para los hijos y no colocarlos en situaciones que probablemente van a resultar en mal comportamiento. Si usted tiene un niño inquieto en edad preescolar, casi puede predecir que va a tener dificultad para permanecer sentado en una silla en un restaurante elegante durante una comida que dure dos horas. Entonces en primer lugar, ¿para qué llevar ahí al niño?

En uno de nuestros talleres, una madre describía a su hija de cuatro años como el "terror" cuando iban de compras. Hasta en el super su hija corría por los pasillos tomando comida. La madre continuaba: "Cuando la pongo en el carrito grita que se quiere bajar. Es una niña muy inquieta y sé que odia estar confinada en el carrito del supermercado, pero no puedo dejarla que corra por todas partes. En algunas ocasiones he tenido que suspender las compras, sacarla de la tienda y volver a casa. Desde antes de salir le advierto que no grite ni tome cosas, pero en cuanto comenzamos a caminar por los pasillos se le olvida la advertencia o simplemente no le importa. Debo reconocer que al final de estos episodios no soy muy paciente con ella y me descubro gritándole".

Mientras escuchábamos las quejas de esta madre y reconocíamos que ya había intentado varias estrategias, que incluían la de preparar a su hija desde antes de salir de la casa, le hicimos una pregunta que la tomó por sorpresa. Simplemente le preguntamos si creía que a esa edad su hija era capaz de manejar el hecho de ir de compras con ella.

La madre respondió: "¿Qué quieren decir?"

Al señalar que los niños son muy distintos unos de otros, le dijimos que muchos niños de cuatro años no tienen problemas cuando van a las tiendas, mientras que otros sí los tienen. Recordamos a la madre que había descrito a su hija como inquieta y le dijimos que algunos niños necesitan correr de un lado a otro y algunos son más impulsivos y toman cosas. Presumiblemente, en algún punto estos niños serán capaces de demostrar más control, pero por el momento no pueden.

La madre preguntó: "¿Me están sugiriendo que no lleve a mi hija conmigo a hacer las compras?"

Le dijimos que, en efecto, eso era lo que estábamos sugiriendo, particularmente si la madre podía hacer las compras mientras alguien más cuidaba a su hija en casa.

La madre dijo: "Es posible pero, ¿cómo va a poder aprender mi hija a comportarse cuando salga de compras conmigo si no la llevo? En su conferencia, ustedes dijeron que debíamos ayudar a nuestros hijos a desarrollar autodisciplina. ¿Cómo los ayudamos si no los ponemos en ciertas situaciones?"

Reconociendo que la madre tenía una muy buena pregunta, le explicamos que no estábamos sugiriendo que nunca fuera de compras con su hija. En realidad, queríamos que considerara si, a esa edad, su hija era capaz de ir de compras con ella. Señalamos que nos había dicho que cuando llevaba a su hija a la tienda, terminaba por no poder hacer las compras y entonces gritaba la niña, y luego gritaba también ella.

"Entonces, ¿qué debo hacer?" y comentó.

Le aconsejamos que pensara en una estrategia a manera de proceso. Dado que el objetivo de la madre era que su hija fuera capaz de actuar más adecuadamente al salir de compras, el proceso involucraría mantener la meta y desarrollar un plan de acción para prevenir los arrebatos que habían ocurrido. Por ejemplo, como la mamá podía arreglar que alguien cuidara a su hija cuando iba de compras, podía hacerlo durante los meses siguientes. Después, la primera vez que se llevara a su hija de compras irían a una tienda pequeña, tal vez solamente a comprar una o dos cosas.

La madre interrumpió: "¿Por qué a una tienda pequeña a comprar una o dos cosas?"

Le dijimos que de ese modo el viaje sería corto y entonces, si la niña comenzaba a portarse mal, podrían irse rápidamente sin dejar detrás un carrito lleno de comida. También, será más fácil para la niña manejar un periodo corto de compras que uno largo. Hicimos hincapié en que la meta principal era que la hija desarrollara el autocontrol cuando acompañara a su madre a las tiendas, pero también vimos una meta adicional: prevenir que la madre se frustrara y enojara y le gritara a su hija. Le recordamos que tal vez a su hija le tomaría más tiempo que a otros niños de su edad manejar este tipo de excursiones.

La madre dijo: "¿Qué puedo perder? Me pongo nerviosa desde el momento en que voy a salir de compras con ella".

Si usted se pregunta por qué a esta mamá no se le ocurrió dicha solución antes de que nosotros la sugiriéramos, recuerde que la mentalidad de las personas no siempre está abierta a la reflexión y al cambio. Correctamente, ella se fijó como meta que su hija desarrollara la autodisciplina, pero desafortunadamente su enfoque no iba de la mano con el temperamento o con el nivel de desarrollo de su hija. Como aprendería más tarde, si adoptaba un modelo de prevención que tomara en cuenta las capacidades de su hija podría mantener su meta principal, pero con un programa diferente para alcanzarla.

Infunda ánimo y proporcione un intercambio positivo de ideas

En nuestros talleres y en nuestra práctica clínica hemos descubierto que la mayoría de las preguntas que hacen los padres sobre la disciplina están relacionadas con el castigo. Escuchar algunas como: "¿Qué debo hacer cuando mi hijo mayor golpea a su hermano menor?" o "¿qué hacer cuando mi hija me conteste de mala forma?" o "¿cuál es el mejor castigo para que mi hija deje de mentirme?"; estas preguntas proporcionan la idea de que la disciplina y el castigo son sinónimos. Sin embargo, el castigo y las consecuencias negativas por el mal comportamiento son sólo dos formas de disciplina y, además, no son las más efectivas.

La mentalidad de los padres que fomentan eficazmente la disciplina contribuyen al intercambio positivo de ideas y a darle ánimo a los niños, los cuales son los componentes que más influyen en la disciplina, especialmente para ayudarlos a desarrollar una capacidad para sobreponerse a los problemas. Nuestro consejo para los padres es: "Sorprendan a sus hijos cuando estén haciendo las cosas bien y háganselo saber". Aunque puede parecer fácil hacer comentarios positivos a los hijos cuando estén cumpliendo con expectativas realistas y actuando apropiadamente, muchos padres no lo hacen. Pasan más tiempo diciendo a los niños lo que están haciendo mal, en lugar de expresar su reconocimiento por lo que están haciendo bien.

> El intercambio positivo de ideas y darle ánimo a los niños son los componentes que más influyen en la disciplina, especialmente para ayudarlos a desarrollar una capacidad para sobreponerse a los problemas.

La familia Berkshire: "Daniel es agotador"

Lisa y Walt Berkshire tenían un hijo, Daniel, de nueve años de edad. Ellos se sentían frustrados por su comportamiento, lo describían como un "quejumbroso que siempre antepone sus propias necesidades por encima de los demás, nos interrumpe cuando estamos hablando por teléfono y siente que debemos darle lo que quiera".

Walt dijo: "Daniel es agotador. Es un niño que exige mucho. El problema es que siempre acabamos cediendo ante él. Nos sobrepasa. No acepta un *no* por respuesta".

Lisa compartía las frustraciones de su esposo y dijo: "Odio admitir esto como madre, pero no espero con agrado el momento de pasar tiempo con Daniel". Las lágrimas acompañaron estas palabras.

Aunque vamos a abordar con mayor profundidad el caso de la familia Berkshire en capítulos posteriores, algo que aprendimos con ellos en nuestro trabajo tiene que ver con lo que estamos tratando ahora: no le estaban dando a Daniel un intercambio positivo de ideas. Durante una de nuestras sesiones reconocimos que Daniel era un niño difícil, pero les pedimos a Walt y a Lisa que nos hablaran de algunas ocasiones en que hubieran disfrutado estar con él, cuando él no era un "quejumbroso" o demandante. Ésta es una pregunta que hacemos a la mayoría de los padres.

Por medio de esta pregunta intentábamos generar una intervención llamada *terapia focalizada en la solución*, que incluye una técnica llamada *regla de excepción*. Esta regla invita a las personas a considerar excepciones al comportamiento que usualmente muestran otros o ellas mismas. Centrarnos en las excepciones ayuda en nuestro trabajo con los padres, especialmente con los que utilizan palabras como *siempre* y *todo el tiempo* para describir el comportamiento negativo de sus hijos. Si pueden recordar momentos en que sus hijos han mostrado un comportamiento positivo, podemos intentar encontrar, junto con ellos, no sólo el porqué de este comportamiento, sino también cómo respondieron los padres en dichos momentos.

Después de pensarlo un poco, los Berkshire recordaron ejemplos de cuando Daniel se había portado bien, situaciones en las que no lloriqueó ni los interrumpió. Preguntamos a Walt y a Lisa qué le habían dicho en aquellas ocasiones.

Lisa parecía sorprendida: "¿Qué debí haber dicho? Se estaba comportando como debía hacerlo".

Refuerce lo que quiera ver de nuevo

Una vez más, lo que podía parecer obvio, no lo fue. Si queremos que el comportamiento positivo continúe, debemos recompensarlo. Con frecuencia olvidamos que comentarios tan simples como: "Gracias por hablar sin gritos, porque es más fácil escuchar lo que tienes que decir cuando no lloriqueas", o "te agradecemos que te hayas esperado hasta que colgáramos el teléfono para pedirnos algo" pueden cambiar completamente el mal comportamiento de un niño. Como ya hemos afirmado en otros textos, algunos padres caen en la trampa de mantener un "déficit de halagos". Creen que cuando los niños hacen algo correctamente es lo que se espera y no hay nada que decir, pero cuando los niños se portan mal, debemos regañarlos y castigarlos. Como resultado, la cantidad de comentarios positivos que estos padres hacen a sus hijos es mucho menor a la cantidad de crítica negativa.

Todos crecemos y maduramos con los intercambios positivos de ideas. Las expresiones de ánimo y amor hechos en el momento adecuado son valiosas para la autoestima y la dignidad de un niño. Como lo enfatizamos anteriormente en este capítulo, la disciplina es más efectiva cuando se basa en una relación positiva. Cuando los niños se sienten queridos y apreciados, y cuando reciben ánimo y apoyo por las cosas que están haciendo bien, son menos propensos a engancharse en malos comportamientos. Algunos niños, especialmente los que manifiestan un temperamento difícil, tal vez requieran más comentarios positivos que otros pero, como muchos padres han observado, dar ese tiempo extra a sus hijos es la mejor forma de disciplina que han encontrado.

¿QUÉ SIGUE?

Adoptar los principios de mentalidad descrito en este Ca-
cítulo proporciona a los padres las bases para inculcar la
disciplina de una manera que fomentará una mentalidad
con capacidad de sobreponerse a los problemas y la autodisciplina en sus hijos. Mientras más principios pueda usted
adoptar, más efectiva será su forma de disciplinar. Como
apuntamos en el Capítulo 1, hemos organizado los siguientes
capítulos de este libro para mostrarle cómo fomentar en su
hijo la mentalidad de la autodisciplina y la capacidad de sobreponerse, en comparación con la de los niños que no manejan
la autodisciplina, no tienen mucha esperanza ni son optimistas. Mientras los niños desarrollan esa mentalidad, no sólo se
vuelven más disciplinados sino que también despliegan otras
características propias de la capacidad para sobreponerse, mismas que le ayudarán a ser una persona feliz y satisfecha.

CAPÍTULO 3

AYUDE A SU HIJO
A TOMAR EL CONTROL

*

Quienes están familiarizados con nuestros textos sobre la capacidad de sobreponerse a los problemas están conscientes de la importancia que le damos al desarrollo del control personal. Una de las mayores tareas de la paternidad es ayudar a los niños a asumir cada vez más responsabilidades en su vida. Queremos que se den cuenta de que son los autores de su historia. Si no están satisfechos con alguna situación deben preguntarse: "¿Qué puedo hacer de manera distinta para mejorar esta situación?" Si esperan a que los demás cambien primero, se van a quedar esperando mucho tiempo.

Sin embargo, en nuestra práctica profesional y en nuestras consultas hemos observado que mucha gente, de todas las edades, cree que su felicidad está basada en que los demás cambien. Con frecuencia escuchamos comentarios como los siguientes:

- "Sería más feliz si mi esposo me demostrara más afecto."
- "Sería un mejor maestro si no tuviera alumnos desmotivados."

- "Mi existencia sería mucho mejor si mis padres no estuvieran todo el tiempo detrás de mí. Me tratan como si tuviera cinco años."
- "Mi jefe es demasiado crítico. Me gustaría que renunciara."
- "Creo que nací con una nube negra sobre la cabeza y no puedo hacer que se mueva."

Con excepción del último comentario, cuya interpretación está relacionada con el clima, hay algo de cierto en estas ideas. La mayoría de las parejas serían más felices si los esposos y las esposas demostraran su afecto. Dar clases es menos difícil y cansado cuando los alumnos están motivados y tienen ganas de aprender. Varios jóvenes quisieran que sus padres no estuvieran detrás de ellos. Los empleados que no son muy felices con sus jefes estarían más contentos si éstos se fueran del trabajo.

Sin embargo, cuando las personas esperan que estas cosas pasen, con frecuencia acaban desgastadas, frustradas y molestas. De hecho, estarían menos estresadas si consideraran las cosas que están "dadas" en la situación y los pasos que pueden seguir —los factores sobre los cuales tienen control— para cambiar el escenario actual. Aprender a reconocer lo que está y lo que no está dentro de nuestro control es el primer paso para alcanzar el de control personal. Esto representa una lección importante para todos los niños.

> Aprender a reconocer lo que está y lo que no está dentro de nuestro control es el primer paso para alcanzar el control personal.

En el libro, *Un golpe en la cabeza*, su autor Roger von Oech, presenta un muy buen ejemplo del acto de mirar dentro de uno mismo para cambiar, en lugar de asignar la responsabilidad o la culpa a otros:

> Hace muchos años organicé un seminario con el equipo de ventas de una gran compañía farmacéutica. Antes de esta sesión tuve la oportunidad de hablar con la gente que apenas alcanzaba 25 por ciento del desempeño en ventas. Les pregunté: "¿Por qué no tienen más éxito en las ventas?" Ellos contestaron con comentarios como: "Nuestro producto es muy caro", "Tengo un territorio muy malo", "No me llevo bien con mi jefe", "La Luna está en la constelación de sagitario". [En efecto, algunas personas dan razones interesantes sobre su falta de logros.] (p. 163)

Von Oech concluyó: "¿Cuál era su problema? No estaban tomando la responsabilidad de su propio desempeño. Pasaban el tiempo inventando excusas en lugar de pensar en soluciones innovadoras para vender".

Von Oech comparó esta perspectiva derrotista con la mentalidad de los vendedores exitosos. Apuntó que en este grupo las personas decían, por ejemplo: "Si una enfermera o un médico no me quiere comprar, pienso en una segunda manera de hacer el negocio, en una tercera, y a veces hasta en una quinta". En esencia, el grupo exitoso no esperaba de forma pasiva, a que los factores fuera de su control cambiaran milagrosamente. Se daban cuenta de que el cambio efectivo residía dentro de su propio comportamiento.

Como señalamos en nuestro libro *El poder de la capacidad para sobreponerse*, las investigaciones apoyan la importancia del control personal como una fuerza primordial en el bienestar emocional y físico. En un artículo publicado en el periódico *Boston Globe* del 25 de julio de 1997, se reportaba un estudio publicado en el periódico británico *Lancet*. En la investigación mencionada, dirigida por Michael Marmot, de la University College de Londres, se encontró que los ejecutivos de mayor edad eran menos dados a morir de ataques cardiacos que sus empleados y secretarias. Aun tomando en cuenta que tuviera variables como el hábito de fumar o una mala nutrición, los investigadores encontraron que "mientras más baja la categoría del trabajo y menor el control" la gente es más propensa a sufrir de un ataque al corazón.

¿Qué pueden hacer los empleados al respecto? No podemos ser todos ejecutivos de mayor edad, pero sí podemos encontrar factores de control. El grupo de Marmot sugirió: "Poner más atención en el diseño de los ambientes de trabajo puede resultar un elemento importante para reducir desigualdades en la salud". Otros estaban de acuerdo en que es más fácil darle a la gente más control y elecciones que cambiar su posición social. Como se indicaba en el mismo artículo del *Boston Globe*, Leonard Syme y Jennifer Balfour comentaban acerca del estudio de Marmot que: "Aunque puede ser difícil intervenir en las desigualdades de clase social en la salud, hay más oportunidades de intervenir en el control. También puede ser posible cambiar las fuerzas en el ambiente del lugar de trabajo o en la comunidad para que una mayor flexibilidad y un mayor control estén disponibles".

Resultados parecidos fueron reportados por Laura Kubzansky, —una investigadora de la Escuela de Salud Pública de Harvard— apoyados en un artículo publicado por Patricia Wen el 27 de noviembre de 2001 en el *Boston Globe,* y en donde Kubzansky encontró que, tomando en cuenta factores de riesgo para un ataque cardiaco como fumar, colesterol alto, presión arterial elevada, beber alcohol y antecedentes familiares, los hombres de 60 y tantos años de edad eran menos propensos a desarrollar enfermedades coronarias del corazón si tenían una perspectiva optimista de la vida. Kubzansky apuntó: "Esto muestra, una vez más, que hay una conexión entre cómo la gente mira el mundo y lo que le pasa físicamente. Estos resultados también muestran que ser optimista puede ser un factor de protección". Uno de los elementos más importantes del optimismo, según el estudio de Kubzansky, es pensar que el futuro va a ser mejor porque cada quien tiene el control, hasta cierto punto, de los hechos importantes de nuestra vida.

Estos dos estudios y otros más subrayan que el control personal desempeña un papel importante en el bienestar físico y emocional, incluyendo las esperanzas y la habilidad para manejar el estrés y la presión. Por lo tanto, este sentimiento de control es un rasgo importante de la mentalidad con capacidad para sobreponerse a los problemas.

¿CÓMO AFECTA LA DISCIPLINA EL SENTIDO DE CONTROL EN SU HIJO?

Es difícil imaginar el surgimiento del control personal en alguien que no tiene autodisciplina. Como afirma Stephen Covey en su famoso libro *Los siete hábitos de las personas altamente eficaces*, todos tenemos "círculos de preocupación", pero la gente eficaz se concentra en sus "círculos de influencia". La habilidad para concentrarnos y actuar en los círculos sobre los que tenemos influencia involucra varias de las características principales de la autodisciplina, que incluyen tener empatía, pensar antes de actuar y considerar diferentes opiniones para manejar los problemas.

Cuando las personas creen que no tienen control personal y sienten que no pueden hacer un cambio en su vida, con frecuencia recurren a estrategias de auto derrotismo al encarar situaciones para manejar su frustración y sentido de desamparo. Algunos podrán retirarse resignados, esperando pasivamente a que las cosas mejoren sin hacer ningún esfuerzo. Otros podrán sentir que les dicen qué hacer y entonces responden con una postura molesta e inflexible, protestando en voz alta con palabras y acciones que significan: "¡Te voy a enseñar quién manda aquí!" Pueden actuar impulsivamente mientras buscan demostrar con desesperación que son ellos quienes tienen la última palabra.

Cuando usted fomente la disciplina en sus hijos considere si sus acciones alimentan un control personal en ellos o contribuyen a que tengan una mentalidad de víctima. Los padres son responsables de poner reglas y consecuencias, pero para que florezca el control personal los niños deben sentirse activamente involucrados en el proceso de disciplina y no verse a sí mismos como recipientes pasivos de normas y reglamentos. El grado de involucramiento se basará en el nivel de habilidades cognitivas del niño. Es importante ayudar a los chicos a comprender los motivos por los que hay reglas y disminuir el sentimiento de que éstas son impuestas arbitrariamente. Bill y Samantha Ewing (presentados en el Capítulo 1) y Louise Burns (en el Capítulo 2) se convirtieron en formadores de disciplina más eficaces una vez que adoptaron esta forma de verla y cambiaron de un estilo de paternidad autoritario por uno autoritativo.

> Cuando usted fomente la disciplina en sus hijos considere si sus acciones alimentan un control personal en ellos o contribuyen a que tengan una mentalidad de víctima.

MANERAS DE FOMENTAR
EL CONTROL PERSONAL

Las siguientes pautas le ayudarán a realizar prácticas disciplinarias que aumenten el sentimiento de control personal y que
reduzcan el sentimiento de víctima en su hijo.

Fomente el cambio de control paterno por autocontrol

Durante los primeros años en la vida de un niño, los padres
descubren que tienen que establecer reglas y pautas para su hijo
con poco o ningún aporte del niño. Los niños no nacen con
autodisciplina. Les faltan las habilidades cognitivas para pensar
antes de actuar. Muchas de las reglas que los padres ponen a sus
hijos pequeños tienen que ver con cuestiones de seguridad y no
están sujetas a debate. Por ejemplo, no permitiríamos que los niños de tres años cruzaran la calle solos o que jugaran con cerillos,
aunque ellos así lo quisieran. Conforme los niños desarrollan habilidades de pensamiento aprenden a reflexionar sobre sus actos
y las consecuencias de los mismos, los padres deben delegarles
poco a poco más responsabilidades. Cuando manejan estas nuevas responsabilidades eficazmente, su comportamiento muestra
que están desarrollando autodisciplina y control personal.

En uno de nuestros talleres un padre nos preguntó: "¿No es
obvio que una de las metas importantes de nuestros hijos es que
desarrollen la autodisciplina, y que la mejor manera que tienen
para hacerlo es asegurarse de que se vuelvan más responsables de
su comportamiento? Si siempre les decimos qué hacer, ¿no será
más difícil para ellos desarrollar dicha autodisciplina?, ¿no es éste
un hecho que reconoce la mayoría de los padres?"

Coincidimos en que esta idea podía parecer obvia, pero aun
padres bien intencionados pueden equivocarse al momento de

fomentar la autodisciplina y el control personal. Hemos trabajado con papás que controlan en exceso y le roban a sus hijos oportunidades de tomar decisiones. En comparación, algunos padres creen que los niños aprenderán por sí mismos y que necesitan poca intervención; existen otros que no se involucran como deberían en la vida de sus hijos y brindan poca guía o dirección.

Respondimos al padre que nos había formulado la pregunta que nuestros papeles en la paternidad están influenciados por las experiencias que tuvimos con nuestros propios padres. El grado en que se nos dieron oportunidades para tomar decisiones cuando niños, el grado en que nos apoyaron y los tipos de disciplina que utilizaron desempeñan un papel determinante en la forma en que disciplinamos a nuestros hijos. Todos llevamos cargando un "exceso de equipaje" desde nuestra infancia y quizá no estemos conscientes de cómo contribuye en las acciones que tienen un impacto negativo en nuestros hijos.

El papá al que respondimos escuchó con atención y dijo: "Es interesante cómo todos tenemos puntos ciegos, aun cuando se trata de nuestros propios hijos".

Tenía razón. La paternidad de Joanne y Alex Lister ilustra las luchas y las cargas que forman parte de nuestro exceso de equipaje.

La familia Lister:
"Nuestra paternidad resultó contraproducente"

Joanne y Alex Lister tenían una niña, Marie, de 13 años. Joanne nos contactó por recomendación del consejero de la escuela. Durante la llamada inicial nos dijo que Marie, quien iba en segundo grado de secundaria, estaba en peligro de reprobar varias clases, no sólo por las calificaciones bajas que había sacado en los exámenes, sino también por no haber entregado varias tareas. Además, cuando los maestros y los padres de Marie trataban de hablar con ella sobre sus preocupaciones, ella respondía de mal modo. Rápidamente argumentaba que no tenían derecho a decirle qué hacer y que no deberían meterse en lo que no les importaba.

Al acordar una cita comentamos la posibilidad de que Marie asistiera a la primera sesión con sus padres. Joanne dijo que estaba bien, pero no estaba segura de que Marie quisiera participar. Al día siguiente, Joanne llamó y dijo: "Marie se niega a ir a la sesión. Dice que no tiene ningún problema, que si hay alguien que tiene problemas somos mi marido y yo. No creo que podamos forzarla a asistir. No podemos llevarla arrastrando".

Coincidimos en que, dada la edad de Marie, no era posible simplemente cargarla y traerla al consultorio. Les sugerimos que intentaran otro método que a veces funciona con los adolescentes: decirle que, si venía a la sesión, podría manifestar su perspectiva y proponer sugerencias con respecto a la manera en que sus padres podían cambiar.

Joanne dijo que tal vez eso funcionaría, pero no fue así; se negó a asistir a la sesión. Sin embargo, Joanne y Alex vinieron para darnos información, considerar algunas acciones que ayudarían en esta situación y diseñar alguna estrategia para promover la participación de Marie en terapias individuales o familiares.

En nuestra primera sesión, los Lister nos contaron sobre sus problemas con Marie; sus malas calificaciones, su falta de respeto hacia los adultos y su actitud desafiante ante cualquier regla. Mientras armábamos la historia familiar, les preguntamos cuánto tiempo llevaba su hija con este comportamiento.

Alex dijo: "Una respuesta rápida es que ha estado ocurriendo estos últimos dos años, pero de hecho ya habían algunas señales desde hace mucho tiempo".

Le pedimos que nos explicara desde hacía cuánto y cuáles habían sido las señales que había observado. Respondió: "Puedo pensar en ejemplos desde que Marie tenía cuatro o cinco años. Hacía berrinches y nos decía que ella podía hacer lo que quisiera. Recuerdo que en una ocasión, cuando tenía como seis años, nos dijo que no quería a nadie cerca que le dijera qué hacer. ¿Pueden imaginarse a una niña de seis años diciendo algo así?" Se volvió hacia su esposa y le dijo: "Joanne, ¿tú que piensas?"

Ella respondió: "Alex tiene razón. Recuerdo cuando Marie dijo que no quería a nadie diciéndole qué hacer. Estaba tratando de recordar por qué lo dijo, pero no puedo. Tampoco es importante; casi todo lo que hace es con una actitud de: 'Ustedes no pueden decirme qué hacer'. Sin embargo, como dijo Alex, aunque su actitud desafiante ya lleva bastante tiempo, en estos últimos dos años se ha agudizado. La verdad es que su desempeño en la escuela y sus calificaciones se han visto afectados, sobre todo desde que entró a la secundaria. En la primaria hacía su tarea y no tenía problemas de conducta, al menos en la escuela. De hecho, su maestra de quinto año escribió en un reporte que Marie era 'cooperativa' y 'servicial'. Estábamos contentos de que la vieran de esa manera en la escuela, ya que nosotros no habríamos utilizado esas palabras para describir su actitud en casa. En la secundaria sus maestros están observando el mismo comportamiento que tiene en casa. Tal vez las hormonas de la adolescencia comenzaron a hacer su trabajo cuando entró a la secundaria".

Antes de que pudiéramos hacer más preguntas, Alex hizo un comentario interesante: "Realmente ha sido muy frustrante. Haces lo mejor para que tu hija se sienta querida, para que sea responsable y reflexiva, que se sienta con la confianza de intentar cosas nuevas y lo que obtienes es una hija que sólo piensa en sí misma, que es desconsiderada y las cosas nuevas que intenta resultan cuestionables, como ese grupo de amigos con los que ha comenzado a salir. El tipo de persona que creímos que iba a ser Marie cuando nació no es en el que se ha convertido, al menos hasta ahora". En un tono de frustración y tristeza añadió: "Nuestra paternidad resultó contraproducente".

Le pedimos a Alex que nos explicara qué quería decir con "contraproducente".

"Joanne y yo crecimos en hogares parecidos. Con frecuencia escuchábamos: 'Lo haces porque soy tu madre o soy tu padre'. Nuestros padres eran muy estrictos en cualquier cosa: sabían quiénes eran nuestros amigos, a dónde podíamos ir, nos ponían horas de llegada absurdas. Escuchábamos muchas críticas y pocos halagos. Ambos éramos lo que se dice 'buenos niños', pero en una o dos ocasiones en que no hacíamos lo que nuestros padres nos indicaban, los castigos eran severos. Recuerdo que una vez, cuando era adolescente olvidé salir a tirar la basura y no me dejaron salir por dos fines de semana". La palabra *mandar* capturó con mucha fuerza en el señor Lister la percepción de su propia infancia.

Joanne añadió: "Alex y yo nos reímos con frecuencia cuando escuchamos que los opuestos se atraen. En nuestro caso, los 'similares' nos atrajimos. Nuestros orígenes, valores e intereses son muy similares. Queríamos hijos, pero dada la importancia que tenían nuestras carreras para cada uno, decidimos que sólo tendríamos uno. Cuando me embaracé de Marie estábamos muy emocionados y hablamos hasta el cansancio acerca de que nosotros *no* seríamos como lo habían sido nuestros padres. En este momento podríamos pasar horas hablándoles de las relaciones ambivalentes que teníamos y tenemos con nuestros padres, pero estamos aquí para hablar de Marie".

Respondimos que probablemente sería de mucha ayuda escuchar sobre los sentimientos que tenían hacia sus padres, sobre todo porque ellos habían hablado, durante el embarazo de Joanne, sobre cómo tratarían de ser distintos a sus padres. Les pedimos que nos dijeran en qué sentido planeaban ser diferentes.

Joanne dijo: "Uno de los puntos principales es el de la disciplina. Nosotros pensamos que podríamos guiar a los hijos sin necesidad de castigos, pero ahora que pienso en el pasado creo que hemos sido muy permisivos. Hemos leído sobre los distintos temperamentos de los niños, y si pienso en Marie diría que nació con un temperamento rebelde. Alex y yo hemos hablado mucho de ella recientemente, y nos damos cuenta de que en nuestro intento de no ser castigadores ni quebrantar sus ánimos, con frecuencia fallamos al momento de poner límites o cumplir las consecuencias. Considero que cedimos demasiado".

Los Lister ofrecieron varios ejemplos de cómo habían "cedido" a las exigencias de Marie, incluyendo comprarle algo que al principio habían dicho que no le comprarían o haberle permitido que permaneciera despierta más tarde de la hora acordada. Además, en respuesta a sus berrinches, le daban lo que quería y había muy pocas o nulas consecuencias para su mal comportamiento.

Aunque Marie hubiera nacido con un "temperamento más rebelde", eso no necesariamente debió impedir a sus padres enseñarle límites realistas y consecuencias, y actuar de una manera más cortés. Los momentos en que cedieron ante su hija sirvieron como base del comportamiento de Marie como adolescente. Al tratar de no castigar de más, los Lister habían mantenido un estilo de disciplina permisivo, y le dejaron hacer lo que quisiera, robándole a la niña oportunidades para desarrollar la autodisciplina.

Cuando los hijos no obtienen lo que quieren

Aunque a Marie le faltaba autodisciplina, algunas personas pueden pensar que tenía un fuerte control personal, ya que era capaz de obtener lo que quería. Es cierto, Marie podía haber sentido que tenía el control, ya que sus exigencias se cumplían. Sin embargo, era ilusorio. El control personal no es lo mismo que lograr que nuestras exigencias se cumplan, sobre todo cuando alguien actúa como un dictador que pide una cosa tras otra. En el futuro Marie va a interactuar con gente, incluyendo sus maestros, quienes no van a satisfacer sus demandas y quienes esperan que ella cumpla con sus responsabilidades y se comporte con respeto. Para esas interacciones necesitará control personal, el cual se entiende mejor en un contexto de cooperación, no de confrontación ni de intimidación. Los padres fomentan el sentido de control personal en sus hijos cuando los ayudan a aprender los límites de su comportamiento.

Hemos trabajado con muchos niños cuyos padres han cedido demasiado a sus exigencias. Es interesante que, detrás de la aparente satisfacción que sentían al recibir lo que querían, estos niños también experimentaban sentimientos menos positivos. Algunos se sentían nerviosos y reconocían que en cierto momento, aunque obtenían lo que querían, no había adultos poniendo límites ni guías para protegerlos. Otros interpretaban la falta de voluntad de sus padres por disciplinarlos y el hacerlos responsables de sus actos, como una muestra de que no los querían. Aunque se hubieran rehusado a los límites, se habrían sentido más seguros de percibir las preocupaciones de sus padres si no hubieran cedido.

La familia Hart:
"Al menos habría sabido que le importaba"

En nuestro trabajo con Katie, una joven de 14 años, percibimos muy claramente el deseo de un hijo de sentirse querido por uno de sus padres. Los padres de Katie se habían divorciado desde hacía varios años y ella tenía poco contacto con su padre, quien vivía a muchos kilómetros de distancia. Andi Hart, su madre, había sido remitida a nosotros por uno de nuestros colegas después de que Katie se embarazó y tuvo un aborto. La información que recibimos entonces fue que a Andi le había resultado difícil establecer límites y consecuencias para su hija. Al parecer, Andi amenazaba frecuentemente con ciertas consecuencias si se portaba mal, sobre todo cuando Katie permanecía fuera de casa hasta la hora que quería. Sin embargo, Katie se burlaba de las amenazas de su madre y le gritaba: "¡No tengo por qué escucharte!" o "¡No puedes obligarme a hacer lo que no quiero!" Andi no tenía ni idea sobre cómo manejar a su hija y se sentía intimidada por ella. Le dijo al terapeuta que temía que si era "muy dura" con su hija, ella se iría de la casa.

Después del aborto de Katie, un juez ordenó que viera a un terapeuta. Aunque Katie obedeció la orden del juez, no entró a la terapia con entusiasmo. De inmediato mostró sus sentimientos al decirnos lo "estúpido" que era ver a un terapeuta. Nos dijo: "No tengo por qué decirles nada". Le dijimos que, en efecto, lo que dijera o no era su decisión. A cualquier pregunta o comentario que hacíamos ella respondía con preguntas desafiantes: "¿Ustedes fumaron mota cuando eran jóvenes?", "¿Cuándo fue la primera vez que tuvieron sexo?", "¿Alguna vez han infringido la ley?", "¿Sus padres son divorciados?"

Sería fácil interpretar estas preguntas provocadoras de Katie como intentos por desviar la atención de sí misma o para ponernos a la defensiva (podía preguntar sin cansarse). Sin embargo, la naturaleza de sus preguntas también admitían otra interpretación: que estaba buscando desesperadamente saber si nosotros podíamos entender lo que experimentaba y si podía confiar en nosotros. Pensamos que en el fondo estaba preguntando: "¿Pueden entender por lo que estoy pasando? ¿Pueden recordar cómo eran las cosas cuando fueron adolescentes? Si decido abrirme en la terapia, ¿van a ser comprensivos o me van a juzgar?"

Caminamos por la cuerda floja por la que muchos terapeutas deben caminar cuando trabajan con adolescentes. Le dijimos a Katie que podía hacer las preguntas que quisiera en la terapia. Sin embargo, también pusimos límites al decirle que había algunas que podíamos responder sin duda, pero que había otras que tal vez no seríamos capaces de responder. Le dijimos que trataríamos de ser tan abiertos como nos fuera posible, ya que nosotros le estábamos pidiendo lo mismo, y que nuestras respuestas iban a estar guiadas por nuestra comprensión de la razón por la que hacía las preguntas, y dependiendo de si pensábamos que nuestras respuestas le ayudarían.

Como ya habíamos previsto que Katie nos diría que no estábamos siendo abiertos o de ayuda para ella, le pedimos que nos hiciera saber cuando sintiera que no la estábamos ayudando. Así lo hizo varias veces.

La descarga de preguntas de Katie continuó. Además, uno de sus comentarios favoritos era: "Ustedes siempre juegan al loquero".

Le preguntamos qué quería decir con eso.

"Tratan de analizar cada cosa que digo o hago, pero no contestan a ninguna de las preguntas que les hago."

Tratamos de mantener una postura consecuente y con empatía; respondíamos o no a sus preguntas basándonos en si sentíamos que las respuestas le darían una mayor comprensión de sus actos. A diferencia de su madre, fuimos consecuentes en nuestro enfoque y no cedimos ni nos enojamos. Era muy difícil mantener la empatía porque su actitud era muy provocadora. A veces sentíamos que era como una abogada fiscal determinada a descubrir una falta en nuestro pasado, por la cual nos enviarían a prisión de por vida.

Aunque estábamos teniendo pocos avances en la terapia, el enojo y la actitud defensiva de Katie mostraron signos de cansancio. En una sesión reveladora, después de seguir la exigencia de Katie de escuchar nuestras propias experiencias como adolescentes, le dijimos lo que pensábamos de sus preguntas. Le aseguramos que no tratábamos de "jugar al loquero", le dijimos que cuando nos preguntaba cosas sobre nuestra adolescencia creíamos que quizá se preguntaba si podríamos entender por lo que estaba pasando. —Mencionamos la posibilidad de que pensaría que nuestro comentario era parte del "juego del loquero" porque hemos encontrado que este enfoque directo produce empatía y disminuye la actitud defensiva.

La reacción de Katie fue fascinante. Sin bajar la guardia nos dio señales de que estaba permitiéndonos entrar en su mundo. Casi en tono de juego comentó: "Me estoy acostumbrando a los juegos de los loqueros. ¿Qué más pueden hacer los loqueros sino jugar sus juegos? Llevan años de entrenamiento para hacerlo".

Con un poco de buen humor le dijimos que, en efecto, toma años de entrenamiento y que no siempre es fácil. Ella sonrió y nosotros le preguntamos si ella dudaba si seríamos capaces de entender su situación.

En lugar de responder con una de sus respuestas que ya parecían programadas como: "No me importa si me entienden o no" o "No me interesa", Katie se permitió bajar la guardia. Nos dijo: "Algunas veces me pregunto si pueden recordar cuando ustedes eran adolescentes o si pueden entender lo que estoy viviendo".

Le preguntamos si pensaba que hablar con nosotros sobre sus experiencias sería más fácil si sentía que nosotros entendíamos lo que le estaba pasando.

Katie dijo: "Definitivamente. No quiero sermones sobre lo que he hecho".

Le pedimos que nos dijera lo que quería. Se sorprendió un poco por esta pregunta. En lugar de una respuesta provocadora simplemente dijo: "No estoy segura".

Le dijimos que con frecuencia la gente no sabe lo que quiere en la terapia. Añadimos que podíamos tratar de encontrar junto con ella la respuesta. Este fue un momento decisivo en la terapia. Katie comenzó a hablar sobre el divorcio de sus padres, su enojo hacia su madre —sentía que su madre había "corrido a su padre"—, su vida sexual con un chico adolescente, su embarazo y su aborto.

En una sesión posterior, reflexionando sobre el estilo de disciplina de su madre, Katie mencionó: "Si mi madre hubiera establecido una hora de llegada y la hubiera mantenido, yo probablemente habría peleado contra ella con todo", después se detuvo y añadió, con lágrimas fluyendo libremente por primera vez en nuestra terapia: "...pero al menos habría sabido que le importaba".

Las ideas de Katie y su falta de actitud defensiva allanaron el camino para que hubiera sesiones de terapia con su madre. Después de varios meses, su madre estableció expectativas realistas, reglas y consecuencias. Andi aprendió una lección importante que todos los padres deberían tener en cuenta: establecer límites realistas y mantener sus consecuencias transmite amor y cariño, y refuerza la autodisciplina y el control personal en nuestros hijos.

Cultive las habilidades para resolver problemas y tomar decisiones

Un elemento crítico de un enfoque con bases fuertes es cultivar las habilidades para resolver problemas y tomar decisiones. Si una meta básica de la disciplina es reforzar el autocontrol y el control personal, los padres también deben considerar las maneras en que sus prácticas disciplinarias fortalecen las habilidades para resolver problemas. Es difícil imaginar el autocontrol en una persona que carece de habilidades para resolver problemas.

Los padres que simplemente exigen que los hijos hagan lo que les piden, en lugar de ayudarlos a pensar qué hacer, caen en la trampa de ser autoritarios. Como vimos en el Capítulo 2, los hijos de padres autoritarios pueden hacer lo que se les pide, pero tal vez no logren comprender cómo atajar o manejar situaciones parecidas en el futuro. Tal vez también terminen rebelándose hacia estos mandatos paternales.

Enseñar las habilidades para resolver problemas es tan importante que hemos dedicado el próximo capítulo para desarrollar el tema. En este capítulo simplemente enfatizaremos que ya hemos ilustrado la eficacia para resolver problemas como una técnica disciplinaria en nuestra descripción de las familias Ashlund, Ewing y Burns. Como otro ejemplo volvamos a los Berkshire, una familia que presentamos en el capítulo anterior.

Los Berkshire: "Nuestro hijo es un quejumbroso"

Lisa y Walt Berkshire describieron a Daniel, su hijo de nueve años, como "un niño que te exige mucho" y como un "quejumbroso que siempre antepone sus propias necesidades por encima de los demás". En el Capítulo 2 nos referimos a los Berkshire como un ejemplo de padres que estaban tan enojados con su hijo, que olvidaron halagarlo o reforzarlo cuando se mostraba cooperativo. En este capítulo queremos enfatizar lo que sugerimos a los Berkshire para desarrollar la habilidad de Daniel de reflexionar sobre su comportamiento y para que consideraran reacciones más adecuadas a las necesidades del niño.

Los Berkshire se quejaban de que Daniel era "agotador" y decían que "terminaban por ceder ante él". Como la familia Lister, en la casa de los Berkshire había un niño que controlaba la situación, pero pagando el precio de no desarrollar autocontrol. En nuestras conversaciones con los Berkshire abordamos los conceptos de autodisciplina y control personal, y de la responsabilidad de los padres de establecer la autoridad. Como ejemplo les pedimos que nos hablaran de los berrinches de Daniel.

Lisa dijo: "Pueden estar cinco minutos en la casa y van a escuchar cinco minutos de berrinches". Sonrió y nos preguntó medio en broma: "¿No creen que exista un gen berrinchudo?"

Nosotros también sonreímos y le dijimos que existiera o no dicho gen, había cosas que ella y Walt podían hacer para reducir los berrinches. Walt preguntó: "¿Como qué?"

Prometimos que les daríamos algunas sugerencias pero primero queríamos tener una idea de la manera en que él y Lisa respondían normalmente a los berrinches de Daniel. Les explicamos que saberlo nos daría algunas ideas sobre qué hacer.

Walt dijo: "Como dijimos antes, usualmente cedemos ante él. Tiene una perseverancia sorprendente. De verdad nos sobrepasa. Sus berrinches nos vuelven locos y después de un rato hacemos cualquier cosa con tal de que se calle". Preguntamos por cuánto tiempo lo dejan que haga berrinches, generalmente. Walt dijo: "Por mucho tiempo; quizá media hora o hasta una hora, pero él es persistente. Simplemente no para. Como ya dije, finalmente cedemos y deja de lloriquear".

Nos aseguramos de que la única manera que habían encontrado para detener los berrinches de Daniel era darle lo que quería.

Lisa dijo en un tono sumiso: "Me parece que ésa *es* nuestra única reacción, pero mientras estamos hablando de esto me siento como una especie de pelele que ha dejado que un niño mande en la casa".

Como vimos que los Berkshire tomaban las cosas con cierto sentido del humor, sonreímos y preguntamos si podían recordar alguna vez que no hubieran cedido, en que no se hubieran visto como *peleles*, como decía Lisa. Además, preguntamos si alguno de ellos podía pensar en un término que fuera el opuesto de *pelele*. Walt dijo: "Nunca había pensado en el opuesto de *pelele*. Es una pregunta interesante".

Comentamos que puede ser útil tener un término para describir lo que nos gustaría ser o que fuera nuestro hijo. Tener un nombre para ello es como tener una meta. Lisa dijo: "¿Saben que palabra me viene a la mente? *Fuerza*". Walt respondió: "Sí, me gusta esa palabra".

Estuvimos de acuerdo en que *fuerza* sonaba como una buena palabra y les preguntamos a los Berkshire qué significaba para ellos. Lisa respondió: "Lo primero que me viene a la mente es *determinación*". Su esposo estuvo de acuerdo. Creemos que cuando utilizamos ciertas palabras y metáforas, éstas se convierten en partes integrales de nuestra mentalidad, la cual guía nuestra conducta. Así que continuamos con esta línea de pensamiento y les sugerimos ir por el diccionario que estaba en la oficina y buscar la definición de *fuerza*. Los Berkshire, quienes disfrutaban de esta excursión lúdica, estuvieron de acuerdo. La primera definición que encontramos decía: "La marca de un refresco de Estados Unidos".

Lisa se rió. "Eso no es precisamente en lo que estaba pensando".

Se mostró satisfecha cuando leímos más y le dijimos que su palabra había sido una opción correcta para dar en el blanco. Leímos otras dos definiciones: "determinación" y "valentía". Lisa exclamó: "Eso está mucho mejor".

Una vez que tuvimos una palabra para contrastar con *pelele*, volvimos a nuestra cuestión anterior. Les pedimos que pensaran en una ocasión en la que hubieran mostrado determinación y no se hubieran comportado como peleles. (Una vez más estábamos buscando la "excepción de la regla", como lo describimos en el Capítulo 2.)

Pasó por lo menos medio minuto sin una respuesta. Finalmente Walt rompió el silencio y dijo: "Estoy seguro de que hubo momentos, pero ahora sólo puedo pensar en cuánto hemos cedido ante Daniel. La otra noche incluso le dijimos que podía hacer berrinche y llorar todo lo que quisiera, pero no íbamos a servirle helado por tercera vez, le dijimos que ya había comido suficiente dulce ese día". Preguntamos qué pasó después. "Hizo berrinche, lloriqueó y dijo que no lo queríamos. Debimos ignorar sus lloriqueos, pero hicimos lo que casi siempre hacemos: le dimos el helado y dejó de llorar".

Dimos un giro en la conversación y les comentamos que Daniel tenía el control y, dados los beneficios que recibía por su comportamiento, iba a ser muy duro para él abandonar este papel. Por ello les recomendamos —aclarando que algunas personas estarían en desacuerdo con nuestra sugerencia— que la mejor manera de comenzar a cambiar el comportamiento de Daniel sería permitirle tener un sentimiento de control, aunque en realidad los padres estarían orquestando la situación. Lisa preguntó: "¿Qué quieren decir?"

Explicamos que hemos encontrado que, a menos de que una situación represente un peligro inmediato en el que los padres deben actuar rápidamente para proteger a su hijo, los padres pueden ser firmes y al mismo tiempo delegar al niño responsabilidad. Podrían lograr esto al enganchar al niño en una discusión sobre su comportamiento y alentarlo a considerar maneras alternas de actuar. Así, los padres pueden enseñarle a sus hijos que, aunque no pueden tener todo lo que quieran, hay mucho que sí pueden obtener, pero no a través de los berrinches ni de exigir las cosas. Este enfoque está relacionado con la importancia de ayudar a los niños a desarrollar la autodisciplina y el control personal. Si los padres que han cedido ante sus hijos se muestran de pronto inflexibles para hacer cumplir la ley, tal vez le quiten la oportunidad de desarrollar control personal.

Walt interrumpió: "Pero a lo mejor eso es lo que Daniel necesita. Simplemente decirle lo que debe hacer y no ceder ni un milímetro. Tiene que aprender quién manda".

Coincidimos en que Walt y Lisa debían ser firmes, pero enfatizamos que si se iban de un extremo a otro, tal vez Daniel no aprendiera a resolver problemas, aun si comenzaba a obedecerlos. Parecería más cooperativo frente a ellos y haría menos berrinches. Aunque en la superficie eso parecería un progreso, podría no durar mucho. Para un progreso de largo alcance Walt y Lisa tendrían que ayudar a Daniel a adquirir las herramientas para que aprenda a manejar sus sentimientos cuando no obtenga lo que quiere. Sería más dado a mantener este progreso si sentía que participaba en los cambios que estaban ocurriendo. Les explicamos que la meta, sería que Daniel sintiera cierto control, pero un control que lo lleve a un autocontrol. Fuimos muy claros en que permitir que nuestros hijos sientan cierto control no significa que estemos cediendo ante ellos. Si es posible, nosotros queremos que los niños incorporen lo que estamos tratando de enseñarles para que, aunque no estemos con ellos, piensen en lo que les hemos enseñado. Queremos que se sientan participantes activos en el proceso de aprender a manejar su comportamiento.

En nuestras terapias con padres de familia hemos aprendido que no saben qué decir o hacer cuando cambian sus formas típicas de reaccionar ante sus hijos, aun cuando han resultado contraproducentes. Están atrapados en un "guión" negativo —por guión entendemos un patrón de palabras y acciones que se usa reptidamente sin obtener resultados satisfactorios—. Son incapaces de crear un curso de acción nuevo, más constructivo. Aun cuando ven una necesidad de cambiar, no saben qué hacer. Para contrarrestar esta sensación de estar atorados, utilizamos una técnica terapéutica llamada *ensayo de la conducta*, en la que revisamos con los padres palabras y acciones reales que pueden usar con sus hijos para cambiar el escenario en casa. Además, les ayudamos a anticiparse a la manera en que sus hijos pueden responder ante este nuevo guión paternal. Al ensayar su conducta, los padres se preparan para no recurrir a los modos negativos de comportamiento anteriores. El ensayo de la conducta puede fluir con más soltura si comenzamos por analizar un ejemplo específico del pasado.

Así, les pedimos a los Berkshire que eligieran un incidente real en el que hubieran cedido ante los berrinches de Daniel.

En un tono exasperado, Walt dijo: "Hay muchos. Puedo darles un ejemplo de la otra noche. Es algo que pasa con frecuencia. Todos tenemos cosas que hacer en la casa. De hecho, las alternamos cada mes ya que no son las actividades más divertidas del mundo. Una de las cosas que le tocaba hacer a Daniel este mes era poner los trastes sucios en la lavadora de platos. Cuando terminamos de cenar, Daniel se fue. Lo llamamos para que regresara a la cocina y pusiera los trastes en la máquina. Dijo que tenía mucha tarea y que debía acabarla pronto. Le dijimos que podía comenzar su tarea inmediatamente después de recoger los trastes".

Lisa, también con una mirada de exasperación interrumpió: "Le recordé a Daniel que había estado viendo la televisión noventa minutos antes de la cena y que tendría que haber comenzado a hacer la tarea desde entonces. Nos gritó que la escuela era muy difícil y que necesitaba tiempo para descansar. Tiene una respuesta para todo. Comenzó a lloriquear diciendo que lo presionábamos mucho. No estoy muy segura de dónde salió eso; de hecho, a nosotros nos parece que en cuestión de responsabilidades la tiene muy fácil". Hubo una pausa, luego preguntamos qué había pasado después.

Lisa dijo: "Lo que pasa casi siempre. Nos cansamos tanto de sus lloriqueos que le dijimos: 'Está bien, nosotros pondremos los trastes en la lavadora esta noche, pero tú tendrás que hacerlo mañana'". Preguntamos qué ocurrió al día siguiente. Walt respondió: "La misma lucha".

Preguntamos a los Berkshire qué pensaban que Daniel había aprendido de su reacción ante los lloriqueos. Lisa dijo: "Nunca había pensado en eso". Le pedimos que nos explicara su comentario. "Cuando usted preguntó: '¿Qué está aprendiendo?,' nunca había pensado en lo que está aprendiendo. Lo primero que me viene a la cabeza es que está aprendiendo a evadir sus responsabilidades". Comentamos que su idea era correcta, y les preguntamos si ella o Walt tenían alguna otra idea. Walt intervino: "Esto es como lo que dicen los libros de introducción a la psicología o a la paternidad. Él ha aprendido que hacer berrinche tiene una recompensa". Lisa dijo: "Es que puede ser tan agotador. Parece tener más energía que nosotros y nos agota". Estuvimos de acuerdo en que Daniel parecía tener mucha energía, pero añadimos que si este enfoque paternal continuaba, iba a pasar un tiempo muy difícil de su vida desarrollando autodisciplina y responsabilidad. Hicimos hincapié en que un cambio redundaría en un beneficio no sólo para el niño sino también para Lisa y Walt. Estábamos listos para sugerir otras posibilidades con el fin de que las consideraran.

Hasta que enfrentaron el hecho de que "hacer berrinches tiene una recompensa", y que habían fallado en permitir que su hijo se hiciera responsable de sus actos y que ello le estaba robando las oportunidades de convertirse más autodisciplinado y responsable, los Berkshire se dieron cuenta de que estaban dentro de un guión común negativo. Los padres en esta situación con frecuencia no perciben lo obvio y, si lo hacen, no saben qué medidas tomar.

Continuaremos con nuestra terapia con los Berkshire en el próximo capítulo. Por ahora considere cuál sería el nuevo guión que les sugeriría a los Berkshire para que reaccionaran de un modo más eficaz frente a Daniel. Mientras reflexiona al respecto, tenga en mente que el enfoque de disciplina debe fomentar el crecimiento de la autodisciplina y del control personal, sobre todo porque Daniel tenía una pronunciada necesidad de tener el control. Él tendría que sentir que contaba una opción, pero no la de evadir sus responsabilidades. También piense en cómo podría reaccionar Daniel al nuevo guión de los Berkshire. Conforme los papás se anticipaban a la reacción que tendría Daniel frente a su nuevo guión, ¿cómo deberían haber planeado responderle?

Utilice la prevención para fomentar el control personal

En el Capítulo 2 hablamos de cómo utilizar un enfoque preventivo que ayude a disminuir la posibilidad de que surjan problemas de disciplina. Un enfoque preventivo brinda a los padres oportunidades para reforzar el sentido de control personal de sus hijos, así como para asumir la responsabilidad de su propio comportamiento. Dependiendo de la edad y las habilidades del niño, algunas veces los padres deben diseñar un plan de prevención sin la intervención de sus hijos. Por ejemplo, en el capítulo anterior, la madre de una niña de cuatro años, a quien se le caía el mundo cuando iba de compras con su hija, decidió prevenir problemas dejando a la niña en casa. Ése fue un primer paso necesario. Eventualmente, sin embargo, la meta es que los padres ofrezcan experiencias que involucren a sus hijos en el plan de prevención para que puedan desarrollar la autodisciplina.

Como veremos más claramente en el Capítulo 4, con frecuencia podemos invitar a los niños, aun a los más chicos, a participar en la prevención de problemas y, al hacerlo, reforzar la autodisciplina. Ésa es la manera como trabajamos con los Ashlund, mencionados en el capítulo anterior, para ayudar a su hijo Robert, el niño de cuatro años que tenía problemas para irse a dormir.

Cuando se le preguntó, Robert dio ideas asombrosas sobre lo que necesitaba para reducir su nerviosismo causado por las pesadillas; concretamente, mencionó que quería una lámpara de noche y una fotografía de sus padres junto a su cama.

> La meta es que los padres ofrezcan experiencias que involucren a sus hijos en el plan de prevención para que puedan desarrollar la autodisciplina.

Mollie y su hijo:
"¿Cómo podemos ayudarnos el uno al otro a recordar?"

En uno de nuestros talleres, una mamá llamada Mollie nos presentó su caso. Ella tenía un hijo de seis años. El ejemplo es notable por su sencillez y eficacia. Mollie, a cuyo hijo le habían diagnosticado déficit de atención e hiperactividad, dijo: "Tenía que regañarlo todos los días para que hiciera cosas como lavarse los dientes, las manos y que pusiera la toalla de nuevo en el perchero en lugar de dejarla en el piso. En cierto momento me dijo que siempre estaba detrás de él. Ni siquiera estoy segura de dónde aprendió la frase, pero así describió mi actuación".

Mollie continuó: "Yo, le insistía en que si él hacía lo que le tocaba no tendría que estarle recordando. También recurrí a los castigos. No lo dejaba ver la televisión cuando no hacía lo que le correspondía. Finalmente, se me ocurrieron dos ideas. La primera era que aun si las tareas parecían muy sencillas, tal vez a él le costaba mucho trabajo recordarlas. La segunda es que casi no nos divertíamos juntos, ya que lo que él sentía como regaños estaban volviendo la relación muy difícil".

Otra mamá del grupo exclamó: "Esa historia se parece mucho a la de mi hijo. ¿Qué hizo el tuyo?"

Mollie respondió: "Tal vez va a sonar un poco tonto, pero me senté con él y le dije que de verdad yo no quería estarle recordando las cosas. Me respondió que entonces simplemente dejara de hacerlo. Entonces le pregunté algo que hasta entonces no se me había ocurrido y resultó excelente. Le dije que yo también podía olvidar hacer ciertas cosas. ¿Cómo podríamos ayudarnos el uno al otro a recordar?"

La otra madre intervino: "Creo que mi hijo simplemente contestaría: 'No lo sé'".

Interrumpimos el diálogo para comentar que muchos niños podrían responder: "No lo sé", cuando se les preguntaba cómo prevenir un problema. Les aconsejamos que, a menos que la situación se trate de una emergencia, los padres deben evitar luchar con sus hijos. En lugar de eso deben simplemente decir: "Está bien. Muchos niños tal vez no sepan qué hacer, pero nosotros podemos darnos un tiempo para pensarlo". Después de compartir este consejo volvimos a la historia de Mollie.

Mollie continuó: "Fui afortunada. Mi hijo me sorprendió cuando me dijo: 'Hay que hacer una lista. Eso es lo que hacemos en la escuela'. Me dijo que también tienen fotografías junto a las palabras de la lista para recordar lo que significan. Hicimos una lista de sus tareas y de las mías. Cuidé mucho que el número de sus tareas fuera razonable para que no resultara un exceso. Decidió que pusiéramos la lista en el pasillo que comunica de su cuarto al baño. Poníamos una palomita junto a cada palabra cuando ya habíamos hecho lo que correspondía".

Continuó: "Ahora que lo recuerdo. Él se veía realmente feliz cuando le ponía la palomita a algo en su lista. No lo hacía por obtener un premio porque no habíamos puesto premios; ni siquiera me pidió alguno. Tal vez me equivoque, pero creo que poner palomitas en la lista era una forma concreta de ver que había terminado algo sin que tuviera que recordárselo; en todo caso se lo había recordado a sí mismo. Es como lo que estaban diciendo: reforzar el sentido de responsabilidad".

Mollie dudó por un par de segundos y luego preguntó: "¿Suena como algo disparatado? ¿Estoy viendo más de lo que hay en una simple lista palomeada?"

Le aseguramos que no y que sus conclusiones tenían mucho sentido. Ella había invitado a su hijo a proponer una solución para un problema de conducta, y no sólo fue muy buena su idea, sino que también se sintió orgullosa por los resultados positivos.

El ejemplo de Mollie ilustra muy bien la manera en que las distintas formas de disciplina, incluyendo los métodos preventivos, pueden mejorar el control personal y llevar al niño a la autodisciplina.

Sea consecuente

Si usted asiste a cualquier taller para padres o lee cualquier libro sobre paternidad (como los nuestros), cuando surge el tema de la disciplina, el experto en paternidad suele utilizar la palabra *consecuencia*.

El énfasis en ser consecuente está justificado. Sin una actitud consecuente es poco probable que la disciplina resulte en autodisciplina o control personal. De hecho, cuando no se es consecuente se genera confusión y las expectativas y las consecuencias son poco definidas.

Ser consecuente es preferible a largo plazo

Como la mayoría de los padres reconoce, la disciplina es más eficaz cuando está regida por expectativas claras y realistas, y cuando las consecuencias son congruentes. Pero generalmente alcanzar este tipo de práctica resulta un reto. Por ejemplo, su estado de ánimo o nivel de estrés en un día determinado puede hacer difícil ser consecuente. Ningún padre puede ser así todo el tiempo, pero si el patrón dominante es el ser consecuente vinculado con reglas y consecuencias razonables, los niños van a ser cada vez más comprensivos y responsables.

Ser consecuente no significa que los padres sean rígidos e inflexibles. Es mejor que haga cambios basándose en una consideración cuidadosa y, asumiendo que sus hijos son lo suficientemente mayores, ayúdeles a entender las razones de estos cambios.

Por ejemplo, una pareja en uno de nuestros talleres dijo que eran muy estrictos en cuanto a la hora de dormir de sus hijos (un niño de seis años y una niña de ocho.) Dado que ambos padres trabajaban, creían (acertadamente) que era importante tener una rutina para pasar tiempo con sus hijos, pero también tener momentos para ellos dos solos.

Sin embargo, después de escuchar sobre un tiroteo que hubo en una escuela, los niños empezaron a estar muy apegados a sus padres. Después de este hecho y durante varios días, los padres pasaron tiempo extra hablando con ellos sobre lo terrible que había sido el tiroteo y les aseguraron que aunque los tiroteos en las escuelas suceden, no ocurren con frecuencia. También fueron más tolerantes cuando alguno de los niños los llamaba desde la cama y les pedía un vaso con agua, reconociendo que la verdadera necesidad era sentirse consolado. Durante esta época de nerviosismo, los niños se iban a la cama un poco más tarde de lo usual, ya que la situación justificaba una temporal modificación de las reglas. En el taller, los padres hicieron hincapié en que se trataba de un ajuste "temporal" y que, después de un par de semanas, las expectativas y la vieja rutina volvieron. Al utilizar los conceptos que hemos elaborado en este capítulo, los niños pudieron sentirse con mayor control, ya que los padres manejaron con habilidad los asuntos de la preocupación, el bienestar y la seguridad.

Actuar consecuentemente con la pareja

Ser consecuente con los hijos y preocuparse por el tiempo que se les dedica es esencial. Pero también es necesaria otra forma de ser consecuente: actuar consecuentemente con la pareja. Desde luego, los padres no pueden y no deben convertirse en clones el uno del otro, pero deben tratar de llegar a metas y prácticas disciplinarias comunes. Para lograrlo se necesita hacer uso de la negociación y tener un compromiso. Recomendamos hacer este esfuerzo aun cuando los padres estén divorciados.

Escoja con cuidado sus palabras

Los niños con autodisciplina y control personal saben que son responsables de su propio comportamiento. Son menos dados a poner excusas sobre sus acciones y se concentran más en lo que deben hacer de manera distinta para cambiar situaciones indeseables. Obviamente, este tipo de mentalidad no se forma de la noche a la mañana; está basado en incontables interacciones con los padres y otros adultos. Para ayudar a los niños a desarrollarla, los padres deben proporcionar un intercambio de ideas que enfatice la responsabilidad y el control personal.

La familia Leopold: "Nunca van a aprender"

Mona y Lawrence Leopold nos consultaron sobre sus tres hijos: Liz, de 12 años; Madison, de 10; y Manny, de ocho. Su queja principal fue que los tres eran "groseros". Podríamos escribir un libro sobre nuestro trabajo con los Leopold, pero en esta sección nos vamos a concentrar en la forma en que las palabras que utilizamos refuerzan o dañan el sentido de control personal de nuestros hijos.

Cuando comenzamos la terapia con los Leopold estábamos impresionados porque no eran consecuentes al poner límites al comportamiento de sus hijos. Cuando insultaban a los padres, éstos no decían nada o bien se enojaban mucho y les gritaban cosas como: "Siempre se comportan como niños malcriados" o "Nunca se tratan entre ustedes con cariño" o "Nunca van a aprender a ser amables". Palabras como *siempre* y *nunca*, utilizadas de esta manera, son más dadas a provocar enojo y no ayudan a desarrollar el autocontrol. Frases que juzgan como *nunca van a aprender* transmiten un mensaje que va en contra del desarrollo de la autodisciplina y el control personal.

Para ayudar a los Leopold a tener más empatía y a apreciar el impacto que sus palabras tenían sobre sus hijos, asumimos una postura de empatía hacia ellos para evitar que sintieran que criticábamos sus habilidades de padres. Entonces, reconocimos su frustración y su deseo de que sus hijos fueran más "considerados" y "cooperativos" y menos "groseros". Hicimos hincapié en que estábamos de acuerdo con sus metas, pero comentamos que la manera en que trataban de alcanzarlas quizá generaba lo contrario. Pusimos un ejemplo y les preguntamos cómo se sentirían si alguien les dijera: "Nunca van a aprender a comportarse amablemente" o "Siempre se comportan como niños malcriados".

Apenas formulamos la pregunta, Lawrence dijo: "Tal vez no muy bien, pero cuando digo cosas como ésas a los niños es porque lo siento. De verdad me preocupa si algún día aprenderán a portarse bien".

Reconocimos que Lawrence estaba expresando honestamente sus sentimientos, pero le pedimos que considerara qué era lo que él creía que sus hijos aprendían cuando les decía esas cosas.

Lawrence nos miró sorprendido: "No estoy seguro. No han cambiado. Siguen haciendo lo mismo". Sonriendo, agregó: "Creo que lo que les digo no es muy efectivo".

Le devolvimos la sonrisa y le comentamos que si los padres hacen las mismas cosas repetidamente aun si no funcionan, sería muy sorprendente que los niños cambiaran su comportamiento.

Mona dijo: "Tienen razón. Creo que estamos listos para aprender nuevas técnicas".

Su comentario nos empujó a concentrarnos en las palabras y los actos que emplean con sus hijos. Muchos padres, especialmente cuando están enojados o decepcionados, no piensan en cómo sus palabras afectan a los niños. En algunos casos estas palabras evitan que un niño cultive el sentimiento de control personal. En investigaciones recientes sobre los acosos entre niños de la misma edad, hemos aprendido que es falso el viejo dicho: "Palos y piedras podrán romperme los huesos, pero las palabras nunca me harán daño". Ciertas palabras lastiman, no sólo en el momento en que fueron pronunciadas, sino también años después.

Dedicamos varias sesiones ayudando a los Leopold a establecer expectativas realistas para sus hijos y a establecer consecuencias razonables y llevarlas a cabo. También nos enfocamos en el lenguaje específico que utilizaban al comunicarse con sus hijos con el fin de dejar atrás las palabras negativas y que eviten un juicio, y cambiarlas por aquéllas que refuerzan el comportamiento positivo y la autodisciplina. Después de este cambio en las prácticas disciplinarias, sus hijos comenzaron a mostrar un comportamiento más responsable y respetuoso.

Haga saber a sus hijos lo que están haciendo bien

Evitar el uso de palabras que lastimen no es el único consejo que damos a los padres. Más aún, hacemos hincapié en que no sólo debemos ofrecer intercambios positivos de ideas. Cuando tratemos de reforzar el comportamiento de nuestros hijos debemos utilizar palabras que fortalezcan específicamente la autodisciplina, la responsabilidad y el control personal. Entonces, como aconsejamos a los Leopold, cuando sorprenda a su hijo haciendo algo bueno como ser cooperativo, debe decirle lo que ve: "Es muy bueno verlos jugando juntos". Además, puede promover un sentimiento de responsabilidad si añade: "Hiciste una buena elección". O bien, cuando sus hijos limpien la estancia sin que nadie se los pida, uno de los mensajes puede ser: "Te acordaste de hacerlo. Eso está muy bien". Aunque estos comentarios parezcan muy simples, su uso continuo y consciente fortalece poco a poco una actitud responsable y una mentalidad con capacidad de sobreponerse a los problemas.

Hacemos una recomendación similar a los padres cuyos hijos tienen diagnosticado algún tipo de trastorno mental. Los medicamentos pueden ayudar a que un niño se concentre mejor y se sienta menos estresado y deprimido. Sin embargo, si los niños atribuyen sus cambios positivos solamente a una pastilla es probable que no se refuerce una actitud de autodisciplina y control personal. Por lo tanto, recomendamos a los padres que digan: "La pastilla te ayuda a concentrarte y sentirte más tranquilo, pero una vez que te sientes así es tu decisión cómo actuar". Esta declaración hace hincapié en que ellos determinan su comportamiento.

> Cuando sorprenda a su hijo haciendo algo bueno como ser cooperativo, debe decirle lo que ve. Además, puede promover un sentimiento de responsabilidad si añade: "Hiciste una buena elección".

IDEAS FINALES

Como lo muestran los ejemplos anteriores, cuando utiliza técnicas disciplinarias guiado por un modelo de capacidad para sobreponerse a los problemas, ayuda a sus hijos a desarrollar grandes responsabilidades y a hacerse cargo de sus actos, fomenta la autodisciplina y fortalece el sentido de control personal. Además, para reforzar el control personal debe alimentar las habilidades para resolver problemas en sus hijos, tema al que nos dedicaremos en el próximo capítulo.

CAPÍTULO 4

ENSEÑE A SU HIJO
A RESOLVER PROBLEMAS

*

En nuestros talleres con frecuencia preguntamos: "¿Alguna vez se ha enfrentado a un problema en el cual su primera reacción haya sido sentirse abrumado, porque no tenía idea de cómo empezar a resolverlo?" La mayoría de los padres asienten.

Luego pedimos que imaginen cómo sería si tuvieran esa reacción ante casi todos los problemas que deban enfrentar, sintiéndose perdidos para resolverlos. Los padres reconocen que una situación semejante sería apabullante.

Como mencionamos en el capítulo anterior, desarrollar el autocontrol es difícil si no se cuenta con ciertas habilidades para resolver problemas. Por lo tanto, si la manera de inculcar disciplina no alienta o permite que los hijos se vuelvan hábiles en la resolución de problemas, entonces la disciplina no ha logrado alcanzar una de sus metas principales. Con la disciplina se debe enseñar a los niños a pensar por ellos mismos, a reflexionar sobre sus actos y sus consecuencias.

En nuestros libros anteriores acerca de la capacidad de sobreponerse a los problemas, hemos enfatizado que la habilidad para resolver problemas está ligada a todas las características de una mentalidad que implique la capacidad para hacerlo. La habilidad para resolver problemas permite a los niños enfrentar los retos al confiar en acciones que están dentro de su control. Pueden sopesar distintas opciones y mostrar destreza al tomar decisiones conforme modifican los guiones negativos en su vida. Los niños con habilidad para resolver problemas previenen posibles obstáculos a las acciones que eligen, y ven los errores y contratiempos como experiencias de las cuales pueden aprender. Como hemos visto con las familias Ashlund, Burns y Ewing, cuando el proceso de disciplina se concentra en resolver problemas, los niños son menos dados a engancharse en luchas de poder, ya que tienen una sensación de control sobre algo.

En comparación, cuando deben luchar para resolver problemas, con frecuencia tienen dificultades para hablar acerca de ellos y definirlos, para considerar opciones, planear o manejar los golpes de la vida. Estos niños están a la deriva en muchos sentidos; podría parecer que se encuentran como un capitán perdido en el mar sin brújula, tomando tal o cual dirección, pero sin un juicio razonable que guíe sus actos. En una situación así, algunos niños se quedan inmóviles sin saber qué hacer, mientras que otros actúan impulsivamente sin considerar las consecuencias de su comportamiento. Una de las razones por las que un médico describe a ciertos niños como "difíciles" es que tienen dificultades para saber qué hacer y muestran una falta de autodisciplina.

> Cuando el proceso de disciplina se concentra en resolver problemas, los niños son menos dados a engancharse en luchas de poder, ya que tienen una sensación de control sobre algo.

LA FAMILIA WILKINS:
"SIEMPRE DEBEMOS DECIRLE QUÉ HACER"

Susan y Jack Wilkins estaban constantemente enojados con Melanie, su hija de 12 años. En nuestra primera sesión con los Wilkins, rápidamente compararon a Melanie con su hermana Patty, de 14 años.

Susan dijo: "No podrían creer que nuestras dos hijas son de los mismos padres. Patty vino a este mundo con una personalidad dulce y tranquila. Creo que era responsable desde su primer día de nacida. Casi nunca debemos recordarle las cosas que tiene que hacer. Cuando hace algo mal, que por cierto es muy raro, se lo decimos una vez y ella lo recuerda en adelante".

Jack la interrumpió para hacer un comentario interesante con cierto sentido del humor: "Si Melanie se comportara como Patty o Patty fuera nuestra única hija, nos preguntaríamos para qué hay tantos libros sobre paternidad en las librerías, sobre todo los que se enfocan en la disciplina".

Susan sonrió y añadió: "Pero en cuanto nació Melanie comprendimos por qué hay tantos libros sobre paternidad. Para ser honesta, nos ha dado mucho trabajo. Era más inquieta que Patty desde que nació. Patty siempre se ve segura de sí misma y sabe manejar las cosas. Melanie, no. Siempre le tenemos que decir qué hacer. Y aun cuando lo hacemos parece no escucharnos. Hemos tenido cada vez más confrontaciones con ella. Estamos pasando tanto tiempo con Melanie que no le estamos poniendo suficiente atención a Patty, aunque ella parece mostrarse comprensiva al respecto. Quiere mucho a Melanie".

Preguntamos cuáles eran las dificultades específicas con Melanie.

Susan respondió: "Muchas. Con mucha frecuencia se olvida de hacer sus tareas, como limpiar su cuarto o tender la cama. Puede ser muy exigente y es grosera cuando nos habla. Hace un par de días, cuando estábamos listos para cenar, nos dijo que había cierto material que necesitaba para un proyecto de la clase de arte e insistió en que la lleváramos a la tienda en ese momento. Cuando le dijimos que la llevaríamos después de cenar se puso a gritar que no la queríamos, que si Patty hubiera sido la que lo necesitara la habríamos llevado en ese mismo instante. Accedimos a llevarla a la tienda después de cenar. Todo el tiempo estuvo enojada y ni siquiera lo agradeció".

Jack continuó el relato: "Al día siguiente me pidió que la ayudara con su proyecto. Sin embargo, pronto se convirtió en la situación en que siempre terminamos. Después de treinta segundos, Melanie dijo que no sabía qué hacer y que yo debía ayudarla; le dije que lo haría. Pero lo que quería decir es lo que casi siempre busca: que nosotros le hiciéramos el proyecto. A diferencia de Melanie, cuando Patty nos pide ayuda se muestra más que deseosa de seguir nuestras sugerencias y llevarlas a cabo".

Preguntamos a los Wilkins qué hacían normalmente cuando Melanie les insistía que la ayudaran.

Jack respondió: "No es una escena muy bonita. Con frecuencia le decimos que ni siquiera está intentando hacer las cosas y que, si lo hiciera, descubriría que es capaz de hacer mucho de lo que nos pide que hagamos por ella. Entonces Melanie responde que no la queremos, que de verdad no sabe cómo hacerlo y que debemos ayudarla más".

Susan agregó: "Nosotros, le repetimos que estamos para ayudarla, pero que simplemente quiere que hagamos todo por ella y debe aprender a hacer ciertas cosas por sí misma. Es muy molesto porque comienza a gritar y muy pronto le estamos gritando nosotros también. Hay algo de cierto en esto, ya que de verdad nos hace sentir frustrados".

Al registrar los comentarios de los Wilkins nos impresionaron varias cosas. Casi cualquier comentario sobre Melanie estaba vinculado a comentarios más favorables sobre Patty. Tantas comparaciones constantes con su hermana bien portada, hacían que las dificultades de Melanie se agudizaran. La decepción de los padres con respecto a Melanie era notoria. Además, la frustración que sentían por ella disminuía su empatía y los impulsaba a hacer comentarios que la niña interpretaba como acusaciones y regaños.

Los padres intentaron echar a andar un enfoque concentrado en resolver problemas al animar a Melanie a pensar en la mejor manera de enfrentar sus retos. Pero cuando afirmaba que no sabía hacer las cosas, ellos reaccionaban con enojo en lugar de considerar cómo podrían ayudarla a sentirse más segura para resolver problemas. Su estilo disciplinario, influenciado con frecuencia por la frustración y la decepción, tenía características autoritarias que implicaban que Melanie era la culpable de su enojo.

Para nosotros, los Wilkins eran personas cariñosas con problemas para responder ante una niña más demandante. Para promover un enfoque con empatía y orientado a resolver problemas en sus prácticas paternales y disciplinarias, teníamos que demostrar estas mismas características en nuestra interacción con ellos.

En el capítulo anterior le pedimos que pensara sobre qué cambios recomendaría a los Berkshire para mejorar sus tácticas disciplinarias con su hijo Daniel. Ahora, le hacemos la misma pregunta para los Wilkins. ¿Qué estrategias disciplinarias recomendaría utilizar con Melanie para fortalecer sus habilidades para resolver problemas y para que sea más independiente, segura y tenga más confianza? También, ¿qué cambio en la mentalidad debería acompañar este ajuste en su enfoque disciplinario? Vamos a describir nuestras continuas conversaciones con los Berkshire al final de este capítulo; y con los Wilkins, en el Capítulo 6.

FORMAS DE REFORZAR LAS HABILIDADES PARA RESOLVER PROBLEMAS Y TOMAR DECISIONES

El esquema que dirige nuestro enfoque de resolver problemas, el cual hemos descrito en otros libros como *Formar niños con capacidad de sobreponerse a los problemas*, está basado en ideas de nuestra amiga y colega Myrna Shure. La doctora Shure tuvo un papel decisivo al desarrollar un programa llamado *Yo puedo resolver problemas* (YPRP), que está definido en sus libros *Formar a un niño reflexivo*, *Formar a un adolescente reflexivo* y *Padre reflexivo, hijo reflexivo*. Su trabajo muestra evidencia de que aun los niños en edad de preescolar pueden aprender habilidades para fomentar su destreza al resolver problemas. Aunque hemos añadido algunas ideas propias al enfoque de la doctora Shure, nuestro esquema ha sido influenciado considerablemente por su trabajo.

Diversos principios funcionan como fundamento para nuestro enfoque de desarrollo de habilidades para resolver problemas. La comprensión de estos principios es importante cuando disciplinamos a nuestros hijos, sobre todo si tenemos en mente que las prácticas disciplinarias eficaces no sólo utilizan la resolución de problemas, sino también promueven que los niños utilicen estas habilidades en el futuro. Veamos cada uno de estos principios.

Sirva como modelo para resolver problemas

Hay suficiente evidencia que indica que nuestros hijos observan nuestro comportamiento cuidadosamente, incluyendo la manera en que enfrentamos determinadas situaciones. Si sus hijos presencian ataques de ira cuando impone la disciplina o enfrenta momentos difíciles, no podrán aprender de su ejemplo las habilidades necesarias para resolver problemas. Por esta razón, pedimos a los padres que piensen cómo creen que sus hijos responderían a las siguientes preguntas:

- "¿Cómo resuelven los problemas y toman decisiones tus padres cuando enfrentan situaciones difíciles?"
- "¿Piensas que hay una mejor manera en que podrían resolver sus problemas y tomar decisiones? De ser así, ¿qué les sugerirías?"
- "¿Cómo te enseñan y te involucran tus padres en la toma de decisiones?"
- "¿Piensas que la forma en que normalmente te disciplinan te ayuda a resolver mejor tus problemas?"

> Si sus hijos presencian ataques de ira cuando impone la disciplina o enfrenta momentos difíciles, no podrán aprender de su ejemplo las habilidades necesarias para resolver problemas.

En algunas familias, la resolución eficiente de los problemas es una parte natural del repertorio, mientras que otras por costumbre toman decisiones arbitrarias con poca o nula participación de los hijos. Algunos padres —con frecuencia sin darse cuenta completamente del significado de sus actos— recurren a formas de disciplina que, de hecho, fomentan el comportamiento que buscan eliminar en sus hijos. Es irónico observar a un padre dando bofetadas a un niño mientras le grita: "Esto te enseñará a no volver a pegarle a tu hermana". Desafortunadamente, en un escenario como ése las habilidades del niño para resolver problemas no se están reforzando.

La familia Upton:
"Creo que ya están muy grandes como para darles nalgadas"

Dorothy y Jules Upton nos consultaron sobre sus dos hijos: Carl, de 13 años; y Frank, de 11. Jules comenzó explicando: "Nunca pensé que necesitaríamos ayuda profesional con nuestros hijos, pero simplemente no nos escuchan. Pelean todo el tiempo. Se gritan el uno al otro constantemente. No pueden pasar uno junto al otro sin que se insulten. Ha sido así desde hace varios años, pero está empeorando. Nada de lo que hacemos parece funcionar".

Pedimos a los Upton que nos describieran lo que normalmente hacen cuando sus hijos pelean.

Jules respondió: "Mucho. Creo que ya están muy grandes como para darles nalgadas, pero antes lo hacíamos. Creí que eso funcionaba. Parecían mejorar en cuanto lo hacíamos, pero no duraba mucho. Tal vez debimos practicarlo más seguido. También solía decirles que si continuaban peleando, les quitaríamos tiempo para jugar con su computadora o para ver televisión. Eso pareció funcionar por un tiempo, pero poco después no pareció importarles el castigo".

Las técnicas disciplinarias de este padre resultaban ser las comunes de un estilo autoritario. Jules no vio una mejora en el comportamiento de sus hijos, pero continuó castigando con la esperanza de que en cierto momento aprendieran a hacer lo que él les pedía.

Aunque Jules mencionó con frecuencia la palabra *nosotros* para describir la disciplina que se usaba, notamos el silencio de su esposa. Dorothy asintió un par de veces con un gesto, pero no hizo comentarios propios. Nos preguntamos por el motivo de su aparente falta de participación. Para integrarla a la conversación, comentamos que a veces los papás y las mamás tienen distintas experiencias con los hijos, y preguntamos a Dorothy qué es lo que le interesaría añadir a los comentarios de su esposo.

"Nada, en realidad", contestó, "Jules suele manejar la disciplina en la casa, así que probablemente él tiene una mejor idea de lo que está pasando". Mientras Dorothy hablaba miraba a su esposo. La tensión entre ellos era obvia.

Nos dirigimos a Dorothy y le explicamos que, aunque su esposo estuviera más involucrado en disciplinar a los chicos, queríamos que ella compartiera su punto de vista sobre la disciplina que estaba siendo inculcada.

Fue interesante que, antes de que ella pudiera responder, Jules dijo de inmediato: "Yo creo que Dottie es muy benévola con ellos. No tendríamos estos problemas con los muchachos si ella hubiera sido capaz de poner límites. Mi enfoque sería más efectivo si Dottie no los hubiera malcriado".

Dorothy dijo enojada: "Mi esposo siempre me culpa por cualquier cosa que los chicos hacen mal. Quizá a veces debería usar más la fuerza con ellos, pero nunca podría hacer lo que él hace o ha hecho". Preguntamos a qué se refería.

"Como mencionó antes, él acostumbraba darles nalgadas con mucha frecuencia. Ahora les grita y los critica todo el tiempo. Dice que ésa es la única manera en que lo escuchan. Yo creo que ellos fingen escucharlo porque le temen. Y aunque tal vez le teman, realmente no lo escuchan. Creo que las cosas se van a poner mucho peor conforme sigan creciendo".

Jules, claramente enojado, contestó: "Me escucharían si Dorothy me apoyara un poco más. ¿Y qué hay de malo en que tus hijos te teman si te respetan?"

Dorothy respondió: "¿Cómo puedo apoyarte en lo que no estoy de acuerdo? Además, no creo que te respeten". Y añadió un agudo comentario: "Si te respetaran a ti o a mí, no creo que se comportaran como lo hacen".

Pocas semanas después de esta primera sesión, dirigimos una reunión familiar con Jules, Dorothy y sus dos hijos. Pensamos que una reunión familiar nos ayudaría a conocer las perspectivas de Carl o de Frank, podríamos observar la interacción familiar y así comenzaríamos a trabajar el enfoque orientado a resolver problemas.

En la reunión, Jules describió muy enojado la frustración que sentía porque sus dos hijos se peleaban constantemente. Comentó: "Tengo dos hermanos y una hermana, y sé que los hermanos pueden discutir, pero Carl y Frank se están saliendo de control. Se empujan, se molestan y se dicen cosas realmente desagradables el uno al otro, no demuestran mucho respeto hacia Dottie ni hacia mí. Durante años he tratado de enseñarles a comportarse más civilizadamente, pero no han aprendido lo que he tratado de enseñarles. Deben respetar a los demás."

Carl y Frank miraron a su padre, pero no dijeron nada. Dorothy bajó la mirada y comenzó a llorar. Antes de que pudiéramos decir nada, Carl confrontó a su padre con un comentario agudo: "Tú te la pasas hablando de que Frank y yo debemos llevarnos bien, de que debemos respetarte, pero contigo las cosas sólo son de una manera". Le pedimos a Carl que explicara a qué se refería con una sola manera.

Con una voz sorprendentemente tranquila respondió: "Mi papá habla de que debemos mostrar respeto, pero él no practica lo que dice. Siempre nos desprecia y cuando éramos más chicos nos pegaba por cualquier cosa. Siempre escuchábamos: '¡Haz lo que te digo! ¡Soy tu padre!' Y no sólo nos habla a nosotros de ese modo. Deberían oír cómo se dirige a mi mamá. Yo no sé por qué lo aguanta".

Como era de esperarse, Jules contraatacó: "¡No me hables de ese modo! No les gritaría ni les daría nalgadas si tú y tu hermano se portaran bien. No hacen caso si no les grito".

Carl se puso de pie para salir del consultorio, comentando con amargura: "¿De qué sirve decir algo?"

Le pedimos que se quedara. Hicimos notar lo enojados y frustrados que se sentían todos y les comentamos que, aunque no estuvieran de acuerdo con la perspectiva de los demás sobre la situación, era importante comenzar a entender la manera en que cada miembro de la familia veía al resto. También mencionamos que el enojo manifestado dentro del consultorio no debía salir de ahí. Estábamos preocupados de que Jules fuera a castigarlos aún más por lo que había dicho Carl.

Sostuvimos más reuniones familiares así como terapias enfocadas al tema de la paternidad. Poco a poco Dorothy pudo reconocer el enojo que sentía hacia su esposo por la manera en que la trataba. En una terapia en la que sólo estaban los padres ella dijo: "No estoy tratando de echarle la culpa a Jules, porque yo también tengo responsabilidad en todo el enojo y la infelicidad que hay en la familia, pero sigo pensando en lo que Carl dijo sobre cómo Jules pide respeto, pero él no muestra ninguno. Debo admitir que cuando Jules me insulta, me da miedo. Desearía haber tenido el valor para decirle que no toleraría que me siguiera hablando de esa manera. Desearía que cuando les gritaba y les pegaba a los niños, yo hubiera tenido el valor para decirle a solas que no debía seguir haciéndolo. No es sólo que mis hijos vean a Jules actuar con enojo y sin respeto; tampoco puedo evitar pensar que a mí me ven como alguien que no se respeta a sí misma".

Para Jules fue muy difícil escuchar esto. Estaba encerrado en su punto de vista. Decía que su esposa y sus hijos utilizaban las sesiones de la terapia para "echársele encima". Aunque intentamos tener empatía y explicarle que las dificultades por las que estaban pasando eran un "problema de familia" y no sólo suyo, Jules se desencantó cada vez más de la terapia y comenzó a faltar a las sesiones. Eventualmente, sobre todo por iniciativa de Dorothy, se separaron. Aunque fue una decisión dolorosa, Dorothy dijo con cierto orgullo: "Finalmente encontré mi propia voz".

Podríamos decir mucho sobre la familia Upton. Sin embargo, uno de los momentos inolvidables fue cuando Carl contrastó lo que su padre hacía con lo que decía. Debido a su conducta autoritaria, Jules no dio a sus hijos la oportunidad de aprender a resolver problemas. Su enfoque fue completamente distinto al que emplearon los Ewing en el Capítulo 1. Ellos ayudaron a que su hijo Jim aprendiera a resolver problemas y a asumir la responsabilidad de sus actos; alimentaron en él una mentalidad con capacidad para sobreponerse a los problemas. En comparación, Jules Upton lanzó su coraje y resentimiento sobre sus hijos.

Ofrezca opciones desde una edad temprana

Ya hemos señalado que cuando disciplinamos a nuestros hijos, una meta es fortalecer la autodisciplina y el control personal de manera que no tengamos que hacer por ellos lo que les corresponde. Para alcanzar esta meta los padres deben asegurarse de que los niños aprendan las habilidades involucradas en la resolución de problemas y en la toma de decisiones. Nosotros recomendamos que, como una manera de construir estas habilidades en una edad temprana, los padres deben dar a sus hijos opciones simples para elegir. La mayoría de los padres hacen esto como parte de sus prácticas típicas paternales. Aquí hay algunos ejemplos:

- "¿Quieres pizza o hamburguesa para cenar?"
- "¿Te quieres poner el vestido azul o el verde?"
- "¿Quieres que te recuerde diez o quince minutos antes de irte a dormir para que te prepares?"
- "¿Quieres limpiar el cuarto por ti mismo o prefieres que te ayude?"

Nosotros recomendamos que al final de cada pregunta los padres añadan la frase: "es tu decisión". Enfatizamos la palabra *decisión* como una manera de expresar a los niños que confiamos en su habilidad para tomar decisiones. Pasos tan simples como estos comienzan a establecer y reforzar las habilidades para resolver problemas. Estas elecciones también fomentan la autodisciplina, especialmente cuando conllevan consecuencias:

"Es tu decisión. Si no recoges los juguetes, no estarán disponibles mañana para que juegues con ellos".

"Si sigues pateando a tu hermana bajo la mesa, tendrás que irte. Es tu decisión".

Los padres preguntan con frecuencia cómo deben reaccionar si a los niños no les gusta ninguna de las opciones presentadas. En nuestra experiencia, esto raramente ocurre con niños pequeños, pero si sucede, los padres le pueden decir: "Bueno, ésas son las únicas dos opciones. Piénsalas y dime cuál es la mejor para ti". En algunas situaciones, los padres pueden pedir al niño que piense en una alternativa, y si la propuesta es razonable los padres pueden estar de acuerdo.

Utilice un proceso para resolver problemas

La habilidad para resolver problemas y tomar decisiones involucra un proceso con elementos interrelacionados. Como veremos, estos elementos pueden utilizarse eficazmente al disciplinar a los niños. A continuación señalamos las características más importantes de esta secuencia.

Exponga el problema y logre que su hijo lo vea

Tanto para los niños como para los adultos, el esfuerzo por hacer un cambio parece valer la pena sólo si vemos un problema y nos preocupamos por él. Si un problema no está claramente definido, y si los niños no están de acuerdo con sus padres en que éste existe, entonces las peticiones para llegar a una solución van a caer en oídos sordos. Imagine por un momento que alguien le dijera: "Estás viendo mucha televisión y necesitas verla menos", o "Pierdes el control todo el tiempo, debes mostrar más autocontrol". Si usted piensa que ve la televisión un tiempo razonable y que logra controlar muy bien su temperamento, es probable que no responda ante esas críticas diciendo: "Gracias por recordarme que tengo un problema. Trabajaré en corregirlo". Lo más probable es que piense que quien hizo esos comentarios es un regañón que está molestándolo sobre problemas que no existen. En ese caso, su actitud difícilmente sería cooperativa.

Entonces, ¿qué debe hacer si ve un problema, pero su hijo se niega a reconocer que éste existe? Los padres no deben simplemente aceptar la versión de la realidad de los hijos. En lugar de eso, es necesario tener empatía y preguntar el tipo de cosas que señalamos en el Capítulo 2 para evaluar la forma en que usted está expresando el problema.

- ¿Me gustaría que alguien me hablara de la misma manera en que yo le hablo a mis hijos?
- En todo lo que les digo a mis hijos o hago con ellos, ¿qué espero alcanzar?
- ¿La manera en que me estoy comunicando fomentará que mis hijos sean más receptivos para escucharme y aprender de mí? Por ejemplo, ¿primero valido lo que mi hijo está diciendo ("Puedo ver que piensas que no estamos siendo justos"), antes de intentar cambiar su comportamiento? Recuerde que darle validez a algo no significa estar de acuerdo, sino que muestra que comprende la perspectiva de su hijo.

La familia Heath: "Dejen de fastidiarme"

Janine y Mike Heath nos hablaron de Marissa, su hija de 11 años. Comentaron que la frase favorita de Marissa era: "Dejen de fastidiarme", misma que enriquecería con la queja: "¡No es mi problema! Ninguno de los padres de mis amigos los molestan tanto como ustedes a mí". De acuerdo con los Heath, Marissa decía esta frase, ya bien ensayada, en varias ocasiones, sobre todo cuando le recordaban que debía cumplir con lo que ellos consideraban peticiones razonables como limpiar su cuarto, poner los platos en la lavadora de trastes después de la cena, sacar al perro (que ella había querido tener) a dar una vuelta y acomodar su ropa limpia.

Janine dijo: "Todo es una pelea. Parece que nunca ha escuchado la palabra *cooperación*. Cuando le recordamos algo nos dice una y otra vez que no es su problema". Preguntamos cómo responden ellos generalmente a esa frase.

Janine contestó: "Al principio intentamos estar tranquilos y ser razonables. Le dijimos que lo que le pedimos que haga es parte de sus responsabilidades, así como nosotros tenemos las nuestras. Eso no funcionó. Después propusimos hacer una lista para que se acordara. Ella accedió, pero no consultaba la lista. En los últimos dos años nos contesta como si fuéramos la GESTAPO y siempre dice que no es su problema si su cuarto está impecable o si su ropa está ordenada. Incluso nos llegó a proponer que usáramos platos de papel para que no tuviéramos que meterlos a la lavadora de trastes. A veces no sabemos si está bromeando o hablando en serio".

Comentamos que, a juzgar por su descripción, sus esfuerzos no parecían haber resultado.

Mike respondió: "No. Si acaso, Marissa parece haberse vuelto menos cooperativa y nosotros la castigamos más. Le hemos quitado privilegios como tiempo de ver la televisión, pero parece haber surtido muy poco efecto. Gritarle tampoco ha funcionado".

Les pedimos que pensaran por qué Marissa no había aprendido lo que habían tratado de inculcarle. Esperábamos obtener una idea de la mentalidad de los Heath, sobre todo de la forma en que interpretaban el comportamiento de su hija.

Janine dijo: "Mike y yo no estamos seguros. Sé que algunas veces no hemos sido consecuentes. Sabemos que está mal, pero a veces resulta más fácil lavar nosotros mismos los platos o limpiar su cuarto".

Mike intervino: "Y a veces pensamos que Marissa es sólo una niña egocéntrica y que va a hacer lo que quiera. No estamos seguros por qué es así, pero nunca parece dispuesta a ayudarnos". Preguntamos si antes Marissa había sido más cooperativa.

Janine dijo: "Creo que no. Siempre ha sido una lucha lograr que haga sus tareas. Tal vez era más fácil cuando era más pequeña, pero es porque respondía mejor a nuestros castigos".

Pedimos a los Heath que pensaran en alguna vez que Marissa los hubiera sorprendido limpiando su cuarto o recogiendo los trastes sucios sin que se lo recordaran. Buscábamos una excepción en la regla como un posible punto de partida para cambiar el problema de conducta de Marissa.

Mike respondió: "Ésa es una pregunta interesante. Realmente no puedo pensar en ninguna ocasión semejante. Bueno, quizá si había alguna recompensa que verdaderamente le interesara como ir al cine al día siguiente. Pero ha sido difícil encontrar qué recompensas pueden funcionar".

Se volvió hacia su esposa y le preguntó su opinión. Janine estuvo de acuerdo con él. "Es difícil encontrar qué funcionará con Marissa, ya que muy pocas cosas lo hacen. De vez en cuando encontramos algún tipo de recompensa muy importante para ella y sólo entonces quizá haga lo que le pedimos".

Les anticipamos que tal vez sonaría un poco extraño, y preguntamos si sería posible que Marissa verdaderamente no viera lo que haccía o dejaba de hacer como un problema.

Janine exclamó: "No puedo creer que no lo vea como un problema. Se lo hemos recordado muchas, muchas veces".

Comentamos que tal vez nuestra pregunta no había sido suficientemente específica; preguntamos si Marissa vería sus actos y omisiones como un problema suyo, o bien, de sus padres.

Mike dijo: "Bueno, según sus comentarios, Marissa lo ve como problema nuestro. Siempre nos está diciendo que ninguno de los padres de sus amigos los regaña tanto como nosotros a ella".

Sugerimos que tal vez deberíamos comenzar a trabajar a partir de su perspectiva. Mike, no muy convencido, preguntó: "¿Están diciendo que debemos coincidir con Marissa en que ella está bien y que tiene unos padres insoportables, y que simplemente debemos rendirnos ante ella?"

Rápidamente aseguramos a Mike que no nos referíamos a eso. Pero antes de poder explicarnos, nos interrumpió diciendo: "Nosotros creemos que cuando Marissa nos acusa de fastidiarla y dice que es nuestro problema y no suyo, lo hace sólo como una excusa para no cumplir con sus responsabilidades".

Respondimos que probablemente tenía razón. Aun así, tendrían más éxito en ayudarla a ser más responsable si asumían que realmente creía que ellos la regañaban injustamente, aunque utilizara ese razonamiento como excusa para evadir sus responsabilidades.

Janine preguntó con una expresión de confusión: "Pero si sabe que lo está utilizando como excusa, ¿no deberíamos seguir confrontándola? Creemos que no hemos sido suficientemente consecuentes. No queremos que piense que puede hacer lo que quiera".

Les dijimos que, en efecto, ser más consecuentes ayudaría mucho porque al ser incongruentes se envía a los niños un mensaje de que no siempre deben escuchar a sus padres. También añadimos otra sugerencia: que Janine y Mike hablaran con Marissa sobre el impacto de su comportamiento en el ambiente en la casa y en su relación con ellos.

Janine interrumpió: "Le hemos dicho con frecuencia que su comportamientos está generando mucha tensión en casa y que si tan sólo nos hiciera caso, todos nos llevaríamos mucho mejor".

Con empatía hacia Janine, le dijimos que nos dábamos cuenta de que habían trabajado mucho para ayudar a Marissa a ser más responsable. Pero le dijimos que ella todavía sentía que estaban siendo injustos y que la estaban acosando. Hicimos hincapié en que simplemente tratábamos de encontrar una manera de acercarnos a Marissa para que comenzara a responsabilizarse por su comportamiento y dejara de culpar a sus padres.

Con una sonrisa, Janine dijo: "Me encantaría ver eso".

Les explicamos que debían darse cuenta de que la manera en que le habían estado recordando las cosas a su hija no estaba dando resultado. Pensamos que en parte se debía a que para Marissa dichos deberes eran poco razonables y pensaba que el problema era de sus padres, no de ella.

Mike preguntó: "Bueno, ¿qué debemos hacer?"

Les describimos un enfoque que hemos recomendado a varios padres, incluyendo a Louise Burns (ver Capítulo 2). Les sugerimos que le expresaran a Marissa que sentían que no habían logrado transmitirle la importancia que tiene su cooperación en las cosas de la familia y que recordarle constantemente sus deberes sólo parecía empeorar las cosas.

Una vez más, Janine interrumpió quejándose: "Eso es casi como pedirle disculpas a Marissa". Estuvimos de acuerdo en que parecía eso, pero le aseguramos que había más cosas qué decirle a Marissa. "¿Cómo qué?", preguntó Janine.

Les explicamos que una meta importante era que Marissa se diera cuenta de que su comportamiento era un problema. Sin embargo, si continuaba escuchando el mensaje de sus padres como una acusación, sentiría inmediatamente que estaban siendo arbitrarios e injustos. Recomendamos a Mike y a Janine que encontraran un momento tranquilo para decirle a Marissa lo que les habíamos recomendado: lo importante que era para los tres la cooperación de todos y que querían dejar de regañarla. Luego le pedirían que identificara dos o tres cosas que pudiera hacer de manera distinta para ayudar a resolver la situación, así como dos o tres sugerencias de lo que sus padres podrían hacer de forma diferente.

Mike dijo, entre risas: "Creo que ya sé lo que va a decir. Nos va a pedir que dejemos de estar detrás de ella y de castigarla". comentamos que sería un buen síntoma si lo hacía. "¿Bueno?"

Explicamos que si ella decía eso, entonces podían responder que no querían estar detrás de ella ni tampoco castigarla. Mike también podría reconocer que Marissa veía los problemas de la casa como responsabilidad de los padres, pero que él y Janine creían que era algo que toda la familia debía de resolver.

Tomando en cuenta los primeros comentarios de los Heath, predijimos que Marissa les diría que la mejor forma de resolver el problema era que dejaran de molestarla. Les aconsejamos que no se preocuparan si lo hacía. De hecho, debían tratar de mantenerse tranquilos y decirle que su objetivo era el mismo que el suyo; es decir, no estarle recordando constantemente que hiciera las cosas. Entonces podían agregar que, debido a que estaban dispuestos a cambiar su manera de dirigirse a ella, esperaban que cumpliera con ciertas responsabilidades.

Un poco exasperado, Mike dijo: "Me parece que ya le hemos dicho cosas similares".

Tal vez ya lo habían hecho, al menos hasta cierto punto; pero también les explicamos que estábamos sugiriendo cambios en las palabras que usan, el tono de voz y el momento para decirlas, para que no abordaran el tema en medio de un conflicto. Aunque el diálogo recomendado podía parecer muy similar a lo que ya habían intentado, nuestra propuesta era diferente por el énfasis que debían poner en el enfoque orientado a resolver problemas, el cual estaba diseñado para ayudar a Marissa a reconocer su contribución al problema y descubrir qué podía hacer para resolverlo.

Janine volvió a sonreír y dijo: "No estoy muy segura de qué va a pasar al hacer lo que sugieren, pero estoy comenzando a ver las diferencias entre lo que Mike y yo hemos hecho en el pasado y lo que ustedes nos recomiendan hacer en el futuro".

En nuestra siguiente sesión, los Heath nos contaron lo que había ocurrido al seguir nuestro consejo y hablar con Marissa. Apenas comenzaron a hablar, Marissa gritó: "¡Ay, no! ¡Otro sermón! ¡No quiero oír otro sermón!"

En lugar de morder el anzuelo, los Heath cambiaron su guión acostumbrado y respondieron tranquilamente: "Estamos de acuerdo contigo y no queremos darte otro sermón. Pensamos que ya te hemos sermoneado bastante".

Mike describió la escena: "Marissa movió los ojos hacia arriba cuando nos escucho decir eso. Parecía esperar otro sermón, pero nunca llegó. Le dijimos que sentíamos que sería de ayuda para todos entender las cosas respecto a nuestras responsabilidades y ver qué podemos hacer para disminuir la tensión en la casa. Al principio parecía que Marissa no estaba poniendo atención, pero entonces describimos algunos de los deberes de cada quien. Ella comenzó a escucharnos, especialmente cuando mencionamos que una de nuestras metas era eliminar los regaños".

Durante las siguientes semanas, los Heath continuaron teniendo este tipo de diálogo con Marissa. Evitaron las discusiones, pero permanecieron consecuentes en sus expectativas. También invitaron a Marissa a que pensara en las expectativas que ella tenía de ellos como padres. Le dijeron que querían saber qué cambios sugería ella para mejorar la vida en la casa. Reconocieron las preocupaciones de Marissa, pero tuvieron cuidado de aclarar que eso no implicaba que estarían de acuerdo con todas sus sugerencias.

Seguiremos describiendo nuestro trabajo con los Heath en la siguiente fase de la secuencia para resolver problemas.

Considere soluciones posibles y sus probables consecuencias

El proceso de definir y reconocer el problema conduce de forma natural al siguiente paso: llegar a soluciones posibles. Usted puede atraer a los niños a esta tarea al especular sobre varias opciones. Tanto como sea posible, los padres deben animar a sus hijos a encontrar las soluciones y deben tratar de no desechar ninguna sugerencia, a menos que vaya en contra de una regla no negociable. Por ejemplo, si está discutiendo a qué hora se debe ir a dormir su hijo de 10 años y el niño le sugiere que hasta la 1:00 am., tiene todo el derecho de decir: "Sabemos muy bien que te gustaría estar despierto hasta esa hora, pero si lo hicieras no podríamos levantarnos a tiempo para ir a la escuela al día siguiente, así que nosotros pensamos que a las 9:30 o 9:45 es lo más tarde. Tú eliges". Esta declaración pone límites, pero también le deja al niño cierta libertad de elegir. En nuestra experiencia hemos visto que cuando los padres educan con cierta libertad, los niños son más dados a comprometerse.

> Tanto como sea posible, los padres deben animar a sus hijos a encontrar las soluciones y deben tratar de no desechar ninguna sugerencia, a menos que vaya en contra de una regla no negociable.

Los Heath utilizaron esta estrategia con Marissa. Después de varias semanas de discusión en las que los padres articularon sus expectativas, Marissa comenzó a dejar de lado su respuesta constante de que las cosas serían mejor si simplemente dejaran de "regañarla". Se mostró menos defensiva y más abierta a responder al cambio de estrategia de sus padres. Sus padres, en lugar de enojarse, ceder a sus demandas o volver a culparla, enfatizaron que creían que cada miembro de la familia tenía responsabilidades en la casa.

Marissa expresó varias sugerencias para mejorar la situación, una de las cuales era interesante. Cuando los Heath nos contaron esto, hicimos la broma de que quizá Marissa había leído un libro sobre paternidad y motivación. Mark y Janine nos dijeron que había sugerido que los tres hicieran una lista de las responsabilidades que esperaban que cada uno cumpliera y que cada mes las alternaran. Los Heath prefirieron esta opción a otra, también propuesta por Marissa, en la que cada semana ella tendría derecho a un "día libre" en el que quedaría exenta de sus responsabilidades. De hecho, esta opción también incluía un elemento interesante; cada uno de los padres se tomaría un día libre y, entre todos podrían asignarse turnos para cubrirse y hacer la tarea de quien descansaba. Era una opción prometedora, pero los padres sintieron que había menos posibilidades de confusión en la primera opción. En cualquier caso, estaban impresionados de que Marissa estuviera involucrada en el proceso de resolver problemas.

Queremos señalar algo que ha sido demostrado por el programa para resolver problemas de Myrna Shure: cuando se les da la oportunidad, hasta los niños en edad preescolar pueden llegar a soluciones realistas de los problemas. Robert Ashlund, el niño de cuatro años del que hablamos en el Capítulo 2, es un ejemplo. Se estaba portando mal antes de irse a dormir, lo que provocaba que sus padres le dieran nalgadas. Robert pudo hablar con nosotros sobre las "pesadillas" que estaba teniendo y nos dijo que temía irse a dormir y soñar esas cosas. Cuando le preguntamos si tendría alguna idea que pudiera ayudar a resolver este problema, propuso la notable solución de tener una lámpara de noche en su cuarto y una fotografía de sus padres al lado de la cama. Ambas ideas fueron muy eficaces.

Finalmente, es importante reconocer que cuando a los niños se les pregunta por posibles soluciones a los problemas, su primera respuesta puede ser: "No sé". De hecho, esta respuesta significa que de verdad no saben o que dudan proponer algo, ya que se sienten inseguros sobre la razón por la cual de pronto los padres les piden sugerencias. Cualquiera que sea la razón detrás del "no sé", una respuesta adecuada de los padres sería: "Está bien, no esperaba que lo supieras de inmediato. Piénsalo porque de verdad me gustaría saber cuáles son los pasos que crees que debemos seguir para resolver el problema". Un comentario así refuerza el respeto por la opinión del niño y sienta las bases para el desarrollo de habilidades eficaces para resolver problemas.

Encuentre con su hijo la manera de recordarse y dar continuidad a lo acordado

Aun cuando las familias encuentran soluciones y todos están de acuerdo en participar, pueden ocurrir algunas fallas. Los miembros de la familia pueden olvidar lo que habían acordado o presentar excusas sobre por qué no hicieron lo que les tocaba. Uno de los mejores remedios para evitar regañar a alguien cuando deja de hacer lo que le corresponde, es establecer una estrategia para recordarse entre todos y dar continuidad al plan acordado.

En nuestra práctica médica y en los talleres que hemos impartido recomendamos que, una vez que una familia ha elaborado un plan para resolver un problema, uno de los padres debe decir: "Esto suena muy bien, pero como somos humanos y podemos olvidar lo que hemos acordado, ¿cómo recordar entre todos el plan para evitar los regaños?" Muchos padres han manifestado que preguntar a los niños cómo les gustaría que se les recordaran sus deberes reduce la impresión de que están detrás de ellos todo el tiempo, ya que los mismos niños contribuyeron a elaborar el plan. Esta estrategia funciona mejor si los padres informan a los niños cómo les gustaría a ellos que se les recordara su participación en caso de olvidar algo.

> Preguntar a los niños cómo les gustaría que se les recordaran sus deberes reduce la impresión de que están detrás de ellos todo el tiempo, ya que los mismos niños contribuyeron a elaborar el plan.

Los Heath emplearon esta estrategia con Marissa. Después de aceptar su sugerencia de alternar responsabilidades, hablaron de cuál sería la mejor manera de recordarse entre todos en caso de que alguno olvidara cumplir con algo. Marissa respondió primero: "No se me va a olvidar". Los padres sabiamente respondieron que no esperaban que olvidara nada, pero que era mejor hacer un plan para "estar más tranquilos" en caso de que ellos o la propia Marissa llegaran a olvidar algo. Sugirieron que si algo sucedía, Marissa podía simplemente recordarles en voz baja.

Marissa sugirió pegar una lista de las responsabilidades en su cuarto y en el refrigerador. Dijo que si ella olvidaba hacer algo, ellos podían simplemente decir la palabra *lista*. Una vez que la escuchara iría a la lista para revisar sus deberes.

No dejamos de sorprendernos de las estrategias que los niños pueden sugerir cuando se les anima a hacerlo.

Aunque los Heath habían intentado cosas en el pasado que les parecían similares, sus nuevas estrategias contenían ingredientes importantes que no estaban en sus prácticas anteriores. No sólo fueron más consecuentes y menos dados a enojarse, sino que involucraron activamente a Marissa en el proceso de resolver problemas identificados. Al principio les preocupaba que fuera contraproducente, que Marissa tomara ventaja de su invitación a colaborar y presentara más excusas para no ayudar en casa. De hecho, ocurrió lo contrario. Marissa se sintió cada vez con más control, haciéndose más responsable de sus acciones y su comportamiento. El cambio de estrategia de los Heath los ayudó a fomentar la autodisciplina en su hija.

Planee qué hacer si la solución acordada no funciona

Tan importante como asegurar el seguimiento es anticiparse y planear en lo posible controles de revisión para que la estrategia tenga éxito. Cuando mencionamos esta posibilidad, algunas personas se preguntan: "¿Por qué traer a cuento obstáculos posibles? ¿Acaso no se interpreta como una invocación profética de que las cosas van a salir mal?" Respondemos en estos casos que cuando hay problemas definidos, las familias están mejor preparadas para evitarlos, enfrentarlos si es necesario o cambiar a una intervención respaldada.

En nuestras terapias con muchas familias hemos aprendido el beneficio de prever posibles obstáculos para lograr el éxito. Descubrimos que las ideas que en nuestro consultorio parecían tener todas las características de estrategias brillantes, no resultaban tan adecuadas en la práctica. Además, encontramos que cuando los padres y los hijos ensayan estrategias que ellos mismos ayudaron a construir, pero que no tuvieron buenos resultados, con frecuencia la familia se sentía fracasada e incompetente y se mostraba menos dispuesta a intentar nuevas formas de terapia. Sin embargo, adquirían esperanza y perseverancia si desde antes consideraban los posibles obstáculos que podrían presentarse, sabiendo que si un enfoque no funcionaba otros sí lo harían.

LA FAMILIA BERKSHIRE: RESOLVER EL PROBLEMA DE LOS BERRINCHES

En el Capítulo 3 describimos varias conversaciones que tuvimos con Lisa y Walt Berkshire sobre Daniel, su hijo de nueve años. Los Berkshire describieron a Daniel como un "berrinchudo" y con frecuencia cedían a sus demandas con tal de que se callara. Se veían a sí mismos como "peleles", pero querían verse como personas con "fuerza" o determinación. Lisa comentó: "Daniel puede ser muy agotador. Parece que tiene más energía que nosotros y nos cansa". Sin embargo, comenzaron a reconocer que su estilo de disciplina estaba contribuyendo a que Daniel encontrara recompensas en sus berrinches. Además, al no hacer que su hijo se responsabilizara de sus actos, le estaban robando oportunidades para convertirse en un niño más responsable y autodisciplinado.

Nuestras sesiones con los Berkshire fueron similares a aquellas con los Heath. Comentamos a los Berkshire que la congruencia era esencial para ayudar a Daniel a que dejara de hacer berrinches y a que desarrollara formas más efectivas de sobreponerse cuando no se hacía lo que él deseaba. También les dijimos que, aunque mucha gente no estuviera de acuerdo con nuestra sugerencia, pensábamos que la mejor manera de cambiar el comportamiento de Daniel era hacerle sentir que tenía el control en situaciones que de hecho estaban orquestadas por sus padres. Los padres pueden ser firmes y al mismo tiempo darles a sus hijos una responsabilidad.

Revisamos nuestro enfoque orientado a resolver problemas con los Berkshire. Como otros padres, estaban seguros de que Daniel les diría que el problema era de ellos, no suyo. Estuvimos de acuerdo en que era lo más probable.

Lisa dijo: "El enfoque para resolver problemas que sugieren tiene sentido, pero no estoy segura por dónde empezar".

Recomendamos que tuvieran en mente sus ganas de mostrar fuerza y ser consecuentes, así como su objetivo de ayudar a Daniel a ser más responsable de su comportamiento. Recordamos que ellos querían que su hijo desarrollara autodisciplina y no recurriera a los berrinches, y que deseaban que tuviera un sentido de responsabilidad más que de merecerlo todo.

Como lo hemos hecho con muchas familias, recomendamos a los Berkshire que encontraran un momento tranquilo para decirle a Daniel que ya se habían suscitado infinidad de discusiones en la familia, que sentían que a veces se habían enojado más de lo que hubieran querido y que tenían la intención de cambiar su conducta. Podían añadir que a veces sentían que hacía berrinches constantemente, y podrían preguntarle si los berrinches y el enojo le parecían un problema.

Walt dijo: "¿Qué pasa si nos dice que el único problema es que nosotros nos enojamos con él? Porque sí nos enojamos, pero sólo por sus constantes berrinches".

Dijimos que podría ocurrir que Daniel culpara a sus padres de todos los problemas. Luego sugerimos buscar posibles respuestas de Daniel, comenzando por las positivas, aunque fuera lo menos probable. Aconsejamos que si Daniel aceptaba que él también contribuía a la tensión y las discusiones en casa, Walt y Lisa podían responder diciendo: "Juntos podemos tratar de encontrar la manera de tener menos discusiones". Sin embargo, si Daniel declaraba que el problema era sólo de sus padres porque no le daban lo que quería y le gritaban, Walt y Lisa debían evitar entrar en una discusión o enunciar una lista de todas las cosas que había hecho mal. En lugar de eso podían decirle: "Sabemos que piensas que todo estaría mejor en casa si cambiáramos y te diéramos todo lo que quieres, pero creemos que todos aquí tenemos la responsabilidad de resolver el problema. Estamos cansados de gritar".

Lisa preguntó: "¿Y entonces qué?"

Les aconsejamos que fueran muy específicos al mencionar un par de cosas que deseaban que Daniel cambiara y al mismo tiempo que le preguntaran a él qué cosas le gustaría que ellos cambiaran. Entonces le preguntarían a Daniel qué soluciones sugería para ayudar a resolver el problema. No deberían preocuparse si Daniel no las tenía de inmediato. De hecho, la meta en este punto sería comenzar un proceso de larga duración. Recordamos a los Berkshire que tuvieran en mente el objetivo de ayudar a Daniel a desarrollar una mayor autodisciplina.

En nuestra siguiente sesión, los Berkshire llegaron un poco derrotados. Nos informaron de que los intentos por involucrar a Daniel en el diálogo sugerido habían sido inútiles. Walt dijo: "Daniel dijo que los padres de todos sus amigos les daban lo que él nos pedía y no entendía por qué él no podía tener lo mismo. Nos echó toda la culpa".

Les preguntamos qué pasó cuando Daniel los culpó por sus problemas.

Lisa respondió insegura: "Aun cuando creíamos que estábamos preparados para cualquier resistencia de su parte, y aunque nos advirtieron que nuestro enfoque podía no funcionar al principio, todos mis sentimientos de no ser una madre adecuada y de que él es un mocoso mimado se hicieron presentes. Creo que perdí el control y le dije que estaba haciendo miserable nuestra vida. Ya podrán imaginarse que nada bueno salió de eso".

Walt dijo: "Yo sólo me senté ahí, frustrado. Daniel comenzó a llorar y nos dijo que no lo queríamos. Le dije que sí lo amábamos, pero que estábamos enojados por su conducta. No creo que haya comprendido la diferencia".

Les dijimos a los Berkshire que esperábamos que las sugerencias hechas en el consultorio funcionaran cuando fueran puestas en práctica en el "mundo real". Aceptamos que probablemente deberíamos haber dedicado más tiempo de la sesión anterior para anticipar qué decir o hacer si Daniel no se mostraba cooperativo. Después, les aseguramos que aun cuando se sintieran tan decepcionados y frustrados, no era demasiado tarde para intentarlo de nuevo.

Lisa suspiró: "¿Qué podemos perder?"

Animamos a los Berkshire a pensar cuál podría haber sido una respuesta más adecuada después de que Daniel los culpara por todos los problemas en la casa. A veces lo mejor es responder de una manera impredecible para que los niños cambien sus respuestas recurrentes. "¿Qué quieren decir?", preguntó Lisa.

Les señalamos que cuando ella y Walter responden con enojo y frustración, es precisamente lo que Daniel espera. La próxima vez quizá podrían decir: "Estamos contentos de que puedas decirnos cómo te sientes". Básicamente esta respuesta haría un reconocimiento a los comentarios de Daniel. Reconocer no significaba necesariamente estar de acuerdo con las opiniones de su hijo, sino que estaban tratando de comprender lo que él decía. Walt preguntó: "¿Cuál sería el siguiente paso?"

Podían decirle a Daniel que sabían que había cosas que podían hacer de forma diferente, pero que también sentían que había otras en las que él podía cambiar, de manera que los tres pudieran llevarse mejor. Les aconsejamos que no se preocuparan si les respondía que los únicos que debían cambiar eran ellos. En ese caso, simplemente debían contestar que ellos harían cambios, pero que era importante que Daniel ayudara.

Lisa comentó: "Espero que Walt y yo no nos veamos como niños si les preguntamos qué debemos hacer o decir en situaciones específicas, pero a veces realmente nos sentimos perdidos sobre qué hacer y entonces echamos todo a perder".

Les aseguramos que nosotros no pensábamos que estuvieran actuando como niños en absoluto. Cuando aprendemos a cambiar nuestro guión de costumbre, siempre ayuda tener sugerencias concretas sobre los contenidos del nuevo. Sin embargo, como generalmente lo hacemos con los padres, recordamos a los Berkshire que el nuevo guión que estábamos sugiriendo era más un bosquejo que les diera una idea de qué decir. Las verdaderas palabras que utilizarán dependerían de la situación y de la forma de responder del niño.

Ya fuera que Daniel se responsabilizara o no de su comportamiento, Walt y Lisa podían hacerle saber que, en el futuro, si le decían que no podían darle algo no iban a cambiar de parecer. Podían hacerle saber que cuando se lo dijeran, lo harían después de haber pensado muy bien su decisión. Debían insistir en que Daniel decidiría cómo comportarse. Él podía continuar haciendo berrinches y tener menos tiempo para divertirse con ellos o podía dejar de hacer berrinches, dejando más tiempo para divertirse. Enfatizamos que Walt y Lisa debían utilizar la palabra *elección*, para que así Daniel comenzara a reconocer que tiene varias opciones y más control de la situación.

Lisa dijo: "Suena tan fácil cuando lo dicen ustedes".

Sonriendo, Walt añadió: "Tal vez podemos grabar un casete sobre los beneficios de que Daniel sea más cooperativo y ponérselo cuando esté durmiendo. Tal vez le llegue el mensaje subliminalmente".

Nos reímos y comentamos que si hacer eso funcionara, la paternidad sería mucho más fácil.

Los Berkshire entraron a la sesión siguiente de mucho mejor humor. Nos comentaron que cuando iniciaron una conversación con Daniel sobre sus lloriqueos y su comportamiento, él recurrió a culparlos. Sin embargo, permanecieron tranquilos y utilizaron el nuevo guión que habíamos revisado en las sesiones anteriores.

Lisa dijo: "De hecho, Daniel pareció extrañado. Estaba esperando nuestra típica respuesta y no estaba seguro de qué decir cuando reaccionamos de una manera distinta. Comenzó a culparnos más fuerte. Creo que estaba probando nuestra determinación. Por primera vez no mordimos el anzuelo y se fue. Al día siguiente volvimos a abordar el tema. De nuevo nos echó la culpa, y tampoco mordimos el anzuelo. Se fue, pero mientras caminaba le dijimos que tenía dos opciones: podía hablar con nosotros más tarde ese mismo día o al día siguiente. Hicimos hincapié en la palabra *opciones*". Los felicitamos por su cuidadosa determinación.

Lisa continuó: "Y para nuestra sorpresa regresó a los pocos minutos. Y todavía más para nuestra sorpresa tuvimos una interesante conversación".

Walt añadió: "Creo que por lo que nos sentimos tan bien es que fue una de las primeras veces en que experimentamos tener una dirección y un propósito. Aun si Daniel no hubiera sido tan cooperativo, de todas formas me sentiría mejor".

Reforzamos el comentario de Walt diciéndole que entendíamos cómo se sentía. Le explicamos que quien tiende a ser optimista y se sobrepone a los problemas tiene un sentido de control personal. La gente con capacidad para sobreponerse se concentra en aquello sobre lo que tiene injerencia y tiene la voluntad de cambiar guiones que no funcionan por otros que sí. Comentamos que este tipo de concentración es lo que parece haber experimentado Walt con Daniel. Del mismo modo, una de las metas de los Berkshire con respecto a Daniel era ayudarlo a darse cuenta de que en la vida hay opciones. Tanto nosotros como sus padres queríamos que Daniel aprendiera a resolver problemas y tomar mejores decisiones. Queríamos que desarrollara autodisciplina.

Durante las siguientes semanas, los Berkshire continuaron sus conversaciones con Daniel, haciendo hincapié en las opciones que él tenía y en ayudarlo a apreciar que podía ganar más si era cooperativo que si hacía berrinches. Los padres fueron consecuentes. Preguntaron a Daniel qué le ayudaría a recordar no hacer berrinches y ser más cooperativo cuando se le pidieran ciertas cosas. Primero respondió que no lo sabía. Dado que los papás sabían lo mucho que a él le gustaban los juegos de computadora, le ofrecieron un incentivo. Había un límite sobre el tiempo que podía pasar a diario jugando con la computadora. Le propusieron que si no hacía berrinches durante el día y hacía toda su tarea, como recompensa podría escoger entre 10 y 15 minutos de tiempo extra para jugar con la computadora.

Walt se rió y dijo: "¿Se sorprenderían si les digo que Daniel preguntó si podía tener 30 minutos extra? Nosotros simplemente le dijimos que era su elección, pero que podían ser 10 o 15 minutos. Entonces comenzó a lloriquear, pero fue capaz de contenerse y eligió 15 minutos".

Lisa intervino: "Sólo quiero confirmar lo que dijo Walt en una de las sesiones anteriores. Al igual que él, yo también me sentí mejor porque finalmente tenía un sentido de dirección con Daniel. Sé que habrá baches en el camino y que no siempre va a cooperar, pero espero que nosotros seamos más consecuentes. Y estoy de acuerdo con algo que mencionaron varias veces durante estas últimas semanas y que es muy importante: nuestro nuevo enfoque ayudará a Daniel a ser más disciplinado".

Seguimos trabajando con los Berkshire durante los siguientes 18 meses, pero conforme sus experiencias mejoraron espaciamos las sesiones semanales a dos veces al mes y luego a una. Aunque hubo algunos momentos difíciles con Daniel, fueron menos frecuentes e intensos que antes. Los Berkshire realmente habían transformado sus técnicas disciplinarias en un estilo autoritativo.

HABILIDADES PARA RESOLVER PROBLEMAS: UNA BASE PARA LA AUTODISCIPLINA

Cuando las estrategias disciplinarias están enraizadas y refuerzan las habilidades para resolver problemas, fortalecen la autodisciplina en los niños y les proporciona una sensación de control personal en su vida. Por estas razones, los padres necesitan estar seguros de que su forma de disciplinar fortalece la capacidad de su hijo para resolver problemas.

CAPÍTULO 5

DEMUESTRE A SU HIJO QUE ES COMPETENTE

*

Como señalamos en capítulos anteriores, si los niños van a desarrollar autodisciplina, deben responder por sus acciones, que también incluye sus logros, y por ello los padres pueden ayudar a sus hijos a reconocer esta parte.

LA FAMILIA TAUNTON: "UN NIÑO SIN FELICIDAD"

Luke y Meredith Taunton nos contactaron para tratar un asunto sobre Jeremy, su hijo de 10 años, por recomendación del consejero escolar. Durante nuestra llamada telefónica inicial con los Taunton, nos informaron que Jeremy estaba batallando con sus trabajos de la escuela, sobre todo con la lectura, tenía arranques de enojo con facilidad y molestaba a niños más pequeños. Concertamos una cita con los padres y nos pidieron que habláramos con el consejero escolar, quien nos podía dar una idea más completa de lo que ocurría en la escuela.

En una conversación telefónica, el consejero dijo: "Jeremy parece estar enojado todo el tiempo y con frecuencia parece triste. También hemos visto que cuando le va bien en alguna materia o deporte y sus maestros lo felicitan, él minimiza o desecha estos cumplidos rápidamente". Le pedimos al consejero que nos explicara de qué manera minimizaba Jeremy los cumplidos.

"Algunas veces no dice nada, ni siquiera 'gracias', y se va. A veces dice que tuvo suerte o que no era para tanto. Un par de veces, enojado, le ha pedido al maestro que no le diga nada. Cuando hemos hablado sobre Jeremy en nuestras reuniones nos hemos preguntado por qué rechaza inmediatamente nuestras felicitaciones". Le preguntamos si alguna persona de su equipo había aventurado alguna explicación. "Algunas pero, para ser honesto, no estamos muy seguros. Algunos maestros piensan que Jeremy no cree merecer estímulos positivos y que no somos honestos con él cuando lo felicitamos. Otros miembros del equipo creen que tal vez Jeremy siente que le estamos tendiendo una trampa o que lo estamos manipulando para que trabaje más. Cualquiera que sea la razón, es frustrante cuando intentas hacerle un cumplido o darle un estímulo positivo y él lo rechaza". Preguntamos al consejero sobre los arranques de enojo de Jeremy.

"Parecen surgir cuando está teniendo problemas académicos, sobre todo en la clase de lectura. De hecho, ha llegado a salir del salón diciendo: '¡Esto es una estupidez!' En algunas ocasiones ha tirado su libro al piso".

Preguntamos si la maestra había encontrado algún método eficaz para manejar estos arranques.

"Hasta cierto punto. Ella le ha dicho en varias ocasiones que muchos niños necesitan ayuda en ciertos momentos, y que en lugar de arrojar cosas o de salir corriendo del salón, debe buscar que lo auxilien. Algunas veces él lo ha hecho; pero otras sólo manifiesta su enojo. Por lo regular, cuando arroja cosas o sale del salón, el director o yo hablamos con él tranquilamente y lo ayudamos a calmarse. Eso parece dar resultado, al menos por un rato".

El consejero añadió: "Otro problema es que molesta a niños más pequeños durante el recreo. Casi siempre se limita a decirles cosas, pero ya ha llegado a empujar y tirar al piso a otros niños. Cuando ha utilizado la fuerza física hemos contactado a sus padres de inmediato. Sé que ustedes ya han hablado brevemente con ellos y que tienen una cita para verlos. Me parece que deben saber que estamos preocupados porque quizá castigan excesivamente a Jeremy. Él tiene una hermana de ocho años, Lucille, quien una vez le dijo a la maestra que sus padres le gritaban mucho a su hermano y a veces le pegaban cuando decía cosas malas. La maestra asumió que Lucille se lo contaba porque los gritos y los golpes la perturbaban. Cuando su maestra me habló de esto discutimos si debía o no contactar a los padres. Yo creía que debíamos hacerlo dadas las preocupaciones por Jeremy, así como la angustia notoria de Lucille. La maestra habló con Lucille, y al principio pidió que no contactáramos a sus padres. Sin embargo, la maestra manejó las cosas bien y le explicó que sólo estábamos intentando ayudar a sus papás a encontrar mejores formas para tratar a Jeremy. Así, que la maestra y yo tuvimos una reunión con los Taunton".

Preguntamos al consejero cuál había sido la reacción de los padres a lo que Lucille había dicho.

"Básicamente nos dijeron que Lucille es una niña sensible. No negaron que algunas veces le habían gritado o dado nalgadas a Jeremy, pero el padre dijo: 'Jeremy obtuvo su merecido. Debe aprender a comportarse bien'. Cuando ofrecí que tuviéramos un par de sesiones para dar seguimiento al asunto y discutir con ellos diferentes formas de reaccionar con Jeremy, no estuvieron interesados".

Preguntamos por qué creía que los padres estaban siguiendo su recomendación de llamarnos.

"No estoy seguro. Durante la reunión, la maestra y yo hicimos hincapié en nuestras preocupaciones sobre Jeremy. Les dije que a veces los padres prefieren ver a alguien que está fuera de la escuela en lugar del consejero escolar para pedir una opinión. Parecieron estar más de acuerdo con ver a alguien externo. También estaban más que dispuestos a que yo les comentara mis preocupaciones a ustedes. El padre dijo que incluso podía contarles lo que Lucille le había dicho a su maestra sobre la disciplina que utilizaban con Jeremy".

Agradecimos sus comentarios y le informamos que estaríamos en contacto nuevamente con él después de nuestra sesión con los padres de Jeremy.

Cuando nos reunimos con Luke y Meredith Taunton, les hicimos saber que habíamos hablado con el consejero de la escuela. Meredith preguntó: "¿Qué les dijo?"

Al principio, resumimos algunas preocupaciones del consejero con respecto al comportamiento de Jeremy en la escuela, incluyendo sus arranques, que molestara a niños más pequeños y su dificultad para aceptar comentarios positivos. Antes de que pudiéramos continuar, Luke interrumpió: "¿Comentó algo sobre nuestra forma de inculcar disciplina?"

Respondimos que sí lo había hecho.

"¿Qué dijo?"

Dado que los Taunton le habían dado permiso al consejero de hablar sobre los comentarios de Lucille a su maestra, no tuvimos problema en contarles lo que el consejero nos había dicho al respecto: que le gritaban mucho a Jeremy y le pegaban. También mencionamos el comentario de que creían que su hija era muy sensible y que le daban a Jeremy su merecido.

Un poco a la defensiva, Meredith dijo: "Jeremy es un niño difícil. Debemos ser muy firmes con él. A veces parece responder sólo si alzamos la voz o le damos nalgadas. Para ser honestos, aunque no lo dijeron, pensamos que la maestra y el consejero de la escuela interpretaron los comentarios de Lucille como si estuviéramos siendo duros y hasta abusivos con Jeremy. Nos gustaría saber lo que piensan ustedes".

Les explicamos que uno de los temas que tratamos frecuentemente con los padres es el método más efectivo para disciplinar a los niños. Añadiendo que teníamos planeado discutir el tema con Luke y Meredith, explicamos que nos sería más fácil dar una opinión después de haber conocido un poco más sobre Jeremy y la familia Taunton.

Luke dijo: "Tiene sentido". Entonces comenzaron a contarnos sobre Jeremy. Nos dijeron que desde muy chico, siempre había sido muy difícil de calmar y de mantener satisfecho, y se frustraba a menudo. Cuando Jeremy estaba en preescolar, la forma principal de disciplinarlo era sentarlo en una silla por cierto tiempo. Desafortunadamente, esto no funcionaba porque se ponía de pie y se iba antes de cumplir con el tiempo establecido. Luke nos explicó: "Era en esos momentos cuando le dábamos nalgadas; se ponía a llorar, pero luego se quedaba en la silla hasta calmarse".

Meredith añadió: "Pero no se le pegaba". Le pedimos que fuera más clara.

Entonces ella respondió: "Nuestro castigo no se le pegaba. No parecía aprender con eso. Volvía al mismo comportamiento. Me sentía frustrada y comencé a levantar mucho más la voz y algunas veces a darle nalgadas".

Le recordamos que había dicho que este enfoque no parecía haberle dado resultado.

Luke dijo: "Creo que darle nalgadas funcionó mejor que otras cosas".

Decidimos cambiar el tema de las nalgadas y hablar de su preocupación sobre el hecho de que Jeremy se enojaba con facilidad. Preguntamos qué tipo de cosas lo hacían sentirse frustrado.

Meredith dijo: "Lo que más me brinca es que eso pasa cuando las cosas no salen como él quisiera. Recuerdo muy claramente que cuando era pequeño y apenas caminaba y trataba de armar cosas con cubos de plástico, si se caían se enojaba y comenzaba a arrojarlos por todo el cuarto. Y cuando le decíamos que no tocara algo, como una toma de corriente eléctrica, también se enojaba y se ponía a gritar o arrojaba cosas".

Luke intervino: "Creo que los problemas empeoraron cuando entró a la escuela, especialmente cuando estaba aprendiendo a leer. Como ya hemos dicho, él ha tenido y sigue teniendo dificultades con la lectura. En la escuela le hicieron una evaluación cuando entró a primer año, y encontraron que tenía problemas con la lectura; le han dado ayuda extra, pero no estoy segura de que le haya hecho mucho bien. En el segundo año comenzamos a recibir informes de que tiraba su libro al piso y tenía arranques de enojo".

Después de hablar por unos cuantos minutos más sobre las dificultades de Jeremy en la escuela y su problema de conducta, sugerimos dar un giro al asunto por un rato. Les dijimos que percibíamos que sólo habíamos escuchado algunos de los problemas de Jeremy; ahora queríamos saber de lo que le gustaba hacer y aquello en lo que sus padres pensaban que era bueno.

La respuesta de Luke fue interesante: "Creo que es importante separar las cosas que hace bien de las que le producen placer. Ustedes acaban de tocar un tema que ha sido muy frustrante para Meredith y para mí durante años. Jeremy es muy bueno en varias cosas. Es bueno en sus clases de arte y también en los deportes, especialmente en el futbol y el béisbol. Sin embargo minimiza sus logros. Probablemente su consejero ya se los dijo". Ambos asentimos.

Luke continuó: "Sé que algunos chicos pueden ser modestos y tener dificultad para aceptar cumplidos. Jeremy va más allá de eso. No es sólo que no acepte cumplidos, sino parece no creerlos. O tal vez no siente merecerlos. Ustedes pensarían, con todos sus problemas, que estaría ávido de escuchar un cumplido, que lo haría sentirse feliz, pero no es el caso de Jeremy". Entonces Luke hizo un comentario inolvidable: "Jeremy es un niño sin felicidad". Le pedimos que profundizara en eso.

"Así es como lo vemos Meredith y yo. No parece sentirse feliz por ninguno de sus logros, aun cuando piensa que debería. Justamente el otro día en un juego de futbol, hizo un gran movimiento para darle la vuelta a un defensa y metió un gol. Después del partido le dije que había hecho un gran movimiento y que había metido un gran gol. En lugar de decir 'gracias' o de demostrar alguna felicidad, ¿saben cómo respondió? 'Tuve suerte. El defensa no era muy bueno y se resbaló cuando pasé cerca de él'". Después de una pausa, Luke continuó: "Me molesté mucho y creo que tal vez dije cosas que no debía, pero pienso que Jeremy debe escuchar la verdad". Le pedimos que nos repitiera lo que le había dicho a su hijo.

"Le dije: '¿De qué hablas? La finta que le hiciste al defensa fue buenísima, y si se resbaló fue precisamente por cómo lo fintaste. Tienes una actitud pésima. Aun cuando metes un gol no puedes simplemente sentirte bien y darte crédito por lo que hiciste. Es mejor que despiertes y cambies o vas a sentirte miserable el resto de tu vida. Si vas a continuar con esta actitud tal vez no deberías seguir jugando. Ninguno de los otros niños van a querer jugar contigo'". Le pedimos a Luke que describiera la reacción de Jeremy.

"Me insultó y me dijo que no me preocupaba por él. Le dije que sí me preocupaba, pero que no me interesaba su actitud negativa, que estaba haciendo miserables a todos en la familia y lo castigué sin salir por un mes. Eso le daría tiempo para pensar en su pésima actitud".

Conforme Luke nos contaba lo que le había dicho a su hijo se hicieron obvios su frustración y enojo hacia Jeremy. Desafortunadamente, su reacción estaba contribuyendo, en lugar de aminorar, en la manera negativa de Jeremy de ver la vida. Como lo señalamos en el Capítulo 3, los niños con una mentalidad de sobreponerse a los problemas experimentan un sentido de control sobre su vida. Uno de los elementos de este sentido de control es que se dan el crédito por sus logros de forma realista. Si los niños (o los adultos) rechazan constantemente sus logros, si los interpretan como productos del azar o de la casualidad (o como "el defensa no es muy bueno y se resbala"), entonces son menos dados a sentir confianza en logros futuros. Son menos propensos a tener una actitud de sobreponerse a los problemas. Castigar a los niños por esta actitud no va a mejorar su perspectiva, sino que tal vez refuerce el sentimiento de no merecer sus logros.

¿QUIÉN RECIBE EL CRÉDITO Y A QUIÉN LE ECHAMOS LA CULPA?

Para entender el tipo de mentalidad que tienen Jeremy y muchos otros niños, los terapeutas utilizan una teoría que puede darle dirección a los padres para reformar una mentalidad y un comportamiento contraproducentes. Una manera que ayuda a comprender esta teoría es pensar en dos experiencias que haya vivido: una que resultó en un logro; y otra, en un fracaso. Por cada experiencia intente identificar los factores que, en su opinión, contribuyeron a estos resultados. Luego note hasta qué punto cree que incidió en cada resultado.

Desde que somos niños muy pequeños enfrentamos varias tareas y situaciones que resultan en logros o contratiempos. Con frecuencia, sin darnos cuenta nos damos explicaciones a nosotros mismos sobre estos distintos resultados; por ejemplo: "Soy fuerte" o "El maestro fue injusto". Los investigadores han descubierto que el tipo de explicaciones que utilizamos están ligadas fuertemente a la autoestima y a la capacidad de las personas de sobreponerse a los problemas. Sus observaciones sientan las bases de la *teoría de las atribuciones*, presentada originalmente por el psicólogo Bernard Weiner y ampliada después por el psicólogo Martin Seligman y sus colegas, en el estudio que realizaron sobre optimismo y pesimismo.

La teoría de las atribuciones se centra en aquellos factores a los que atribuimos nuestros logros o fracasos; esto es, a quién o a qué le damos el crédito cuando tenemos algún logro y a quién o a qué culpamos cuando nos equivocamos. En este capítulo vamos a analizar un lado de esta teoría: las implicaciones que tiene la manera en que damos el crédito de nuestros logros en la vida. En el próximo capítulo consideraremos lo que la teoría de las atribuciones nos enseña sobre la forma en que la gente maneja sus errores.

Como ya hemos señalado, los niños con mentalidad de sobreponerse a los problemas tienen un sentido de control de su vida y creen (con razón) que son los dueños de su destino. Comparten la idea de que lo que pasa en su vida depende mucho de sus propias elecciones y decisiones. Perciben que los logros están enraizados en sus esfuerzos y habilidades. Las investigaciones sobre la teoría de las atribuciones apoya esta dinámica. Por ejemplo, cuando los niños con alta autoestima aprenden a andar en bicicleta, obtienen buenas calificaciones en la escuela, meten un gol o tocan particularmente bien en un concierto, casi siempre reconocen la ayuda y la participación de los adultos, pero piensan que ellos mismos tienen influencia en determinar resultados positivos. Asumen el crédito que les corresponde por sus logros de forma realista.

> Los niños con mentalidad de sobreponerse a los problemas perciben que los logros están enraizados en sus esfuerzos y habilidades.

La imagen es muy diferente en aquellos con baja autoestima y falta de confianza en sí mismos. Niños como Jeremy no alcanzan a experimentar el éxito en situaciones que otros interpretarían como un logro. Como resultado de su temperamento, de los comentarios negativos que han recibido, de las expectativas no realistas o las prácticas disciplinarias ineficaces, con rapidez minimizan sus logros atribuyendo el resultado a la suerte o la casualidad; esto es, a factores fuera de su control. Cuando este tipo de mentalidad domina el pensamiento de los niños, son más vulnerables a dudar sobre sí mismos y son menos propensos a manejar los contratiempos con eficacia. En cambio, recurren a estrategias para enfrentar los problemas los cuales empeoran su situación, como evitar o abandonar una tarea.

BUSQUE ISLAS DE COMPETENCIA

La teoría de las atribuciones proporciona a los padres guías muy valiosas para disciplinar a sus hijos. No sólo sugiere estrategias específicas para manejar el comportamiento negativo, como veremos en el próximo capítulo, sino que también recuerda que hay que diferenciar la disciplina del castigo. Recuerde que, dos de las mejores formas para una disciplina eficaz son darle ánimos y hacerle comentarios positivos al niño, así como concentrarse en la prevención más que en la forma de reaccionar.

En esta etapa los padres deben utilizar un enfoque preventivo que consiste en dar ánimos y en reforzar las cualidades de los niños; lo que llamamos "islas de competencia". Mientras más se involucran en actividades en las que emplean sus fortalezas, menos tiempo tienen para generar un comportamiento contraproducente y mostrarán menor interés en involucrarse en él. También es importante mencionar que las palabras y los comentarios específicos de los padres cuando estén reforzando las islas de competencia de sus hijos, darán forma a las atribuciones de logros y méritos que los niños aprenderán y llevarán siempre consigo.

> Mientras más se involucran los niños en actividades en las que emplean sus fortalezas, menos tiempo tienen para generar un comportamiento contraproducente y mostrarán menor interés en involucrarse en él.

Muchos padres han demostrado que es cierto que concentrarse en construir y fomentar las fortalezas de los niños previene comportamientos negativos. Por ejemplo, hace muchos años una madre nos habló de su hijo, quien estaba teniendo muchos problemas de aprendizaje y depresión, además de problemas en la escuela. Ella asistió a una de nuestras presentaciones y cuando nos escuchó hablar sobre las islas de competencia reconoció que había "castigado" a su hijo por "mal comportamiento en la escuela" quitándole las actividades que le gustaba hacer al niño después de la escuela.

Como nos recuerdan sus palabras, es posible que ciertas estrategias de los padres para disciplinar y motivar a los niños y adolescentes castigan, sin que ésta sea la intención, a niños que están sufriendo, más que ayudarlos a desarrollar autoestima y dignidad. Acertadamente, esta mamá no sólo dejó de quitarle la oportunidad de realizar ciertas actividades a su hijo, sino que lo animó a involucrarse en cosas que él disfrutaba y le aportaban algo positivo, como esquiar.

Tiempo después nos escribió para informarnos que había cambiado su mentalidad y comportamiento de un enfoque centrado en el castigo, a uno en que animaba a su hijo a comprometerse en una de sus islas de competencia (esquiar) con un resultado maravilloso: "Gracias a ello alcanzó la quinta posición en la Patrulla Nacional de Esquí, que lo llevó a un interesante entrenamiento como técnico en medicina de emergencia y paramédico. Más adelante, todo esto se convirtió en formas en las que él experimentaba la sensación de lograr cosas. Ahora es estudiante de tercer año y tiene una autoestima maravillosa. La escuela sigue siendo un reto, pero las habilidades que aprendió para vivir le dieron experiencia para continuar en sus metas y perseverar. Éste es el tipo de experiencia que disfruto compartir con otros padres y maestros".

Una madre que escuchó una de nuestras conversaciones nos escribió después para contarnos sobre su hijo. Sus palabras reflejan la importancia de cambiar de una perspectiva negativa a una positiva:

Querido Dr. Brooks:

Tuve el placer de escucharlo en una conferencia en Florida alrededor de 1997. En ese entonces comenzaba a enfrentar la discapacidad de aprendizaje de mi hijo. Él no sólo luchó contra el déficit de atención, sino que además era daltónico y hablaba como si tuviera la boca llena de canicas, tratando de decir todo al mismo tiempo. Estuve entre la audiencia como participante de la escuela del distrito en la que trabajaba entonces. Me atrapó su conversación. Cuando habló de las "islas de competencia" me cautivó. Al salir del seminario regresé a casa con otra actitud sobre las cosas que mi hijo podría alcanzar, en lugar de pensar en lo que otros me habían dicho que serían los logros que tal vez alcanzaría: es decir, que a lo mucho alcanzaría el cuarto grado de primaria.

Si lo que usted hace no está teniendo un efecto positivo, entonces, ¿por qué seguir haciéndolo? La definición de "locura" es hacer lo mismo una y otra vez esperando resultados distintos. Debemos pensar desde fuera sobre el asunto. Lo primero que cambié fue mi perspectiva. Comencé a enfocarme en las ha-

bilidades de mi hijo en lugar de su discapacidad. En lugar de sumirme en la frustración, me puse de acuerdo con él y lo animé a estar preparado para las frustraciones, pero también para hacer las cosas lo mejor posible. En poco tiempo la actitud de estar listos para rendirnos fue sustituida por la de enfrentar las cosas contra viento y marea.

Le escribo ahora como la madre de un hombre. Es un hombre maravilloso, sorprendente, guapo y talentoso. Hay un aspecto humanista en su personalidad que no creo que tendría si no hubiera luchado y salido adelante a través de sus muy particulares dificultades de aprendizaje. Mi hijo obtuvo su certificado de preparatoria. También recibió el Premio Académico Presidencial por haber obtenido las notas más altas en su último año. ¡Ahora está por entrar a la universidad!

Nosotros pensamos que cambios como el de esta madre promueven, no sólo la dignidad y la autoestima, sino también un mejorado sentido de la responsabilidad y el control.

Noah: "Me gusta cocinar"

Cuando valoramos por primera vez a Noah, era un niño agradable de ocho años de edad con una fuerte discapacidad de aprendizaje. A pesar de las dificultades en la escuela, Noah tenía una gran sonrisa y una habilidad para relacionarse con niños y adultos por igual. Sus padres tenían posgrados y ambos juraron hacer todo lo posible para ayudar a su hijo a tener éxito en la escuela y graduarse de la universidad. Noah tenía otros dos hermanos que eran sobresalientes en la escuela. Año tras año, con una sonrisa, Noah pasaba muchas horas después de la escuela y durante el verano para alcanzar a sus compañeros de clase y mantener su nivel.

Nos reunimos con él cuando estaba en la secundaria y le preguntamos cómo le iba.

"Muy bien", respondió Noah, "pero la escuela se está haciendo más difícil. Quiero ir a la universidad como mis hermanos y mis padres, pero tengo miedo de fracasar".

Le preguntamos si había fracasado antes.

"No, pero en la universidad debes valerte por ti mismo; no hay clases especiales ni mamás que te vigilen".

Le describimos el tipo de servicios disponibles en las universidades para estudiantes con discapacidades. Se sintió aliviado. Durante una visita posterior hablamos con su consejero estudiantil sobre cómo encontrar la universidad adecuada para Noah. En su último año de preparatoria envió su solicitud y fue aceptado en una universidad liberal de arte, pequeña y privada.

En el otoño siguiente, Noah entró a la universidad con gran optimismo. Su madre nos llamó dos meses después y preguntó si podríamos completar y poner al día la asesoría cuando Noah volviera a casa para las vacaciones de Navidad. A pesar del apoyo académico, a Noah le estaba costando mucho trabajo mantener el ritmo de las clases. En todo lo demás se había ajustado muy bien a la escuela. Su consejero académico esperaba que encontráramos otras estrategias para ayudar al muchacho. Estuvimos de acuerdo en hacer una prueba, pero le dijimos a los padres que debíamos reunirnos con ellos y con Noah antes de la prueba. Estuvieron de acuerdo.

Seis semanas después, Noah y su madre vinieron a la cita. Su padre estaba fuera de la ciudad por un asunto de negocios, pero le envió su apoyo a su hijo por medio de un correo electrónico. En su mensaje él se preguntaba si la universidad era la opción adecuada para él.

Noah nos saludó con un apretón de manos y una gran sonrisa. Dijo: "Probablemente he presentado más pruebas en la vida que todos los chicos de mi escuela juntos, pero si ustedes piensan que hay alguna prueba que puede ayudarme a ser más exitoso en la universidad, la haré".

Primero le preguntamos por sus logros en la universidad. Había hecho un buen grupo de amigos, participado en deportes intramuros y disfrutaba sus clases. A pesar del duro trabajo estaba sacando sietes en las calificaciones. Añadió: "Sé que ustedes me dijeron años atrás que debo enfocarme en los esfuerzos y no en los resultados, pero la universidad es cara y siento que estoy defraudando a mis padres cuando saco un seis o un siete".

Le preguntamos a la madre de Noah si se sentía defraudada.

"Por supuesto que no", respondió tomando a su hijo de la mano, "sólo queremos que seas feliz y que disfrutes lo que haces".

Aprovechamos la iniciativa y preguntamos a Noah a qué quería dedicarse.

Noah lo pensó un momento y después respondió: "Me gusta cocinar".

Recordamos que Noah había preparado un pastel de chocolate para el personal de nuestro consultorio años atrás. Le preguntamos si le gustaba cocinar tanto como para estudiar gastronomía.

"Creo que sí, pero siento que estaría defraudando a mi familia si no estudio en una universidad".

Como lo esperábamos, la madre habló: "Si quieres ser un chef, entonces eso es lo que debes hacer. Tu padre y yo te queremos y vamos a apoyarte".

Se le quitó un gran peso de encima. En lugar de comenzar a hacer la prueba pasamos el resto de la sesión explorando programas de gastronomía en colegios de la zona. Noah decidió no volver a la universidad de arte, aun cuando esta decisión implicaba no volver a ver a sus amigos. El siguiente semestre comenzó a tomar clases de gastronomía en un colegio cercano, hizo su solicitud de estudiante de tiempo completo y fue aceptado. En este programa Noah sobresalió. No volvimos a saber de él hasta varios años después, cuando recibimos una carta y un recorte de periódico de su madre, quien escribió: "Ustedes cambiaron la vida de mi hijo, nuestras vidas. Noah se graduó en el programa de gastronomía y consiguió un trabajo en San Francisco. Cambió de trabajo varias veces, cada vez subiendo de puesto. Mejor aún, ama lo que hace. Noah se cambió a Saint Louis el año pasado cuando recibió la invitación de un inversionista para poner su propio restaurante que este año fue considerado el mejor en San Louis. Gracias".

Pocas semanas después recibimos una postal de Noah con la imagen de su restaurante.

Aprenda y valore los puntos fuertes de su hijo

Estos ejemplos marcan la importancia de identificar y reforzar las islas de competencia de sus hijos. He aquí un típico ejercicio que le recomendamos siempre a los padres: haga una lista de por lo menos tres islas de competencia de su hijo. Al lado de cada punto de la lista escriba la manera en que ofrece cumplidos y refuerza estas islas.

Desafortunadamente, hemos trabajado con muchos padres que no valoran los puntos fuertes de su hijo. Esta actitud a menudo refuerza el comportamiento negativo del niño. Por ejemplo, en una familia los padres apoyan los logros atléticos pero tienen un hijo que prefiere el arte. En otra, los padres valoran los logros académicos mientras que su hija adolescente está batallando con la escuela, pero disfruta y es exitosa al trabajar en una tienda de mascotas cuidando animales.

Para ayudar a los padres a ser más conscientes cuando no valoran los puntos fuertes de su hijo, les pedimos que hagan una lista de lo que quisieran que fueran los puntos fuertes de sus hijos. Después les pedimos que comparen esa lista con la que ellos ven que en realidad son los puntos fuertes de sus hijos. Entonces preguntamos: "¿Qué tan cerca está lo que percibe como fortaleza en su hijo de lo que usted desearía que fuera?"

En la mayoría de los casos hay diferencias entre ambas listas. Si éstas son pequeñas, los padres pueden hacer más fácilmente los ajustes adecuados en sus expectativas. Si las diferencias son notables, el niño está muy consciente de la decepción de los padres cuando no cumple con las expectativas. Los niños también reconocen cuando sus padres ven sus logros como no importantes o irrelevantes. En un caso así, las relaciones entre padres e hijos se dañan, y los niños se llenan de enojo y tristeza. Se dan las condiciones para que se comporten de manera que inviten a los padres a utilizar castigos cada vez mayores. Entonces las familias sufren un ciclo negativo de enojo y apariencias, seguido de una disciplina muy dura.

> A través de nuestros escritos hemos enfatizado que los padres deben aprender a aceptar a sus hijos por quienes son, no por lo que quisieran que fueran.

A través de nuestros escritos hemos enfatizado que los padres deben aprender a aceptar a sus hijos por quienes son, no por lo que quisieran que fueran. Hemos trabajado con muchas familias en las que los temas relacionados con la disciplina de los niños tenían como raíz, en parte, la incapacidad de los padres de sentir y expresar alegría en los intereses y logros de sus hijos.

La familia Breem: sorprendidos por un "gen cantante"

Lilly y Paul Breem son un ejemplo de padres que pudieron ajustar sus expectativas con respecto a sus dos hijos y, al hacerlo, demostrar que la disciplina funciona mejor cuando está dentro de una relación amorosa y de aceptación. Ambos padres habían crecido como estudiantes y estrellas de atletismo. Esperaban que sus dos hijos siguieran sus pasos y obtuvieran logros en las mismas áreas. Cuando nos reunimos con los Breem, Lilly dijo riéndose: "Nuestros hijos vinieron de un gran banco de genes que parecían destinados a producir grandes estudiantes y atletas. Quizá debí revisar los genes de Paul antes de decidirnos a tener hijos".

Sonriendo, Paul respondió: "Normalmente eso es lo que yo digo, pero creo que debimos haber revisado la línea genética de Lilly".

Nos explicaron que su hijo de catorce años, Phillip, mostró las mismas islas de competencia que ellos. Sus logros encajaron con las expectativas de sus padres. Sin embargo, la historia fue diferente con Wade, su hijo de 12 años. Sus calificaciones a lo mucho eran las del promedio y demostraba poco interés y capacidad en los deportes, aunque le gustaba participar en la liga juvenil de béisbol de la zona. Al principio Paul y Lilly se sintieron sorprendidos e incluso decepcionados, ya que Wade estaba tomando un camino distinto al de ellos o al que su hijo Phillip seguía en esos momentos.

Cuando los sueños que los padres tienen para los hijos no se realizan, muchos de estos padres utilizan guiones negativos. Sin embargo, y hay que darles el crédito por ello, los Breem mostraron la valentía y la fuerza interior para cambiar su perspectiva. Consideraron los intereses de Wade, que resultaron estar en el terreno del canto y la actuación. Buscaron información sobre las clases que podía tomar para aprender más sobre actuación y mejorar sus habilidades. También lo animaron a que tomara clases de canto, mismas que aceptó con mucho gusto.

Lilly lo decía en broma: "No sabemos muy bien de dónde vinieron los genes cantantes de Wade, ya que todos en mi familia y en la de Paul son desafinados".

Esta historia de aceptación y focalización en los puntos fuertes fue todavía más lejos. Los Breem no insistieron en las calificaciones menos que ejemplares de Wade, aunque sí manifestaron con claridad que esperaban que hiciera todas sus tareas y que se preparara para la escuela. Mostraron que disfrutaban con sus habilidades para el canto y grabaron varias de sus canciones para enviárselas a sus abuelos maternos y paternos. Asistían a sus obras de teatro y, así como le expresaban a Phillip lo orgullosos que estaban por sus logros académicos y deportivos, le hacían saber a Wade lo orgullosos que estaban por sus logros musicales. Le daban reconocimiento las muchas horas que practicaba y ensayaba. Por medio de sus palabras reforzaban el sentimiento de responsabilidad y pertenencia de los logros de su hijo.

Wade realmente disfrutaba y se sentía responsable de sus logros; tal vez no estaban en las áreas que los Breem habían esperado originalmente, pero fueron capaces de reconocer tempranamente en la vida de sus hijos que cada uno era diferente y que cada uno podría obtener logros y alegrías con el apoyo de los padres en sus respectivas áreas de interés y especialidad.

La familia White: un "vergonzoso" amor por la jardinería

Cuando los padres no logran ajustar sus expectativas y ofrecer cumplidos a las islas de competencia de sus hijos, suelen surgir los problemas disciplinarios. Los padres deben aprender que las mejores técnicas disciplinarias preventivas son: apreciar, alimentar y equipar las inclinaciones y fortalezas naturales de los niños. Cuando los niños no son identificados por sus puntos fuertes, muy pronto se hacen notar por su mal comportamiento, ya que su enojo y resentimiento crecen.

> Los padres deben aprender que las mejores técnicas disciplinarias preventivas son: apreciar, alimentar y equipar las inclinaciones y fortalezas naturales de los niños.

En nuestra experiencia médica encontramos un ejemplo gráfico de la falta de aceptación de las islas de competencia de un niño cuando conocimos a Page y Mitchell White, y a George, su hijo de 13 años. Nos enviaron a George porque incendió un bote de basura en la escuela. Desde luego, provocar incendios es algo muy serio, pero en este caso se trataba de un incendio muy "controlado". George había encontrado un cuarto vacío en la escuela, encendió un pedazo de papel y lo metió con cuidado en un bote basura para que se consumiera. Dejó la puerta del salón abierta, para que se descubriera lo que había hecho. Dados los detalles del caso, el incidente parecía más una llamada de auxilio, que un intento de incendiar la escuela.

Page y Mitchell describieron a George como alguien tímido y dijeron que tendía a ser muy solitario, tenía pocos amigos y apenas estaba pasando las calificaciones. George tenía dificultades en las habilidades finas y en las motrices, así que no estaba interesado en los deportes. Leer y escribir eran una batalla para él. Por el contrario, Linda, la hermana de George, de 16 años, tenía muy buen temperamento, excelentes habilidades para relacionarse con las personas y muchos amigos. Era una estrella del atletismo y sus calificaciones eran de primera.

Cuando conocimos a los White no sólo era evidente que se sentían enojados con George y que estaban decepcionados, sino que también habían iniciado una dinámica de "buen hijo-mal hijo", similar a lo que vimos en el capítulo anterior con la familia Wilkins y sus dos hijas, Melanie y Patty. Por cada descripción negativa que hacían de George, había una descripción positiva y amorosa de Linda. Constantemente parecían exclamar: "¿Por qué George no puede ser como Linda?"

En una de nuestras sesiones le pedimos a los White que describieran sus propias vidas de niños y adultos. No resultó sorprendente que sus experiencias de vida y estilos de personalidad resonaban en el guión que Linda estaba manifestando en todos los aspectos de su vida.

Mitchell dijo: "Yo estaba en dos equipos en la preparatoria y aún así encontraba tiempo para mis estudios. George no hace nada extra y de todas maneras no puede encontrar tiempo suficiente para terminar con sus tareas de la escuela".

Paige contó una historia similar, enfatizando que había participado en varias actividades fuera de la escuela. "Un año fui la presidenta del grupo en la preparatoria. Aunque tenía muchas responsabilidades adicionales, no sólo encontré tiempo para la escuela, sino que también formé parte de una hermandad y trabajé medio tiempo. George fue despedido después de una semana del único trabajo de medio tiempo que ha tenido porque llegó tarde todos los días".

"Si George quisiera, podría cambiar completamente su vida", observó Mitchell con obvia frustración.

Era evidente que los White tenían dificultades para entender los retos que George enfrentaba, aunque tiempo atrás el psicólogo había revisado sus problemas de aprendizaje, motrices y sociales. Cuando hablamos de lo que el psicólogo de la escuela les había dicho al respecto, Paige y Mitchell recordaron muchos de los detalles de la discusión. Sin embargo, la interpretación que hacían de esos problemas era que a pesar de ellos, él podía tener éxito "si quisiera".

Mitchell comentó: "George es flojo y siempre lo ha sido. Nunca asume sus responsabilidades. Culpa a los demás por sus defectos".

Como hacemos en nuestras sesiones con los padres, queríamos cambiar la conversación de los problemas de George hacia lo que los padres veían como puntos fuertes en su hijo.

Tras explicarles que hemos encontrado que es de mucha ayuda escuchar las fortalezas de los niños, pedimos a los padres que nos hablaran de lo que George hacía bien.

Los White se encogieron de hombros y percibimos cierta incomodidad mientras se miraban el uno al otro. Cambiamos nuestra pregunta y les pedimos información sobre lo que a George le gustaba hacer; qué era aquello que prefería hacer su hijo más que cualquier otra cosa.

Casi siempre, cuando pedimos a los padres que nos digan lo que perciben como los puntos fuertes de sus hijos, pueden hacerlo sin dudarlo. Aunque nos consultan sobre las dificultades de sus hijos, normalmente están ansiosos por hablar de sus fortalezas. En una ocasión un padre dijo: "Me alegra que me preguntaran sobre los intereses y los puntos fuertes de mi hija. Es más fácil cuando vienes de otra consulta con el psicólogo en la que hablamos solamente de sus problemas. Aunque yo sé que mi hija está teniendo problemas en la escuela y con sus amigos, y que con frecuencia dice que es una perdedora, es importante que nosotros no olvidemos que tiene muchas cualidades".

Sin embargo, los White no respondieron ansiosos nuestra pregunta sobre los puntos fuertes de George. En cambio, volvieron a mirarse con incomodidad. Entonces Mitchell dijo algo poco común: "Nos avergüenza un poco decirlo. Simplemente pensamos que un muchacho de 13 años no debería pasar tanto tiempo en este tipo de actividad".

Interpretamos la incomodidad de Mitchell como una indicación de que se refería a algún tipo de comportamiento antisocial. Afortunadamente, no era el caso. Más bien, su renuencia a describir la isla de competencia de su hijo reflejaba la dificultad que tenían para aceptar los intereses y el temperamento de George. Mitchell dijo finalmente: "Le gusta la jardinería y cuidar plantas. No habría problema con eso si le fuera bien en la escuela y se involucrara en otras actividades. ¿Cómo puede estar tan interesado en las plantas un niño de 13 años?"

Les dijimos que era evidente lo molestos que estaban y que nos alegraba que compartieran con nosotros sus sentimientos sobre las actividades de George. Sin embargo, les hicimos saber que el interés de su hijo por la horticultura no era tan raro como pensaban. Sugerimos que encontraran algunas formas de unirse a él en estas actividades para poder ayudarlo a manejar otras áreas de su vida con mejores resultados.

En lugar de encontrar los errores en las formas de reaccionar con su hijo, tratamos de ayudarles a entender cómo su mentalidad los estaba atrapando en un guión negativo que, aun cuando no fuera su intención, estaba propiciando que George fingiera sus intereses. Estaban cegados por la imagen de un niño "ideal", que George no estaba cerca de cumplir. Al mismo tiempo les resultaba fácil aceptar y estar orgullosos de Linda porque su temperamento y conducta eran como los de ellos.

En nuestras sesiones con los White les ayudamos a entender sus expectativas irreales para George, la fuente de las mismas, y la frustración y el enojo que estas esperanzas no cumplidas habían provocado. Su enojo estaba expresado en las palabras que utilizaban al disciplinar a George, las cuales contribuían al enojo y los sentimientos de fracaso del chico. Nosotros interpretamos el acto de prender fuego en la escuela como una expresión de enojo de George, y al mismo tiempo como un llamado de reconocimiento y ayuda. Hicimos hincapié en el cuidado que tuvo para encender el fuego dentro del bote de basura para que no se saliera de control.

La decepción de los White hacia George estaba muy afianzada. Aun cuando podían hacer una lista de los problemas sociales y de aprendizaje de su hijo, constantemente volvían a la idea de que su hijo podría mejorar "si quisiera". Al principio tuvieron dificultades para reconocer que George quería desesperadamente ser aceptado por ellos, pero sabía que su amor y aceptación eran condicionados; estaban basados en que cumpliera con las expectativas que tenían de él, pero que no era capaz de cumplir.

Sin embargo, hay que reconocerlo, los White continuaron con las sesiones y poco a poco comenzaron a aceptar las fortalezas de George. Mitchell llegó a pedirle que le enseñara cómo cuidar cierta planta que se había llevado a su oficina. Tiempo después le comentó a George que la planta estaba "feliz" en la oficina gracias a sus consejos sobre cómo cuidarla. Compartir información positiva como ésta, así como mensajes de ánimo por parte de los padres, llevó a Paige y a Mitchell a mejorar su relación con George y su enojo desapareció.

Todos los jóvenes están hambrientos de palabras de aprobación y de aceptación por parte de sus padres. Esas palabras son una fuerza importante de disciplina, más que los castigos y los comentarios negativos.

OTÓRGUELE CRÉDITO POR SUS LOGROS

Los padres tienen muchas oportunidades de dar forma a las atribuciones de sus hijos con respecto a sus logros. Los niños con mentalidad de sobreponerse a los problemas se dan a sí mismos el crédito de sus logros cuando corresponde a la realidad. Un principio-guía es que los padres deben ofrecer experiencias y comentarios que muestren a los niños que son participantes activos en su vida; especialmente, que sus logros dependen en mucho de sus propios esfuerzos y talentos.

Manny Spillane sabía esto. Este padre se adelantó a la primera nevada del invierno con gran entusiasmo. Cuando se había acumulado suficiente nieve salió con sus hijos de la casa para que construyeran el "muñeco de nieve de la familia". Era un deleite observar a los niños trabajar con su padre. Con mucha habilidad los involucró para hacer las distintas partes del muñeco y les preguntó qué podían usar como nariz y ojos. Su felicidad era notable, especialmente cuando colocó un signo frente al muñeco que decía: "Nuestro muñeco te da la bienvenida al hogar de los Spillane". Cuando los vecinos pasaban, él les decía de forma natural: "Miren el maravilloso trabajo que hicieron mis hijos". Las muestras paternales de apoyo y ánimo de Manny no se limitaban al invierno y a las nevadas. En primavera sembraba semillas con ellos, y cuando las plantas florecían felicitaba a los chicos por el gran trabajo que habían hecho.

Aunque algunos cuestionan por qué consideramos estos gestos de apreciación, aparentemente pequeños, como formas de disciplina, en efecto califican como prácticas disciplinarias. Debemos alejarnos de aquellas definiciones de disciplina que en realidad son definiciones de castigo. Más bien se trata de un proceso de enseñanza y los niños aprenden de mejor manera en una atmósfera en la que sus logros y éxitos son apreciados. Cuando los padres comunican a sus hijos que en su interior está la habilidad para encontrar formas de obtener logros y resolver problemas, a los niños les resulta más fácil incorporar y utilizar este ingrediente integral de una mentalidad con capacidad de sobreponerse a los problemas.

Como lo demostró Manny Spillane, los padres tienen muchas oportunidades de transmitir estos mensajes positivos a sus hijos. Desde luego debemos evitar echarle demasiadas flores a nuestros hijos por cualquier cosa que hagan, ya que los halagos perderían sentido. Aún así hay muchas situaciones en las que podemos decir: "Buen trabajo", "Eso lo resolviste por ti mismo", "Perseveraste y lograste tu objetivo" o "Sé que te ayudé un poco, pero la mayor parte del crédito es tuya". Estos y otros comentarios similares refuerzan un sentido de pertenencia de los logros, que siempre debe ser una meta de disciplina dentro de un modelo con bases sólidas.

Los Taunton: aprendiendo a elogiar

En nuestra primera reunión con Luke y Meredith Taunton, pensamos que sería útil mantener más sesiones con ellos antes de incluir a Jeremy y tal vez a Lucille. Queríamos evaluar la habilidad de los padres para modificar su mentalidad y estilo de disciplina. Les dijimos que queríamos comentar posibles estrategias que podrían utilizar para ayudar a Jeremy a manejar su frustración y enojo, y a aceptar y apreciar sus logros.

En nuestra segunda sesión nos dimos cuenta de cuán frustrante podía ser Jeremy para sus padres. Describimos los diferentes temperamentos con que nacen los niños y les hicimos notar que la descripción que habían hecho de Jeremy nos hacía pensar que el niño había venido al mundo con un estilo "difícil".

Enfatizamos que algunos niños pueden representar un reto tan grande que parecería que necesitan un estilo de disciplina más estricto. Otros niños, como Lucille (según la descripción de sus padres), simplemente parecen saber lo que se espera de ellos y entonces hacen caso a las peticiones. Invitan a un mayor intercambio de comentarios positivos. Normalmente entablan una relación más relajada con los padres y disfrutan pasar tiempo juntos.

Retomamos ahora cuando Luke intervino: "Estoy de acuerdo, pero aun cuando hemos tratado de elogiar a Jeremy, él rechaza lo que le queremos decir. Después de un rato, Meredith y yo pensamos: '¿Para qué molestarnos en decirle algo positivo? De hecho, eso parece enojar más a Jeremy, lo cual nos enoja más a nosotros, ya que rechaza nuestros comentarios positivos'. Espero haber sido claro".

Le aseguramos a Luke que lo había sido. Luego invitamos a ambos a pensar en dos problemas importantes: cómo podían comenzar un intercambio de ideas positivas con Jeremy de una manera en la que él se mostrara menos propenso a rechazarlas, y cómo podían lograr que él comenzara a hacerse responsable de su comportamiento, con mejores resultados que los que habían obtenido hasta ahora. Describimos lo que pensábamos que había reforzado la idea de que nuestra meta, al igual que la suya, era ayudar a Jeremy a ser más responsable de sus actos, y al mismo tiempo sugerimos que se necesitaba un nuevo enfoque para lograrlo.

Meredith preguntó: "¿Piensan que hemos sido muy duros con Jeremy? Seguramente que las personas de la escuela lo creen, sobre todo después de lo que les dijo Lucille".

Expresamos nuestra comprensión de la frustración que sentían los Taunton, pero enfatizamos que lo que habían estado haciendo no estaba funcionando. Mientras que deseaban una relación más cercana con Jeremy, gritar y dar nalgadas sólo estaba poniendo un obstáculo entre ellos y su hijo. Asimismo, como habían comentado los padres, el comportamiento de Jeremy tampoco estaba mejorando.

Luke contestó: "Pero después de que gritamos o le damos una nalgada sí parece mejorar".

Le recordamos que la mejoría era sólo temporal. Gritarle o darle nalgadas tal vez podía sobresaltar a Jeremy, quizá asustarlo, pero no producía beneficios a largo plazo. Además, parecía estar afectando a su hija, Lucille. Luke preguntó: "¿Qué sugieren entonces?"

Propusimos dos ideas principales. La primera era que los padres tomaran un enfoque más sistemático que resaltara las fortalezas de Jeremy. Les advertimos que esto tomaría tiempo. Para empezar, Jeremy debía aprender que sus arranques y las groserías hacia sus padres eran inaceptables.

Antes de que pudiéramos continuar, Luke interrumpió: "Se lo hemos dicho cientos de veces, pero él simplemente no escucha. Por eso terminamos gritándole".

Aceptamos que los padres le habían dicho a Jeremy cientos de veces que sus arranques y groserías eran inaceptables. Agregamos que compartíamos la meta de Luke y Meredith de terminar con este tipo de comportamiento, les explicamos que la diferencia ahora era nuestra idea para alcanzar mejor esa meta. Identificar las metas que tenemos en común con los padres es una manera importante para invitarlos a colaborar con nosotros cuando intentamos nuevas estrategias.

Luke se disculpó por haber interrumpido y expresamos que entendíamos su frustración.

Meredith dijo: "Nos sentimos *muy* frustrados". Se le llenaron los ojos de lágrimas mientras se quejaba: "No puedo hablar por Luke, pero he sentido que con Jeremy he fallado como madre. Lo único que me hace sentir mejor es cuando pienso en lo fácil que ha sido con Lucille. Tal vez sí he hecho algo bien".

Luke respondió: "Yo no siento que hayamos fallado realmente con Jeremy. Pienso que hemos hecho lo que hemos podido, y que él debe comenzar a crecer".

Le dijimos a los Taunton que cuando los niños muestran algunas dificultades como las de Jeremy, los padres experimentan muchas emociones, incluyendo el desánimo (sentir que han fallado), frustración y enojo. Les explicamos que aunque es esencial que los padres reconozcan estos sentimientos, también era importante para Luke y Meredith buscar otras formas para tratar con Jeremy. Nuestra meta compartida era que Jeremy aprendiera a ser más responsable y también más alegre. De acuerdo con lo que los padres habían dicho, él parecía ser un niño sin felicidad.

Meredith confirmó esta idea. Volvimos a compartir nuestras sugerencias. Les dijimos nuevamente que era importante que Jeremy se diera cuenta de que sus groserías y arranques no eran aceptables y que tendrían ciertas consecuencias. Sin embargo, les dijimos que estas consecuencias deberían ser algo distinto a los gritos o las nalgadas. Recomendamos que hablaran con Jeremy y le dijeran que sabían que a veces se molestaba, pero que su forma de mostrarlo era inaceptable. Como un principio general podían decirle que cuando se comportara de esa manera perdería algún privilegio o algo que le gustaba hacer. Les dejamos a los padres decidir qué consecuencia sería, pero les aconsejamos que presentaran estas ideas en palabras, enfatizando que su comportamiento tendría consecuencias y que no sería algo arbitrario por parte de los padres.

Luke preguntó: "¿Cómo hacemos eso? Cada vez que castigamos a Jeremy, inmediatamente nos acusa de ser injustos, y a menudo nos echa en cara que queremos más a Lucille. Le decimos que lo amamos, pero que es más fácil estar con Lucille porque ella no hace berrinches y no es grosera".

Respondimos que aunque tomaría un tiempo que Jeremy cambiara su perspectiva era importante intentarlo. Sugerimos que comenzaran por usar ciertas palabras. Cuando los Taunton le dijeran a Jeremy que sus arranques y algunas de las cosas que decía eran inaceptables deberían informarle de lo que iba a perder, enfatizando: "Es tu elección. Si actúas de este modo vas a perder tal privilegio. Tú eres quien realmente está escogiendo perderlo porque pensamos que puedes comenzar a aprender mejores formas de manejar tu enojo".

Meredith sonrió y dijo: "Estoy sonriendo porque cuando lo dicen de esta forma suena muy razonable y lógico, pero sigo preguntándome si va a funcionar con Jeremy".

Ya que sonreía, le respondimos bromeando que no esperábamos que Jeremy les dijera: "Gracias por su nuevo enfoque; me ayudará a ver la luz y cambiar mi comportamiento". Más bien estábamos invitándolos a observar si tenía alguna reacción amable. Advertimos a los Taunton que cuando los padres cambian su forma común de responder a los niños, su comportamiento puede empeorar por un tiempo porque están probando la decisión y la firmeza de los padres. Pero añadimos que, en nuestra experiencia cuando los niños se dan cuenta de que los padres están determinados a no rendirse, lentamente comienzan a cambiar su conducta.

Antes de continuar con una conversación sobre las posibles consecuencias para Jeremy, cambiamos de tema hacia nuestra segunda estrategia importante, orientada a ayudarlo a aceptar de mejor forma los halagos y sentirse mejor consigo mismo. Les dijimos que este cambio sería más fácil para Jeremy si sentía que sus padres eran menos castigadores y más justos con él: ayudarlo a apreciar que sus fortalezas irían de la mano con la manera en que Luke y Meredith manejarían sus arranques y otras conductas negativas.

Luke nos recordó: "Como ya lo hemos dicho, parece que Jeremy tiene un reflejo hacia nuestros halagos. El consejero dijo que pasa lo mismo en la escuela".

Respondimos que hemos trabajado con niños cuyas respuestas a los cumplidos son similares a las de Jeremy. A veces parece más sencillo no hacerles ningún cumplido, ya que cada comentario positivo parece provocar una respuesta negativa. Pero si merecen el cumplido y dudamos en dárselo, nuestra falta de reacción refuerza una perspectiva negativa. Por esa razón nos concentramos en encontrar una manera en que los padres puedan ofrecer cumplidos a sus hijos sin provocar un rechazo o minimización inmediatos de su parte. En el caso de Jeremy contemplamos esta meta con la siguiente pregunta: ¿cómo podemos decir y hacer cosas de modo que Jeremy comience a experimentar un poco de alegría y a sentir el cumplido? Lo planteamos con base en nuestra idea de que los niños contentos son menos propensos a enojarse y a actuar negativamente.

Meredith dijo: "Si pudiéramos cambiar la perspectiva pesimista que Jeremy tiene de sí mismo, sería maravilloso. Sé que hemos comparado a Jeremy con Lucille y probablemente eso no es justo, pero resulta tan agradable hacerle un cumplido a Lucille y ver la sonrisa en su cara".

Estuvimos de acuerdo en que se siente muy bien cuando nuestros hijos responden a nuestros comentarios positivos con una sonrisa o un "gracias", y recordamos a Meredith que ésta era una de nuestras metas con Jeremy. Aunque él nunca se hubiera mostrado tan entusiasta en su respuesta como otros niños, incluyendo su hermana, creíamos que él podía aprender a estar más contento con sus logros.

Ahora que habíamos puesto las bases para ofrecer estrategias específicas, compartimos una de nuestras ideas favoritas: preparar a Jeremy para el cumplido. Hablamos de un par de formas para hacerlo. La primera era que los Taunton comentarían a Jeremy que tenían algo que decirle, pero que querían que él les dijera si no estaba de acuerdo. Luego los padres podían ofrecer un comentario positivo sobre algo que hubiera hecho Jeremy. Luke comentó: "Pero ya sabemos que no va a estar de acuerdo".

Coincidimos en que probablemente así sería, pero preguntarle si no estaba de acuerdo con algo que creían que podría estar en desacuerdo —por extraño que parezca— de hecho disminuiría su reacción automática y estaría menos a la defensiva. Este tipo de pregunta les permitiría a Luke y a Meredith entablar una plática con su hijo sobre aquello en que no estaban de acuerdo. En general, cuando los niños no están de acuerdo, como casi siempre pasa, aconsejamos a los padres que digan lo siguiente: "Me alegro de que digas cómo te sientes, pero nosotros tenemos una perspectiva distinta de las cosas. Vamos a hablar de esto". En ese momento, los padres pueden realizar otra de nuestras estrategias favoritas.

Tras escuchar que teníamos otra estrategia, Luke preguntó: "¿Cuál es?"

Respondimos que, en lugar de enojarnos con nuestros hijos y sermonearlos sobre cómo no nos aprecian, podemos decirles: "Me siento un poco atrapado. Yo creo que hiciste un muy buen trabajo y quiero decírtelo, pero creo que cuando intente hacerte un comentario positivo inmediatamente vas a estar en desacuerdo. Me pregunto si hay alguna manera en que te haga un cumplido sin que rápidamente me digas que no estás de acuerdo". Añadimos, a modo de precaución, que si los Taunton decidían decir algo así, no deberían esperar a que Jeremy les diera una respuesta. Lo más probable es que dijera: "No sé. Dejen de molestarme". El objetivo central era presentar una pregunta importante y preparar el terreno para que en el futuro hubiera una conversación. Al hacer esto los padres deben evitar no reconocer los sentimientos. Por ejemplo, si le dicen a un niño triste que no hay razón para sentirse así, el niño no va a escuchar. Nunca hemos conocido a alguien —niño o adulto— a quien le guste que le digan cómo se debe sentir o responder a un comentario positivo.

Luke dijo: "Simplemente no puedo entender por qué a Jeremy no le gusta que alguien le diga algo positivo".

Coincidimos en que su reacción era extraña y dijimos que esperábamos que las razones se aclararan más adelante. Sin embargo, agregamos que, aun antes de que él y Meredith encontraran esas razones, podían comenzar a cambiar la manera en que normalmente interactuaban con él. Les compartimos el comentario de uno de nuestros pacientes adolescentes: "No puedes obligarme a que me trague los cumplidos".

Meredith exclamó: "¿De verdad dijo eso un adolescente?"

Le aseguramos que era un comentario genuino y añadimos que en ese caso los padres utilizaron las mismas estrategias que les habíamos sugerido para cambiar la mentalidad de Jeremy.

Aunque especialmente Luke tenía dudas sobre el resultado que tendría seguir nuestras recomendaciones, reconoció que el enfoque que él y su esposa habían seguido por años era ineficaz y contribuía a la tensión en casa. Ambos se dieron cuenta de que era necesario realizar cambios, y que antes de esperar a que Jeremy cambiara debían analizar las cosas que podían hacer de distinta manera. Hablamos de que tomar la iniciativa para modificar su enfoque no era una señal de rendición (una preocupación que había externado Luke), sino mostraba que tenían el valor de hacer cambios para alcanzar el tono adecuado que le permitiera a Jeremy tomar mayor responsabilidad y hacerse cargo de su vida.

Vamos a continuar nuestro viaje terapéutico con los Taunton en el Capítulo 9. Ese proceso incluyó sesiones particulares con Jeremy y Lucille, además de las sesiones familiares. Como se verá, las intervenciones que sugerimos a los padres para ayudarles a poner consecuencias ante el comportamiento inaceptable de Jeremy, fueron hechas de una manera que le permitiría al chico aprender de la disciplina de sus padres más que resentirla. Dentro de las guías que hicieron esto posible estaba la de no castigar a Jeremy por sentirse triste o por tener dificultad al recibir comentarios positivos. Algo muy importante al respecto era que queríamos que los Taunton aprendieran formas de comunicarse con Jeremy para que no rechazara los cumplidos de inmediato, sino que tuviera conciencia de sus logros a partir de lo expresado por sus padres, maestros y otras personas. Si esto pasaba, estábamos seguros, su actitud negativa y comportamiento depresivo cambiarían lentamente.

LA ALEGRÍA DE CONSTRUIR
SOBRE ISLAS DE COMPETENCIA

Cuando nos sentimos frustrados por los actos de nuestros hijos, con frecuencia nos quedamos atrapados en un guión negativo de disciplina que provoca un enfoque castigador y mantiene el enojo y la frustración entre los miembros de la familia. Por el contrario, si la disciplina debe promover mayor responsabilidad, las palabras y los actos de los padres y de otros adultos que inculcan la disciplina deben subrayar la idea del niño de que sus logros están basados en sus propios recursos y esfuerzos. Cuando los niños aprecian lo que han logrado y se involucran en actividades que los hace sentir más alegres (sus islas de competencia) tienen menos tiempo para adoptar comportamientos inaceptables que los alejan de los demás.

CAPÍTULO 6

ENSEÑE A SU HIJO CÓMO REACCIONAR ANTE LOS ERRORES

*

Como señalamos en el capítulo anterior, no todos los niños experimentan los logros de la misma manera. Algunos, como Jeremy Taunton, reaccionan con negación e incomodidad ante los logros y elogios subsecuentes, más que con alegría y emoción. Del mismo modo, las reacciones ante los errores también varían entre los niños y los padres. Estas reacciones están influenciadas por el estilo disciplinario de los padres.

Cuando evaluamos a los niños, preguntamos a los padres cómo responde su hijo cuando comete un error o cuando algo no va bien. Hemos encontrado que una de las formas más eficaces para evaluar la autoestima y la presencia de una mentalidad con capacidad de sobreponerse a los problemas es revisar la manera en que los niños perciben y enfrentan los contratiempos que son naturales a lo largo del crecimiento. Como veremos, quienes aprenden a manejar los errores de diferentes maneras muestran distintos niveles de autodisciplina.

¿CÓMO RESPONDEN LOS NIÑOS A LOS ERRORES?

Veamos el caso de dos niñas de 11 años de edad, Mia y Charlotte. Ambas reprobaron su examen de matemáticas. Mia fue a ver a su maestra y le dijo: "Realmente estoy teniendo problemas con las matemáticas, pero creo que puedo aprender algunas de las cosas que no entiendo bien. Solamente necesito más ayuda". Por el contrario, Charlotte se dijo a sí misma: "Yo podría ser una buena estudiante de matemáticas, pero la maestra no sabe enseñar y nos hace exámenes estúpidos. No sé cómo pueden permitirle dar clases".

Las dos niñas jugaban en un equipo juvenil de básquetbol, donde ambas fallaron algunos encestes y tiros libres durante algunos juegos. Mia se acercó al entrenador y le dijo: "No sé qué sucede. Sé que puedo tirar mejor. Tal vez no estoy colocando bien las manos al tirar. Si se da cuenta de algo así dígamelo por favor y seguiré practicando". Pero Charlotte dijo al entrenador: "Creo que hay algo raro con los balones de básquetbol que hemos estado usando en estas últimas semanas. Además, me han hecho muchas faltas y los árbitros no las están marcando. Yo podría ser una de las mejores jugadoras si los árbitros hicieran mejor su trabajo".

En respuesta a las dificultades de Mia con las matemáticas y el básquetbol, sus padres le dijeron: "Sabemos que estás teniendo algunos problemas en este momento, pero pensamos que las cosas pueden mejorar con la ayuda que nosotros, tu entrenador y tu maestra podamos darte. Todo mundo tiene malas rachas, hasta los atletas profesionales".

La reacción de los padres de Charlotte fue más negativa. Después de un partido de básquetbol que jugó el mismo día que reprobó un examen de matemáticas, su padre le gritó: "Siempre te rindes y pones pretextos. Ni siquiera intentas hacer las cosas". Charlotte respondió: "Sí lo intento. La maestra no sabe enseñar y los árbitros son pésimos". Su padre respondió: "Ahí vas otra vez. Siempre culpando a los demás. ¡Tal vez deberías aceptar que no eres buena en matemáticas o en el básquetbol!" Charlotte, a su vez, le gritó: "¡Siempre me echas la culpa a mí! ¡Te odio!" Su padre entonces le dijo: "No quiero saber más. Estás castigada sin salir el mes próximo. ¡Más te vale aprender a hablarme bien!"

Los comentarios de los padres de Mia promovieron una actitud saludable ante los errores y las dificultades. Aunque el padre de Charlotte tenía razón sobre la incapacidad de su hija para asumir la responsabilidad frente a sus errores, la manera en que se acercó e intentó disciplinarla contribuyeron a que ella se pusiera más a la defensiva y enojada, y fuera menos capaz de manejar los errores. Así como las formas paternales de disciplina pueden afectar considerablemente en la comprensión de los logros por parte de los niños, las prácticas disciplinarias también tienen un fuerte impacto en la manera en que los jóvenes interpretan sus errores y contratiempos.

Algunos podrían comentar que los padres de Mia y de Charlotte reaccionaron como lo hicieron porque las dos niñas tenían perspectivas y comportamientos muy distintos. Por ejemplo, si tiene un hijo con una actitud positiva es más fácil responderle de una forma positiva. Es cierto, ese pensamiento es correcto pero como padres influenciamos la manera en que nuestros hijos conforman su visión de los errores y podemos ayudar a los niños más negativos por naturaleza (dado el temperamento con que nacieron) a adoptar una perspectiva más positiva frente a los obstáculos y errores.

> Como padres influenciamos la manera en que nuestros hijos conforman su visión de los errores y de esa manera podemos ayudar a los niños más negativos por naturaleza (dado el temperamento con que nacieron) a adoptar una perspectiva más positiva frente a los obstáculos y errores.

¿A QUIÉN SE CULPA DE LOS ERRORES?

Como vimos en el Capítulo 5, la teoría de las atribuciones nos ayuda a comprender cómo la gente asume o no sus logros; esto también se aplica a la forma en que las personas culpan a otro por sus errores. Al aplicar esta teoría a las mentalidades contrastantes de Mia y Charlotte resulta obvio que, sobre todo si la meta es realista y alcanzable, Mia atribuye los errores a factores que pueden ser modificados, como hacer un mayor esfuerzo en una situación particular o utilizar estrategias más productivas. Los niños como Mia perciben a los padres y otros adultos (por ejemplo, entrenadores y maestros) como personas que están para ayudarlos más que para acusarlos y castigarlos. Se sienten bien al pedir ayuda cuando es necesario. Cuentan con uno de los elementos más importantes de la mentalidad con autodisciplina y capacidad de sobreponerse a los problemas: creer que la adversidad puede conducir a un crecimiento, que las situaciones difíciles pueden ser vistas como retos más que como motivos de estrés a evitar, y que hay soluciones para los problemas.

Los niños con autodisciplina y capacidad de sobreponerse a los problemas perseveran en las tareas difíciles, tienen la fuerza interior y la valentía para reconocer cuando una tarea rebasa sus habilidades. Sin embargo, en tales momentos, más que sentirse rechazados o vencidos, estos niños permanecen optimistas y dirigen sus energías hacia otras tareas que están dentro de sus capacidades. También reconocen que los retos que en un momento parecen insuperables, en el futuro podrán no serlo. Un aire de realismo y esperanza domina su mentalidad y su vida.

Por el contrario, niños como Charlotte son incapaces de ver las oportunidades asociadas con los errores; los perciben como el resultado de factores que no pueden cambiarse fácilmente, como una falta de habilidad, baja inteligencia, interferencia externa o "injusticia". Su mentalidad carece de optimismo. En cambio, su perspectiva está dominada por lo que el psicólogo Martin Seligman ha llamado *desamparo aprendido*; es decir, la idea de que "sin importar lo que haga, de todas maneras nada bueno saldrá". Como los sentimientos de desamparo y desesperanza abundan en su vida, estos niños actúan tratando de evitar lo que perciben como un motivo de futura humillación. Son dados a culpar a otros, ponen pretextos o asumen el papel de bufón o peleonero. Con frecuencia se les acusa de no intentar las cosas y de falta de motivación. De hecho, se sienten bastante motivados para evitar una situación que creen que los llevará a un fracaso, aun con sus mejores esfuerzos. Tristemente, las mismas estrategias que utilizan para escapar a la posibilidad de cometer errores empeoran su condición, porque se alejan cada vez más de lograr ciertas metas. Además, con frecuencia sus acciones provocan reacciones disciplinarias negativas por parte de los padres, quienes se sienten frustrados.

La familia Rollins: "Nacido para renunciar"

Uno de los ejemplos más vívidos de la perspectiva negativa de un niño es una que hemos descrito en nuestros talleres. La situación de Ron, un niño de 10 años, ejemplifica la búsqueda de alivio de los niños, con frecuencia desesperada pero también auto-derrotista, cuando piensan que están destinados al fracaso. Los padres de Ron, Jordan y Carrie Rollins, nos consultaron a causa de los ataques de ira de Ron en la escuela y de su actitud negativa y hosca en la casa. Cada mañana, al entrar a la escuela, Ron golpeaba al primer niño que aparecía, sin importar quien fuera; simplemente le pegaba al primer niño que se encontrara a su paso. Lo enviaban de inmediato a la oficina del director, lo que derivó en varias suspensiones de la escuela. Cuando hablamos con el director aceptó que ya no sabía qué hacer para cambiar el comportamiento de Ron. Había considerado expulsarlo y tratar de encontrar un lugar alternativo para niños con problemas de conducta.

En nuestra reunión con los Rollins nos enteramos de que Ron tenía problemas de aprendizaje y atención, y que la escuela siempre había sido un reto para él. Ahora el problema era mayor porque estaba en quinto año y tenía más textos que escribir y con mayor frecuencia. La escuela no era un ambiente en el que Ron tomara fuerzas. Por el contrario, él la veía como un lugar donde sus puntos débiles se evidenciaban. El acto mismo de entrar a la escuela era estresante y por eso respondía intentando escapar.

Jordan y Carrie Rollins nos dijeron que Ron había estado sometido a tratamientos y cirugías por varios problemas médicos durante sus primeros cinco años de vida. Estos tratamientos comenzaron cuando Ron manifestó vómito a las cuatro semanas de nacido, después le colocaron tubos en los oídos y luego le operaron una hernia.

Aunque los cuidados médicos de Ron fueron excelentes, a menudo manifestaba ciertas preocupaciones por su cuerpo, el cual sentía que estaba defectuoso desde su nacimiento.

Los primeros minutos de nuestra sesión inicial con Ron fueron de los más inolvidables y conmovedores que hemos pasado con un niño. Ron entró con una expresión de enojo y tristeza al mismo tiempo; le dijimos que estábamos para ayudarle. Nos respondió enojado: "¿Por qué tratan de ayudarme?"

Le replicamos extrañados que por qué *no querríamos* ayudarlo.

Ron dijo intensamente: "Yo nací para renunciar. ¡Así me hizo Dios!"

Si vemos la declaración de Ron a la luz de la teoría de las atribuciones nos damos cuenta de lo fuertemente implantadas que estaban sus ideas sobre los errores y de cuán difícil sería modificar su percepción. Básicamente, Ron atribuía sus errores y renuncias a la voluntad de Dios. Una de las tareas más difíciles cuando se disciplina a un niño con comportamiento negativo es hacerlo de una manera que deje intacta su dignidad y que alimente su optimismo o capacidad de sobreponerse a los problemas, más que aumentar cualquier sentimiento de devaluación y pesimismo. Cuando los jóvenes atribuyen a Dios o al destino lo que perciben como fracasos, la tarea presenta retos especiales.

En nuestro trabajo con Ron, lo ayudamos a comprender las bases de su agresión hacia los otros niños. En una sesión muy reveladora, Ron observó astutamente: "Prefiero pegarle a un niño y que me manden a la dirección, que estar en un salón donde me siento estúpido". Mostramos empatía con esa carga, pero le dijimos que había otras formas de lidiar con el hecho de sentirse estúpido e incapaz de aprender.

A medida que los Rollins comenzaron a comprender las raíces de los arranques de Ron cambiaron de un estilo disciplinario autoritario de castigos, a uno más acorde con el enfoque autoritativo, el cual mantenía a Ron como responsable de sus actos. Se dieron cuenta de que él interpretaba sus cirugías como una muestra de que era "deforme" y que su cuerpo no funcionaba. Pidieron la ayuda del pediatra de Ron, quien sacó las radiografías que le habían tomado cuando lo operaron. Revisó con Ron las operaciones a las que había sido sometido y le mostró los rayos x. Le aseguró que ahora estaba bien y que debería estar orgulloso de todo lo que era capaz de hacer a pesar de sus problemas anteriores. Esta última declaración sirvió particularmente para reforzar una mentalidad con capacidad de sobreponerse.

Del mismo modo, revisamos las pruebas educativas y de inteligencia que le habían hecho, no sólo para señalarle a Ron sus áreas más débiles sino también para subrayar sus varios puntos fuertes. Hicimos hincapié en que todos los niños aprenden de manera distinta y que había estrategias que sus maestros podían utilizar para ayudarlo a aprender mejor.

A Ron le siguió costando trabajo aprender, pero con el ánimo y el apoyo de sus padres, pediatra y maestros, mejoraron su confianza y autoestima. Comenzó a darse cuenta de que los errores no eran un mandato de sus habilidades o inteligencia, sino oportunidades para aprender. En un cuento revelador que escribió en terapia, un animal que pensaba que había nacido para renunciar (obviamente una representación de sí mismo) de pronto se daba cuenta de que no era así. Al final del cuento, Ron le cambió al animal el nombre de

Renuncio al de Intento. Lo más importante, fue que sus ataques de ira terminaron. Comenzó a mostrar autodisciplina porque reconoció los beneficios de ir a clase y dejó de pensar que estaría mejor en la oficina del director.

ENSEÑANDO A LOS NIÑOS A APRENDER DE SUS ERRORES

En el capítulo anterior sugerimos acciones disciplinarias y palabras que ayudarían a los niños a reconocer sus puntos fuertes o islas de competencia y a darse el crédito de manera realista por sus logros. Del mismo modo, aplicar nuestra experiencia sobre las atribuciones les puede ayudar a enseñarles a sus hijos a sentirse mejor frente a los contratiempos y obstáculos. Esto es particularmente importante ya que, como hemos visto con Ron y otros jóvenes, muchos niños y adolescentes prefieren actuar agresivamente antes que parecer estúpidos ante los demás. Desafortunadamente, cuando lo hacen provocan la ira de los adultos, cuyas formas de disciplina se vuelven más duras y propensas al castigo.

Los padres deben preguntarse: "¿La manera en que disciplino a mis hijos refuerza el mensaje de que se puede aprender de los errores, o más bien de que se les castiga y humilla por cometerlos?" También, al ver el otro lado de la moneda, considere si su estilo disciplinario hace a sus hijos responsables de sus acciones de una manera realista, o rápidamente busca excusar o "rescatar" a sus hijos de los errores que han cometido. Hemos trabajado con un gran número de padres con dificultad para poner límites o que permiten que los niños caigan en situaciones que no los colocan en posiciones de seguridad. La intención de estos padres puede ser buena pero, como vamos a ver, les quitan a sus hijos la oportunidad de aprender cómo manejar las cosas difíciles y desarrollar la autodisciplina.

> Los padres deben preguntarse: "¿La manera en que disciplino a mis hijos refuerza el mensaje de que se puede aprender de los errores, o más bien de que se les castiga y humilla por cometerlos?"

El estilo disciplinario permisivo

Muchos de los ejemplos que hemos presentado hasta ahora muestran a padres autoritarios o que castigan, pero también nos gustaría mostrar la influencia de que los padres sean muy permisivos o sobreprotectores sobre el desarrollo psicológico de los hijos. Andi Hart, a quien describimos en el Capítulo 3, tenía dificultades para poner límites a su hija Katie, de 14 años. Katie no tenía hora de llegada y con frecuencia no llegaba a dormir. Se embarazó y tuvo un aborto. En terapia admitió con mucha honestidad y reflexión que si su madre hubiera intentado poner hora de llegada, "probablemente me habría rebelado contra ella con todo, pero al menos habría sabido que se preocupaba por mí". El estilo permisivo también puede dificultar mucho que los chicos se vuelvan más responsables y manejen los errores con eficacia, como en el ejemplo a continuación.

La familia Silver: "No quiero perder su amor"

Anita y Darin Silver eran los padres de Don, de ocho años; y de Meryl, de cinco. Se habían animado a consultarnos después de que lo sugirió el pediatra de los niños, ya que le contaron que tenían problemas para poner límites y disciplinar a sus hijos, especialmente a Don.

En nuestra primera sesión con Anita y Darin, nos narraron varios ejemplos en que sus hijos dictaban lo que se hacía en la familia; reflejaban su aparente incapacidad de poner límites o de lograr que sus hijos se responsabilizaran por su mal comportamiento.

Darin se veía exasperado mientras decía: "A veces creo que Anita y yo somos los niños y que Don y Meryl, los padres. Nos dicen qué hacer y nosotros obedecemos".

Pedimos a Anita y a Darin que nos dieran más ejemplos para darnos una idea de lo que pasaba en casa.

Darin respondió: "Hay muchos. Voy a empezar con la hora de dormir. Mandamos a dormir a Meryl a las siete y media, y a Don a las ocho en punto. Algunas veces Meryl se va a dormir de inmediato, pero otras no. Dice que no está cansada, sale de su cuarto y pide que juguemos con ella. Cada noche es una lucha con Don. Sale constantemente de su cuarto, dice que no está cansado e insiste en que juguemos con él. Cuando finalmente se va a dormir, la mayoría de las veces ya son las nueve y media, 10 o más tarde. Cuando se va a dormir tan tarde, casi siempre resulta muy difícil despertarlo en la mañana".

Preguntamos cómo habían tratado de responder a este problema.

Anita respondió: "Hablamos con la pediatra y nos dio lo que parecía un buen consejo. Sugirió que preguntáramos a los niños si querían algo de tomar o si necesitaban ir al baño, y que luego pasáramos 10 o 15 minutos leyéndole a cada uno. Entonces les decimos que al terminar la lectura se apagan las luces y deben quedarse en la cama. Nos recomendó que si se salían de la recámara y nos decían que no podían dormir o querían que les leyéramos otro libro, los tomáramos de la mano y los lleváramos de regreso a la cama. También nos dijo que podíamos llevar un sistema de poner estrellas en un corcho o pizarrón cada vez que se fueran a dormir a la hora que les tocaba; después podrían intercambiarlas por algún beneficio como permiso para quedarse despiertos una hora más tarde los viernes o sábados o ver treinta minutos más de televisión el fin de semana".

Les preguntamos cómo había funcionado esta idea.

Anita dijo: "No muy bien. Si salían de sus cuartos, nos costaba trabajo llevarlos de vuelta. Sobre todo Don podía pasarse hasta una hora negociando con nosotros los motivos por los que no debía irse a la cama. De hecho nos decía: 'Si me quisieran, no me harían ir a la cama'. Pronto Meryl comenzó a utilizar la misma frase". Preguntamos cómo habían manejado esta respuesta.

Anita dijo: "Les decíamos que los queríamos, pero debían irse a dormir. Cuando lo hacíamos, insistían en que no los queríamos y continuaban discutiendo. Es difícil de creer, pero pronto caíamos en la trampa de pasar una hora o más intentando convencerlos de que los amábamos. Es totalmente absurdo".

Darin intervino: "Y no es sólo a la hora de dormir. Otra cosa que me enoja es lo groseros que son para dirigirse a Anita y a mí. Si alguna vez yo le hubiera hablado a mis padres en la misma forma en que nuestros hijos nos hablan a nosotros, me habrían dado una buena nalgada. No puedo creer la falta de respeto que nos tienen. A veces pienso que nos tratan como a los sirvientes. Nos piden cosas y es como si las palabras *por favor* y *gracias* no existieran".

Preguntamos cómo reaccionaban él y Anita cuando sus hijos les pedían algo sin hacerlo con educación.

Darin respondió: "A veces hago lo que quieren porque sé que de todas maneras van a seguir molestando. Otras veces les pregunto: '¿Cómo se dice cuando me pides algo?', y entonces a lo mejor me dicen 'por favor' y 'gracias', pero es como si lo dijeran nada más para obtener lo que quieren".

Preguntamos si recordaba a los niños que dijeran "por favor" y "gracias" todo el tiempo.

Dijo: "Creo que deberíamos, pero a veces parece que no hay ninguna diferencia".

Anita añadió: "Pueden ser muy malagradecidos. A Don no le dejan mucha tarea, pero con frecuencia dice que no puede hacerla, así que terminamos haciéndola nosotros casi toda por él. Y no puedo creer lo que hice la semana pasada. Llegó enojado a la casa de regreso de la escuela porque había deletreado mal cinco palabras de diez en una actividad. La maestra ni siquiera pone una calificación o un signo de menos al lado de las palabras que estuvieron mal. Pone una palomita al lado de las respuestas correctas y le dice a los alumnos que si no hay una palomita significa que deben estudiar otra vez esa palabra. El caso es que Don me pidió que llamara a la maestra para decirle que él no se había sentido bien la noche anterior y que no había tenido mucha oportunidad para estudiar. Le dije que no era necesario, que la maestra sabe que a veces los niños cometen errores al deletrear las palabras, y que eso simplemente significa que tienen que estudiarlas de nuevo. También le dije que una de las razones por las que tuvo mal la mitad de las palabras no fue porque no se hubiera sentido bien sino porque había insistido en quedarse viendo televisión". Anita hizo una pausa.

Preguntamos si había llamado a la maestra.

"Odio tener que aceptarlo, pero Don se la pasó fastidiando tanto que eventualmente lo hice".

Primero le pedimos que nos dijera por qué había llamado si sentía que no era lo correcto, y luego preguntamos por la respuesta de la maestra.

Anita respondió: "Creo que hice la llamada porque pensé que sería más fácil llamar que seguir escuchando los reclamos de Don. Sé que no está bien".

Una forma de animar a los Silver a reflexionar sobre las posibles consecuencias de sus actos, fue preguntarles por qué no consideraban que había estado bien llamar a la maestra.

Darin manifestó el problema muy claramente: "Creo que cuando no somos firmes y no ponemos límites o consecuencias, Don y Meryl reciben el mensaje de que pueden hacer lo que quieran y que vamos a aceptar todas sus demandas".

Estuvimos de acuerdo y les preguntamos a los Silver qué creían que pasaría si continuaban dejando que los niños hicieran lo que querían y no les ponían límites.

Darin dijo: "La respuesta puede parecer obvia, pero yo creo que Anita y yo realmente tenemos que tener presente su pregunta. Si no ponemos límites a sus demandas y no hay consecuencias a sus groserías, tal vez van a crecer como personas poco responsables o cuidadosas y que creen merecer todo lo que quieren. También, volviendo a la llamada a la maestra, si seguimos haciendo ese tipo de cosas, quizá nuestros hijos no aprendan a manejar sus errores ni a hacerse responsables de sus actos".

Nos impresionó la claridad con que Darin describió las posibles consecuencias de continuar con un estilo disciplinario permisivo. Nos dio mucho gusto escuchar lo bien que comprendía lo que podía ocurrir a menos que él y su esposa comenzaran a cambiar la forma en que actuaban con Don y Meryl.

Darin comentó: "Creo que puedo entender bien que lo que Anita yo hacemos no ayuda mucho, pero tratar de cambiar es muy difícil".

Estuvimos de acuerdo en que un cambio así no sería fácil y les recomendamos que, mientras trabajáramos con ellos, todos debíamos tener en mente lo que ocurriría si no hacían los cambios.

Anita reflexionó: "Preguntaron hace rato lo que había dicho la maestra de Don cuando la llamé. Su actitud fue muy similar a la de ustedes. Fue amable, pero su mensaje fue firme, dijo que era importante no poner excusas para cubrir a Don, que no aprendería a hacerse cargo de sus actos si nosotros nos apresurábamos a justificarlo cada vez que cometía errores o hacía algo mal. También comentó algo interesante, aunque dijo que quizá era un poco duro para que Don o cualquier otro niño lo hiciera".

Preguntamos a qué se refería.

"Me sugirió que le pidiera a Don que, si había alguna razón que explicara los errores que había cometido en la prueba, debía ir y hablar directamente con la maestra. Ella me dijo que una de sus metas era que sus alumnos tomaran más responsabilidad de su propia educación, aun los pequeños como Don".

Dijimos a los Silver que nos gustaba la filosofía de la maestra y preguntamos a Anita si había sugerido a Don que hablara directamente con la maestra.

"Sí, pero de inmediato dijo que no lo haría y que yo debía hacer ese tipo de cosas. Le dije: 'En el futuro tú vas a hacerlo', y comenzó a gritar que yo no lo quería".

Comentamos que Don parecía acusar con frecuencia a sus padres de que no lo querían, y Anita estuvo de acuerdo. Darin escuchó con atención y luego dijo: "Sabía que no debí hacer lo que hice el otro día".

Preguntamos qué había recordado.

"Tenía que comprar un par de camisas para mí y Don quería venir conmigo a la tienda. Francamente creo que quería venir conmigo porque al lado de la tienda hay una juguetería. Le dije: 'Puedes venir, pero no vamos a entrar en la juguetería'. Dijo: 'Está bien'. Debí haberlo adivinado. Compré las camisas y cuando salíamos de la tienda, Don vio una guitarra en el aparador de la juguetería y comenzó a pedirme que se la comprara. Le dije que no podía tenerla. Insistió que la quería. Debí haber salido del centro comercial en ese momento, aunque fuera arrastrándolo".

Supusimos que no había hecho eso precisamente.

"Desafortunadamente, no. Comenzó a llorar y a decirme: 'Tú no me quieres'. Le dije que sí lo quería. Él dijo que no. Yo dije que sí. En fin… se pueden dar una idea".

Dadas las quejas que había manifestado antes Darin, no nos sorprendió su siguiente comentario: "Finalmente le compré la guitarra".

Reconocimos que puede ser muy frustrante cuando un niño nos ruega para que le compremos algo y nos acusa de no quererlo si no lo hacemos. Luego volvimos al tema de las consecuencias. Pedimos a Darin que identificara las consecuencias de haberle comprado una guitarra a su hijo. Preguntamos qué había aprendido Don y si la lección valía el precio de ceder a todas sus demandas. Explicamos que tratábamos de asegurarnos de que los Silver comprendieran que cuando hacíamos este tipo de preguntas no los criticábamos sino que buscábamos ayudarlos a encontrar formas más eficaces de disciplinar a sus hijos. Queríamos que los Silver supieran que no estábamos juzgando sino preparándonos para seguir adelante y hacer ciertos cambios.

Darin nos aseguró que lo entendía. Entonces dijo: "Las preguntas que nos hacen son importantes. Igual que Anita, creo que una de las razones por las que cedo a lo que Don me pide es que él, y en menor grado Meryl, pueden desgastarme. Pero hay otra razón. Debo admitir que cuando Don dice que no lo quiero, realmente me afecta. No estoy seguro por qué. Tal vez es porque nunca tuve una relación cercana con mi padre. Lo que sé es que no quiero perder su amor".

En esta sesión inicial con los Silver surgieron varias dinámicas paternales importantes. Eran padres bien intencionados cuyo estilo de disciplina iba en contra de proveer a Don y a Meryl de la capacidad de manejar los errores y contratiempos y de volverse más responsables, cuidadosos y autodisciplinados. Por el lado positivo, podían darse cuenta de las consecuencias negativas de su enfoque permisivo y sobreprotector. Por el lado negativo, tenían problemas para asumir una posición más autoritativa.

En las sesiones que siguieron revisamos varios puntos clave y hablamos de cambios específicos en su estilo paternal. Precisamos que una de las metas más importantes en la disciplina es promover en los niños la autodisciplina y una mentalidad con capacidad de sobreponerse a los problemas. Esto requería que los Silver pusieran límites adecuados y realistas, así como consecuencias, y que reforzaran todo constantemente. También les recordamos que era importante para los niños aprender que los contratiempos y errores son cosas que suceden en la vida, pero que en la mayoría de los casos se pueden beneficiar de estos errores.

Para manejar los ataques de ira de Don cuando no obtenía lo que quería, sugerimos que debían decirle (y también a Meryl si actuaba del mismo modo) que podía continuar llorando y gritando, pero no harían lo que él quería; si acaso, eso los haría moverlo del lugar donde se presentara el berrinche. Comentamos que algunos niños parecen expertos en hacer berrinches en lugares públicos, como los centros comerciales y los restaurantes. Si eso ocurría, el padre debía tomar al niño suavemente de la mano y llevarlo afuera. Si se resistía, lo que no pasa con frecuencia, el padre podía decirle al niño que perdería un privilegio (por ejemplo, tiempo para ver televisión) si no obedecía.

Hicimos hincapié en que cada vez que un berrinche conducía a una retribución como una guitarra, los Silver le estaban enseñando a los niños que llorando y gritando conseguían lo que querían. Aunque ninguno de los padres deseaba que este tipo de mentalidad se desarrollara en sus hijos, la estaban reforzando cada vez que cedían a las demandas de Don y Meryl.

También señalamos que cuando los niños obtienen lo que quieren a través de un berrinche son muy poco dados a desarrollar la responsabilidad o la autodisciplina. Desafortunadamente, son más propensos a desarrollar una actitud concentrada en sí mismos y muestran muy poca habilidad para posponer las gratificaciones. Esta actitud no les funcionará al enfrentar distintos retos y contratiempos. Cuando los padres no son firmes, en realidad están haciendo a sus hijos un daño.

Además de lo anterior, hablamos de lo que hacen Don y Meryl a sus padres al acusarlos de que no los quieren cuando no ceden a sus peticiones. Les dijimos que la mayoría de los niños aprenden desde muy temprano que una de las formas de tocar realmente las fibras internas de los padres es expresando *tú no me quieres*. En nuestra experiencia hemos visto que muchos padres ceden, sobre todo después de haber estado un buen rato intentando convencerlos de que sí los aman. En cambio, es mejor decirles tranquilamente: "Yo te quiero. Tal vez no me creas, pero si te niego algo que deseas, no significa que no te amo. Puedes seguir diciendo que no te quiero, pero no voy a cambiar de parecer". Les aconsejamos que si el berrinche continuaba después de esto, los Silver podían repetirlo más despacio y con una voz tranquila. Enfatizamos que no debían ceder a las peticiones de los niños, porque al hacerlo, todos acaban perdiendo.

Otro de los temas que tratamos fue su tendencia a "rescatar" a Don de las incomodidades, como lo hizo su madre al llamar a la maestra después de fallar la prueba de deletreo. Este problema no es único de la familia Silver. En nuestra experiencia hemos visto que cada vez hay un mayor número de padres que corren a proteger a sus hijos de posibles situaciones estresantes y de experimentar las consecuencias de sus actos. Aunque en efecto es crucial que los padres intervengan si su hijo está en peligro, recomendamos que dejen que el niño se haga cargo de su acción para que aprenda a ser responsable.

Les preguntamos a Darin y Anita cuál era el mensaje que transmitían los padres al no permitir que sus hijos cometieran errores o si inventaban excusas para los errores de los niños o cuando mostraban un mal comportamiento. Al recordar el mensaje de concentrarse en la disciplina les preguntamos algo más: ¿qué mensaje transmiten los padres al no utilizar técnicas disciplinarias para que sus hijos se hagan cargo de sus problemas?

Sonriendo, Anita dijo: "Sé cómo contestarían Don y Meryl. Dirían que demuestra que nosotros los amamos y buscamos protegerlos".

Devolviéndoles la sonrisa le dijimos que seguramente había adivinado la posible respuesta de los niños y que es responsabilidad de los padres enseñar a los hijos un mensaje diferente: que cuando actuamos de cierta manera, debemos aprender a considerar las cosas y a tomar responsabilidad de nuestro comportamiento.

> Es responsabilidad de los padres enseñar a los hijos un mensaje diferente: que cuando actuamos de cierta manera, debemos aprender a considerar las cosas y a tomar responsabilidad de nuestro comportamiento.

Compartimos con ellos que en nuestra experiencia hemos visto que cuando los padres no dejan que sus hijos se hagan cargo de las cosas o cuando inventan excusas por ellos, se transmite otro tipo de mensaje. Este comportamiento parece decir: "Tenemos que correr a rescatarte porque pensamos que eres muy frágil o vulnerable para manejar la situación".

Darin se mostró sorprendido y dijo: "Nunca había visto las cosas así. Es un buen punto".

Respondimos que deseábamos que los padres transmitieran el siguiente mensaje: "Vas a cometer errores de vez en cuando, y vamos a estar ahí para ayudarte a encontrar mejores formas de manejar las situaciones en el futuro". Creemos que eso es lo que los niños deben aprender.

Anita reflexionó: "Con base en lo que acaban de decir, me parece que la maestra de Don tenía mucha razón cuando me dijo que si Don tenía algún comentario sobre una calificación debía hablar con ella directamente".

Estuvimos de acuerdo, ya que ese enfoque le dejaba a Don su responsabilidad. Señalamos que el plan de la maestra le enseñaría que debe hacerse responsable de sus actos y que sus padres no van a sacarlo del apuro con excusas. Ese enfoque era, de hecho, una forma eficaz de disciplina.

Durante las sesiones siguientes, los Silver consideraron nuestras recomendaciones sobre ser más firmes, no ceder a las demandas de Don o Meryl y expresar claramente que si los niños insistían en llorar o decir que no los querían, no haría que los padres cambiaran de opinión.

Mientras Darin y Anita se preparaban para utilizar sus nuevos guiones disciplinarios, les advertimos en voz baja que cuando comenzaran a poner nuevos límites y se negaran a ceder a las peticiones de sus hijos y a rescatarlos, no debían esperar que Don o Maryl les dijeran: "Muchas gracias. Vemos que se están volviendo unos padres más responsables". De hecho, les dijimos que si los niños lo hacían deberían de sospechar de ellos de inmediato. Los Silver se rieron.

Más seriamente previnimos a Darin y a Anita de que es común que los niños sean más demandantes y se enojen cuando los padres finalmente establecen límites y consecuencias. Hicimos hincapié en que los niños son increíbles para probar cuán decididos estamos. Anita dijo: "Eso ya lo sabemos".

Durante los meses siguientes nos impresionó la gran habilidad que mostraron los Silver para mantener sus nuevas reglas con apenas uno que otro descuido, mismos que son de esperarse cuando se está trabajando con un nuevo enfoque disciplinario. Para gusto de sus padres, el comportamiento demandante de Don y de Meryl disminuyó poco a poco. Con el fin de ayudar a Don a enfrentar la incomodidad que sentía por sus errores, los Silver utilizaron comentarios constructivos y orientados a resolver problemas como: "Tuviste problemas esta vez, pero quizá puedas encontrar lo que debes hacer diferente para la próxima. Estamos aquí para ayudarte si lo necesitas".

Darin y Anita Silver fueron capaces de cambiar su forma de actuar permisiva y de ceder a las demandas de sus hijos a un enfoque autoritativo que los ayudó a manejar la frustración y los errores de los niños de mejor manera. Conforme los padres tuvieron más confianza, sus hijos se beneficiaron aprendiendo la autodisciplina.

El estilo de disciplina autoritario

Los Silver ejemplifican las desventajas del estilo permisivo: no les permite a los niños probar de qué están hechos ni aprender habilidades eficaces para resolver y enfrentar problemas. Así, los niños fácilmente se desaniman ante los contratiempos y los errores. Los padres muy autoritarios también impiden que sus hijos desarrollen estas importantes habilidades para resolver problemas, responsabilidad y autodisciplina. Simplemente lo hacen de otro modo.

La familia Wilkins: aprendiendo a dar ánimos

En el Capítulo 4 conocimos a Susan y a Jack Wilkins quienes describieron a Patty, su hija de 14 años, como una chica de trato fácil y cooperativa. Por el contrario, decían que su hija Melanie, de 12 años, era irresponsable, demandante, grosera y que constantemente los acusaba de no quererla y de no ser capaces de ayudarla con su trabajo. Estas descripciones se parecen a las palabras que emplearon los Silver para describir a su hijo. Sin embargo, mientras que los Silver aceptaban las demandas de Don, los Wilkins tendían a castigar a Melanie, sobre todo porque con frecuencia la comparaban desfavorablemente con Patty. Aunque estas dos parejas manejaban la disciplina de modo muy diferente —una siendo autoritaria y la otra muy permisiva— compartían niveles muy similares de frustración. Ambos estilos de disciplina eran contraproducentes y contrarios al desarrollo de la autodisciplina y de una mentalidad con capacidad de sobreponerse.

Pudimos darnos cuenta de la frustración de los Wilkins y quisimos cambiar el camino de esta familia. Habían puesto a Melanie en el papel de "mala hija", y ella lo sabía. Cuando los niños llevan esta etiqueta, raramente se ven motivados a cambiar su comportamiento en una dirección positiva; con mucha frecuencia comienzan a creerla y actúan de modo que la confirman. Como reacción, los padres se enojan y recurren a prácticas que disminuyen la confianza del niño en sí mismo, así como en su habilidad para manejar los errores y tomar riesgos.

Dijimos a Jack y a Susan que eran buenas las metas de que Melanie perseverara en las tareas difíciles y que no buscara su ayuda constantemente. Señalamos que su manera de actuar no los había ayudado a alcanzar sus objetivos, y les sugerimos que conservaran las metas, pero que consideraran otras formas de alcanzarlas.

> Cuando los niños llevan la etiqueta de "mal hijo", raramente se ven motivados a cambiar su comportamiento en una dirección positiva; con mucha frecuencia comienzan a creerla y actúan de modo que la confirman.

Jack dijo: "Creo que hemos agotado todas nuestras ideas. Cada vez que animamos a Melanie para que intente hacer algo por ella misma nos dice que no sabe cómo. Si le decimos que debe seguir intentando, nos acusa de no querer ayudarla y de no amarla".

Estuvimos de acuerdo en que esta respuesta podía ser frustrante. Les recordamos que habían dicho que tarde o temprano acabarían por gritarle a Melanie, lo que no significaba haber alcanzado sus objetivos.

Susan respondió: "Lo sabemos, pero ella puede ser muy frustrante. El otro día estaba tan enojada por su comportamiento que dije cosas hirientes que ahora me arrepiento de haber dicho; parece que saca lo peor de nosotros".

Pedimos a Susan que nos hablara de esas cosas hirientes. Le explicamos que su ejemplo podría ayudarnos a encontrar otras formas de manejar la situación.

Ella respondió: "Melanie me pidió que la ayudara con una tarea de la escuela. Debía escribir un pequeño texto, como de dos páginas, acerca de alguien que admirara, explicando lo que admiraba de esa persona. Melanie me dijo que no podía pensar en nadie sobre quién escribir, que estaba atorada. Le dije que le ayudaría a pensarlo, pero que ella tendría que escribir el texto. Dijo: 'Está bien'".

Susan continuó: "Habíamos visto recientemente un documental sobre Amelia Earhart, y Melanie estaba fascinada con su vida. Después del documental, Melanie comentó que Amelia había sido muy valiente y se preguntaba si algún día sabríamos lo que le pasó después de desaparecer tras un vuelo. Dado que se había mostrado tan impresionada por la valentía de la mujer, le sugerí que escribiera sobre ella. Inclusive le ayudé a encontrar un par de artículos al respecto en Internet para que tuviera más información. Hablamos de las cosas que podía mencionar en el texto. Pero entonces Melanie volvió a su típico comportamiento".

Preguntamos qué ocurrió.

"Melanie me dijo inmediatamente que no sabía cómo comenzar y básicamente quería que yo escribiera el texto por ella. Me mantuve firme y le dije que con mucho gusto revisaría el texto, pero que ella debía de hacerlo. Se puso de malas, pero comenzó a escribir. Como una hora después me enseñó el texto. Estaba pésimo. Como utilizó el corrector de ortografía no había errores de ese tipo, pero estaba muy mal escrito y realmente no explicó por qué admiraba a Amelia Earhart. Le dije que el texto no era muy bueno, que parecía que no lo había intentado. Estaba tan enojada que le dije: 'Si realmente lo intentaste y esto es lo mejor que puedes hacer, entonces tienes un problema porque un niño de tercero podría hacerlo mejor'. Melanie se puso furiosa y se puso a gritar como de costumbre: '¡Tú no me quieres! ¡Te odio!', y salió corriendo del cuarto. La seguí y le dije que no debía ser irrespetuosa, y la castigué sin permiso para salir las siguientes dos semanas".

Antes de continuar hablando de ese incidente en particular, les hicimos notar a los Wilkins que varias de las situaciones en que Melanie no intenta las cosas o que se rinde tenían que ver con la escuela. Les preguntamos si alguna vez Melanie había sido evaluada por problemas de aprendizaje.

Jack respondió: "Cuando estaba en cuarto año su maestra se preguntó lo mismo. Le hicieron unas pequeñas pruebas en la escuela, pero los resultados no indicaron que tuviera alguna discapacidad de aprendizaje. ¿Por qué? ¿Ustedes creen que tal vez la tenga?"

Respondimos que no estábamos seguros, pero que nos gustaría revisar las pruebas de la escuela y determinar si eran necesarias algunas pruebas más. Explicamos que a veces los niños tienen algunos problemas de aprendizaje que no son identificados, y aprender es un reto constante para ellos. Algunos parecen rendirse, pero eso es simplemente porque no se sienten capaces de lograr las cosas. Cuando los adultos no están conscientes de estos problemas suelen esperar del niño más de lo que puede dar. Tras asegurar a los Wilkins que veríamos con más detalle esta posibilidad, volvimos al ejemplo que Susan acababa de dar. Comentamos que había utilizado la palabra *hiriente* para describir el tipo de cosas que había dicho a Melanie.

Ella respondió: "Creo que fue muy hiriente decirle que un niño de tercer año podía hacerlo mejor. Decir algo como eso es expresarle a Melanie que no creo que sea muy lista, pero en realidad sí creo que lo es; sólo pienso que no se esfuerza lo suficiente. Se rinde antes de comenzar".

Preguntamos a Susan por qué pensaba que la niña hacía eso. Jack dijo: "Ella simplemente es así: renuncia a las cosas". Pedimos que nos explicara.

"Como hemos dicho, ella es muy diferente a Patty. Patty se mantiene en lo que hace y Melanie se rinde".

Después de asegurar a Jack y Susan que no queríamos excusar a Melanie por rendirse y que compartíamos sus objetivos de ayudarla a ser más responsable de su comportamiento y dejar de renunciar a todo, los animamos a buscar estas metas pensando cómo se percibe Melanie a sí misma y a sus padres. Explicamos que podíamos utilizar las ideas que tuviera la niña al respecto, como punto de partida para encontrar el mejor enfoque para ella. Nuestro objetivo era conducir a los Wilkins a tener más empatía con su hija.

Susan replicó: "Como ya hemos dicho, Melanie diría que no la ayudamos y no la queremos. Estoy segura de que piensa que amamos más a Patty. En efecto, nos gusta pasar más tiempo con Patty, pero porque ella es más fácil de trato".

Preguntamos a los Wilkins cómo querían que su hija Melanie los describiera. Susan dijo: "Esa es una pregunta interesante. Una respuesta rápida sería: 'De la misma forma en que probablemente Patty nos describiría'". Preguntamos cómo sería eso. Susan contestó: "Creo que Patty diría que la queremos y la apoyamos, pero es más fácil hacerlo".

Profundizando en el tema de lo que las dos niñas percibían, comentamos que los hermanos a veces hablan acerca de la forma en que los padres los tratan. Algunas veces se quejan de que a sus hermanos o hermanas los tratan mejor, aunque a veces no lo hacen. Les preguntamos si alguna vez Patty había hablado con ellos acerca del trato que tenían con Melanie.

Susan dijo: "En realidad, sí. Les dijimos que Patty es una gran chica. En meses recientes, ella me dijo que algunas de las cosas que Jack y yo decíamos o hacíamos con Melanie no estaban siendo de mucha ayuda. De hecho, cuando hice el comentario de que un niño de tercer año podía hacer las cosas mejor que Melanie, Patty estaba en el cuarto contiguo. Escuchó que exploté con Melanie y la castigué sin salir. Después, Patty me dijo que creía que estaba siendo dura con su hermana y que estaba empeorando las cosas".

Preguntamos a Susan cómo reaccionó ante los comentarios de Patty.

"Simplemente le dije que a veces Melanie me hacía enojar tanto que yo decía cosas que probablemente no ayudaban mucho. Lo que no les dije antes, tal vez porque es algo que también me da pena, es que después de castigar a Melanie me contestó con una grosería, y entonces le pegué y le dije que no debía hablarme de esa manera. Le pegué en el brazo. No fue tan fuerte, pero aun así, le pegué".

Ya habíamos reparado en que, básicamente, los Wilkins eran personas cuidadosas con dificultades para responder ante una hija que representaba un mayor reto. A diferencia de Jules Upton, mencionado en el Capítulo 4, quien castigaba y era duro con sus dos hijos y su esposa, los Wilkins tenían un estilo autoritario que parecía menos enraizado y estaban más abiertos a hacer algunos cambios. El simple hecho de que Susan expresara arrepentimiento de sus comentarios y de haberle pegado a Melanie, era señal de que reconocía la necesidad de algunos cambios. Sin embargo, parecía culpar a Melanie por las palabras hirientes y las acciones duras, al insinuar que su enojo había sido provocado por la conducta de su hija.

Aunque los Wilkins estaban conscientes de que la forma de responder hacia Melanie estaba empeorando la situación, era importante que entendieran completamente el daño que su práctica disciplinaria estaba causando en la relación con su hija menor, así como en su confianza y autoestima. Queríamos que comprendieran este impacto negativo para que se sintieran motivados a cambiar.

Describir nuestro modelo de capacidad para sobreponerse a los problemas, el papel de la disciplina en los principios de la teoría de las atribuciones, ayuda a los padres a asumir la responsabilidad de su comportamiento e invita a imitarlos. A los Wilkins les pareció que la teoría de las atribuciones era particularmente incierta en términos de su enfoque hacia Melanie. Durante la conversación preguntamos cómo pensaban que Melanie experimentaba los errores.

Jack respondió: "No estoy realmente seguro. Pasa tanto tiempo tratando de evadir cosas que generalmente no se da la oportunidad de equivocarse".

Al escuchar con atención los comentarios de su esposo, Susan añadió: "Yo no había pensado en eso antes, pero cuando Jack dijo que Melanie evita hacer cosas, sólo pude pensar en que quizá siente que va a fracasar. Con esa actitud no es sorprendente que ni siquiera lo intente. Es justo lo que nos han dicho sobre la teoría de las atribuciones. Es tan pesimista con respecto a obtener logros que atribuye los errores a lo que no puede cambiar".

Mientras Susan hablaba, los ojos se le llenaron de lágrimas. Continuó: "Es muy difícil para mí pensar en las cosas que le dije. Melanie se sentía fracasada y yo la hice sentir peor todavía; y, además, la castigué sin salir. Pero lo que me resulta más difícil ahora es que me doy cuenta que no sé cómo manejar ese tipo de situación. No estoy segura de qué debo hacer o decir cuando Melanie no intenta las cosas o cuando nos grita y nos dice que no la queremos".

Estuvimos de acuerdo en que era difícil saber qué hacer porque Melanie tenía una reacción, casi como un reflejo, a las tareas que le representaban un reto: corría alejándose de ellas. Aconsejamos a los Wilkins que su meta debería ser responderle y disciplinarla de una manera en que pudiera comenzar a creer que sus errores eran oportunidades para aprender algo. La meta sería disminuir la sensación de derrota de Melanie y su temor a la humillación. Sugerimos que, para comenzar analizáramos la situación que nos acababa de narrar y considéraramos otras formas en que las que podría haber actuado. Dado que la situación era muy parecida a otras, eso nos serviría para poder proporcionar ciertas guías para manejar de mejor manera el comportamiento de Melanie en el futuro.

Susan estuvo de acuerdo. "Sin duda, eso sería de mucha ayuda para Jack y para mí".

Antes de comenzar el análisis comentamos que cualquier estrategia que desarrolláramos juntos funcionaría mejor si evitaban hacer comparaciones entre Melanie y Patty; las dos niñas probablemente ya sentían lo mucho que preferían sus padres estar con Patty. Aceptando que Patty era una niña más fácil de educar, explicamos que sería difícil cambiar la perspectiva de Melanie hacia sí misma y hacia sus padres si continuaba percibiendo las comparaciones desfavorables que hacían entre ella y Patty.

Susan respondió: "Lo que dicen tiene mucho sentido, pero no es fácil de cambiar".

Estuvimos de acuerdo, pero hicimos hincapié en que el cambio era importante y que ayudaríamos en todo lo posible. Explicamos que para ayudarlos a hacer los cambios analizaríamos la situación ocurrida entre Melanie y su madre, y luego hablaríamos sobre lo que Jack y Susan consideraban que eran los puntos fuertes de Melanie (las "islas de competencia", presentadas en el Capítulo 5). Queríamos ayudar a los padres a encontrar lo que hacía sentir bien a Melanie y lo que ella creía que eran sus puntos fuertes, y luego buscaríamos formas de reforzarlos. Dijimos a los Wilkins que, en nuestra experiencia, hemos visto que los niños son menos dados a mostrar problemas de conducta si están involucrados en actividades que realzan sus fortalezas y si sienten que sus padres las reconocen.

Jack dijo: "Creo que puedo hablar por ambos, Susan y yo, cuando digo que probablemente no hemos hecho las cosas muy bien en términos de apreciar los puntos fuertes de Melanie".

Reconocimos su inquietud y volvimos a la situación que involucraba el texto de Melanie sobre Amelia Earhart. Dijimos a los Wilkins que nos quedamos fascinados cuando Susan mencionó que Melanie se sintió atraída hacia Amelia Earhart por su valentía. Con base en lo que nos habían contado sobre Melanie, no parecía probable que se viera a sí misma como alguien competente o con valentía. Tras asegurarles que no deseábamos que se convirtieran en terapeutas, comentamos que cuando Melanie decidió hacer un texto sobre Earhart, ellos muy bien podrían haberse sentado a hablar con ella sobre la valentía de Earhart, sobre todo acerca de si este personaje alguna vez habría tenido miedo de que las cosas no salieran bien y, de ser así, hablar sobre cómo habría podido manejar su temor. Les explicamos que con frecuencia los niños son más dados a hablar sobre los retos y temores de los demás que a aceptar los propios, pero al hablar de los demás en realidad están hablando de sí mismos. Si Melanie hubiera estado interesada en una conversación así, quizás habrían llegado a sostener un diálogo sobre cómo tomar riesgos y manejar el miedo.

Con una mirada reflexiva, Susan dijo: "Es una idea interesante. Siento mucho no haber pensado en eso aquella vez".

Aseguramos que era muy probable que la oportunidad se presentara de nuevo en el futuro, por lo que sería bueno tenerlo en mente. Después volvimos a felicitar a Susan por su idea de ayudar a Melanie a buscar artículos sobre Earhart en Internet. Recomendamos que sería importante, en el futuro, que Melanie se sentara frente a la computadora con Jack o con Susan para aprender a hacer la búsqueda ella misma. Por ejemplo, si utilizaban un buscador para obtener la lista de los artículos, tal vez podrían seleccionar uno y luego pedirle a Melanie que buscara otro y lo seleccionara para revisarlo. Este enfoque la involucraría más en el proceso.

Jack intervino: "Creo que podemos hacerlo, pero entonces viene la parte difícil, cuando nos dice que no sabe cómo comenzar y pide que escribamos el texto. Si nos negamos hace un berrinche. ¿Qué hacemos entonces?"

Estuvimos de acuerdo en que él y Susan habían intentado varias cosas y que lo que estábamos a punto de sugerir podía parecer similar a los intentos del pasado. Hicimos hincapié en que muchas veces el éxito dependía del tono de voz o de las palabras utilizadas. Explicamos que cuando Melanie decía que no sabía por dónde empezar, la razón podía ser que realmente no supiera. Sin importar si era capaz de hacerlo o no, Jack y Susan tenían que partir de la forma en que la niña veía la realidad. Como ya lo habían mencionado, Melanie tal vez ya se sentía derrotada desde antes de comenzar; si la presionaban, tal vez se enojaría y se aislaría más, y ellos, a su vez, reaccionarían con un castigo más fuerte.

Jack preguntó: "Qué pudo haber dicho Susan cuando Melanie dijo que no sabía cómo comenzar el texto?"

Para responder esa importante pregunta, recordamos a los Wilkins que su meta era lograr que Melanie tomara más riesgos, que hiciera más por ella misma y que no temiera tanto cometer errores. Con eso en mente, les dijimos que tal vez Susan podía haberle dicho a Melanie: "Sé que comenzar no es fácil. No puedo escribir el texto por ti, ya que es tu tarea, pero quizá puedo ayudarte si trabajamos juntas una idea general". Con palabras le dirían a Melanie que no la dejaban a su suerte, pero que debía involucrarse con el trabajo.

Susan preguntó: "¿Qué hago si dice que no puede hacerlo?"

Aconsejamos que, en lugar de mostrarse en desacuerdo, los padres necesitaban dar validez a lo que Melanie decía. "Validar" no significa estar de acuerdo, sino expresar que entienden los sentimientos de otras personas. Entonces podían decirle:

"Sé que sientes que no sabes cómo comenzar, pero es en eso en lo que quiero ayudarte". Luego, podían ofrecerle ayuda para hacer el bosquejo general del trabajo, y debían tener mucho cuidado de no terminar haciéndolo por ella. Reconocimos que este enfoque podía sonar muy parecido a lo que Jack y Susan habían intentado antes, pero insistimos en que las palabras y el tono que utilizaran podían hacer toda la diferencia.

Susan dijo: "Me doy cuenta pero, ¿qué pasa si Melanie regresa al rato con un texto que no es muy bueno y que demuestra poco esfuerzo? Sé que no debo gritarle ni mencionar que un niño de tercer año puede hacerlo mejor, ni castigarla tampoco, pero, ¿cómo debe manejar eso un padre?"

Antes de que pudiéramos responder, Susan sonrió y agregó: "Mientras más lo pienso, más me doy cuenta de que lo que hice no podría terminar en un libro sobre paternidad eficiente".

Jack se rió y dijo: "A menos que contenga ejemplos de lo que *no* se debe hacer. Muchos de mis comentarios podrían ir en esa sección".

Interpretamos el buen sentido del humor de los Wilkins como señal de que disfrutaban el diálogo que estábamos teniendo con ellos sobre la resolución de los problemas y de que comenzaban a entender que, en efecto, había medidas disciplinarias menos dadas al castigo que podían utilizar con Melanie. Parecían tener un mayor sentido de dirección y control, lo que disminuía su propia frustración.

Volvimos a la pregunta de qué hacer cuando Melanie le mostrara un texto que no era muy bueno. Comentamos que cuando Melanie le había mostrado a Susan el texto, ella había asumido que su hija no se había esforzado. Preguntamos cómo habría reaccionado si hubiera creído que Melanie realmente lo había intentado, pero que como se sentía mal y derrotada, sus sentimientos negativos habían provocado la mala calidad del texto. Con esta pregunta, nuestra intención era modificar la mentalidad negativa que los Wilkins habían desarrollado hacia su hija, mentalidad que contribuía a un enfoque duro y sin perdón.

Susan replicó: "Pero creo que no se esforzó. Se apresuró a hacerlo sólo para salir del paso".

Estuvimos de acuerdo en que tal vez era cierto, pero pedimos a Susan que intentara interpretar la prisa de Melanie como una señal de cuán frustrada y derrotada se sentía. Quizá simplemente había querido salir rápidamente del paso porque pensaba que aun si trabajaba una hora más en el texto, no podría mejorarlo. Añadimos que no queríamos que Susan justificara a Melanie, sino que comprendiera su situación.

Susan respondió: "Creo que habría sido más comprensiva y no la habría acusado de no haberse esforzado. Pero me sigue costando trabajo pensar qué decir, aun si me vuelvo más comprensiva".

Después de haber escuchado con atención, Jack hizo una sugerencia: "Tengo algunas ideas. No sé si van a funcionar pero, como ya lo han señalado, si no cambiamos nuestros guiones negativos va a ser más difícil para Melanie cambiar los suyos. Creo que cuando Melanie mostró a Susan el texto, habría sido mejor que ella le dijera: 'Es un primer paso, pero hay algunas partes que necesitan revisión. Vamos a ver cúales'. Creo que Melanie habría puesto más atención en eso que en un castigo impuesto por mí o por Susan".

Aseguramos a Jack que su idea era excelente y que muy probablemente funcionaría. Agregamos que Melanie podría ser más receptiva a ese tipo de comentarios si sentía que sus padres la habían ayudado desde el principio con la tarea. También recordamos a los Wilkins que no perdieran de vista sus metas principales: que cualquier forma de disciplina o enseñanza debía ayudar a Melanie a sentirse más cómoda con base en sus errores. Tenía que comprender que los errores son experiencias de las cuales se aprende, más que castigos o formas de juzgarla. La sesión terminó y prometimos continuar la conversación en nuestra siguiente cita.

Fue muy interesante que, al principio de nuestra siguiente sesión, los Wilkins comentaron que Patty les había hecho notar que durante la semana habían sido más amables con Melanie. Cuando le preguntaron a qué se refería, les dijo que no le habían gritado a Melanie ni la habían castigado, y le habían hablado de una manera más "amable". A Jack y a Susan les gustó mucho recibir este comentario.

Presentaron ejemplos de momentos en los que habían hablado con Melanie de una manera más amable y con mayor empatía. Dijeron que cuando comenzaron a verla como a una niña que estaba luchando por algo y que se sentía derrotada, se volvieron más comprensivos y con más deseos de ayudarla, pero sin hacer las cosas por ella. Durante esa semana habían hecho por ellos mismos algo que nosotros teníamos planeado sugerirles. Compartieron con Melanie algunas de sus propias experiencias difíciles de cuando eran niños; hablaron de algunas veces en que habían creído que no eran muy listos y se habían sentido desanimados. Se aseguraron de no darle un sermón o una "plática de autoayuda". Comentaron que Melanie se mostró realmente interesada en sus relatos.

Mientras seguimos hablando de formas eficaces para responder ante las luchas de Melanie y de hacerla responsable de sus actos volvimos al tema de las islas de competencia, el cual presentamos en el Capítulo 5. Explicamos que los niños son menos propensos a tener problemas de conducta si sienten que apreciamos sus puntos fuertes. Dijimos a los Wilkins que identificar y reforzar las islas de competencia es una de las formas más eficaces de fomentar disciplina.

Como muchos padres, Jack respondió: "No estoy muy seguro de entender por qué dicen que reforzar las islas de competencia es una forma de disciplina".

Explicamos que la disciplina es un proceso de enseñanza, y parte de este proceso incluye descubrir y utilizar nuestros puntos fuertes. Cuando los niños experimentan logros en las áreas que les interesan son menos dados a recurrir a un mal comportamiento. Cuando están involucrados en actividades que les gustan y que les dan la sensación de lograr algo, tienen menos tiempo de hacer cosas que provocan la desaprobación de los padres, el enojo y los castigos. También mencionamos que cuando los niños experimentan logros en ciertas áreas, pueden llegar a ser menos inseguros al intentar en otras áreas que han sido más difíciles para ellos.

Jack dijo: "En verdad es una forma muy interesante de ver la disciplina. Creo que siempre había considerado la disciplina como un castigo o una manera de lograr que los niños dejen de hacer algo o de modificar ciertos comportamientos. De hecho, me gusta la forma en que ustedes ven la disciplina. Realmente es más positiva que el enfoque que hemos estado utilizando con Melanie".

Mientras hablábamos de las islas de competencia, los Wilkins mencionaron que Melanie cantaba muy bien y que le gustaba dibujar y enseñar a dibujar a niños más pequeños. Jack dijo: "Heredó esas 'islas' de Susan. Mi familia me dice que cierre el pico en cuanto empiezo a cantar, y creo que todavía estoy en pañales en cuanto a mis capacidades para dibujar". Después de una pausa agregó: "Patty me heredó en eso a mí. Ella no canta muy bien ni es muy buena en el arte".

Comentamos que Jack parecía haber estado pensando en algo justo antes de hacer su última observación.

Dijo: "Así es. De hecho, estaba pensando en algo que ustedes mencionaron la sesión pasada acerca de que siempre comparamos a Melanie con Patty de una manera desfavorable. Sé que, para empezar, no deberíamos comparar a nuestras hijas, pero me acabo de dar cuenta de que ésta es una de las pocas veces que recuerdo en que he dicho algo positivo de Melanie que Patty no puede hacer".

Susan comentó pensativa: "Es importante que nos concentremos en los puntos fuertes de Melanie".

Analizamos cómo podían resaltar las islas de competencia de Melanie. Susan era parte de un grupo de teatro y también daba clases a niños pequeños los domingos. El grupo de teatro, que incluía niños y adolescentes, montaba con frecuencia canciones de musicales. Con el impulso de su madre y la promesa de que no tendría que cantar un *solo,* al menos al principio, Melanie se unió al grupo. Después su madre nos dijo: "La han felicitado mucho por su manera de cantar". Melanie también comenzó a ayudar a su mamá en las clases de los domingos, sobre todo ayudando a los niños a dibujar personajes y escenas de la Biblia. Al hablar de ese proyecto, Susan dijo: "Los niños adoran a Melanie y a mí me gusta ver que se la pasa muy bien con ellos".

Otros factores también contribuyeron a los cambios en la familia Wilkins. Tuvimos varias sesiones familiares en las que nos enfrascamos en el proceso de resolver problemas descrito en el Capítulo 4. También hablamos con Melanie de sus preocupaciones sobre qué tan lista era. Recomendamos hacer algunas pruebas para detectar los factores que podían estar contribuyendo a sus problemas en la escuela, en especial con sus tareas escritas. Durante el curso de la evaluación, Melanie dijo que se sentía "muy, muy tonta", y comentó algo que nos conmovió: "A veces me pregunto si hay algo que no funciona en mi cerebro y que no tiene remedio".

Las pruebas indicaron que Melanie era una niña inteligente pero con algunos problemas de aprendizaje, sobre todo en las áreas relacionadas con las habilidades de organización y escritura. Se sintió contenta al saber que su cerebro estaba bien y que había ciertas estrategias que ella, sus maestros y sus padres podían utilizar para fortalecer dichas debilidades.

Enseñar reacciones positivas frente a los errores

Durante nuestras sesiones con la familia Wilkins hablamos de algunas guías importantes de conducta paternal. A continuación presentamos algunas de las ideas principales:

- La disciplina es un proceso de enseñanza que debe estar libre de humillaciones por parte de los padres, sin provocar que el niño pierda la esperanza o quitarle oportunidades de responzabilizarse por su comportamiento.
- La disciplina debe usarse para ayudar a los niños a entender que los errores son experiencias de las cuales pueden aprender algo, y no para que se sientan acusados o juzgados.
- Cuando los niños piensan que pueden aprender de los errores son menos dados a enfrascarse en actitudes de derrotismo, que con frecuencia provocan el castigo por parte de los padres.

- Los padres deben reconocer que su mentalidad, incluyendo sus interpretaciones sobre la conducta de sus hijos, determina sus reacciones ante sus hijos; ya sea con comprensión y empatía o con enojo y resentimiento.
- Mientras los padres luchan por modificar el comportamiento problemático de sus hijos, también deben reforzar y reconocer sus intereses y fortalezas.

CAMBIO DE MENTALIDAD Y DE ATRIBUCIONES

Como hemos observado en estos últimos dos capítulos, el estilo disciplinario desempeña un papel muy importante al determinar la mentalidad de su hijo con respecto a los logros y fracasos. La disciplina debe promover el sentido de pertenencia y responsabilidad, debe resaltar y reforzar sus fortalezas y disminuir su miedo a cometer errores. Con estas metas en mente ayudamos a nuestros hijos a desarrollar la autodisciplina, así como el respeto por ellos mismos y por los demás.

CAPÍTULO 7

AYUDE A SU HIJO A ENFRENTAR DUDAS Y DECEPCIONES

*

Algunos niños parecen tener sobre ellos una nube negra que los sigue a todos lados. Carecen de confianza en sí mismos y dudan de que otros puedan tranquilizarlos o confortarlos. Esta nube ominosa, que puede ser parte de su propio temperamento, con frecuencia es reforzada por experiencias generadas por su temperamento. Estos niños se decepcionan fácilmente de sí mismos y de lo que asumen como falta de atención y de afecto por parte de los adultos. Dudan de que los padres, maestros o amigos se preocupen por ellos y de su interés por lo que les pasa.

Confrontados por estos sentimientos, luchan para encontrar diferentes formas de enfrentar los problemas. Para manejar la angustiante sensación de estar decepcionados de sí mismos y de no lograr nada, algunos niños se retiran y se aíslan. Otros se protegen de lo que los incomoda y se vuelven sarcásticos, resentidos y culpan a los demás de cualquier molestia, humillación o problema. En respuesta, los padres, que ya se sienten frustrados por la actitud y el comportamiento negativos de sus hijos, tienden a enojarse más; algunas veces hacen comentarios humillantes o emplean formas de disciplina muy duras que los niños interpretan como una confirmación de que sus padres no los quieren o de que los han decepcionado. Se forma así un ciclo de actitudes negativas y enojo.

DISCIPLINA QUE NO DERRIBE A SU HIJO

Un tema trascendental para los padres es cómo lograr que el pesimismo y la decepción que manifiesta un niño disminuya, en lugar de que se intensifique. De acuerdo con el objetivo de este libro, la pregunta puede formularse: "¿Cómo puede un padre manejar sus propias decepciones y enojo para no utilizar formas disciplinarias que aumenten ese tipo de sensaciones en su hijo? Es una pregunta difícil de responder. Cuando se está frente a un niño con actitud negativa, los padres caen fácilmente en la trampa de sentirse cada vez más frustrados y negativos, y recurren a un estilo autoritario de disciplina.

> Cuando se está frente a un niño con actitud negativa, los padres caen fácilmente en la trampa de sentirse cada vez más frustrados y negativos.

La familia Elefson: "Ustedes piensan que siempre los decepciono"

El pediatra de su hijo refirió a Dena y Garth Elefson con nosotros. A pesar de mostrar una inteligencia superior al promedio y de tener habilidades académicas, Aarón sufrió diversos contratiempos en su primer año de secundaria; tanto el pediatra como el personal de la escuela creyeron que quizá tenía algún problema de aprendizaje o déficit de atención por hiperactividad.

Garth comenzó diciendo: "Simplemente no entendemos cuál es el problema con Aarón. Su pediatra y la gente de la escuela piensan que tiene algún problema de atención o de aprendizaje, pero le fue muy bien en la primaria. Sus conflictos iniciaron en la secundaria. Al principio creímos que la secundaria había representado un cambio fuerte para él, pero ahora creemos que se ha vuelto flojo y que se está distrayendo con otras actividades como su música. Se puede pasar horas tocando la guitarra o la batería".

Preguntamos a Garth qué lo hacía pensar que su hijo era flojo.

Respondió: "Bueno, nosotros sabemos que es listo y que es muy capaz una vez que se sienta a trabajar. Y cuando hace su trabajo, no lo hace mal. Pero cada vez trabajaba menos. Además, hace dos años, cuando parecía tener problemas para terminar sus tareas, el psicólogo de la escuela lo examinó y no encontró problemas de aprendizaje. Ahora, el personal de la escuela y el pediatra creen que está en esa situación, descartada tiempo atrás. ¿Alguien puede desarrollar problemas de aprendizaje a esta edad?"

Respondimos que usualmente los problemas de aprendizaje están presentes todo el tiempo, pero a veces son más notorios cuando el trabajo de la escuela se torna demandante o requiere de habilidades más avanzadas como las de tipo conceptual o escrito. Aseguramos a los Elefson que analizaríamos esa posibilidad con más detalle.

Garth comentó: "Ya veo, pero aun así Aarón me parece flojo y le falta motivación. No sólo es eso; antes era amable y más agradable. Últimamente está muy irritable y se enoja sin motivo aparente. Si le pedimos que haga lo que le corresponde, reacciona como si fuéramos guardias de prisión que lo castigan".

Dena intervino: "Como dice Garth, Aarón está más irritable y se enoja con más frecuencia, pero antes de la secundaria tampoco era un niño muy feliz. Simplemente ha empeorado. Siempre ha visto el vaso medio vacío en lugar de medio lleno. Cuando se lo digo se enoja todavía más y nos dice que no lo queremos".

Le pedimos a Dena que nos dijera qué cosas hacían enojar a Aarón.

Ella respondió: "Algunas veces me siento tan frustrada cuando Aarón se queja de que nadie lo quiere o se preocupa por él, que le grito; le digo que tiene una buena vida y que debe aprender a mirar el vaso medio lleno y no medio vacío, porque cuando la gente tiene una perspectiva como la suya acaba por sentirse muy mal. Estoy tratando de ayudarlo a entender que no debe tener una expresión de amargura todo el tiempo, pero cuando trato de decirle eso nos grita que no lo amamos".

Le preguntamos cómo reacciona cuando Aarón le dice que no lo quiere.

"Le digo que lo amamos, pero cuando se comporta de esa manera no es fácil quererlo".

Garth hizo un comentario inquietante: "Cuando le digo que le iría mucho mejor en la escuela si no fuera tan flojo, él me responde: 'De verdad piensas que los he decepcionado'. Nunca he utilizado la palabra *decepción* con él pero, de hecho, así es como me siento. Creo que Dena y yo hemos sido buenos padres y resulta decepcionante ver que tu hijo no intenta hacer las cosas y se rinde".

Preguntamos a Garth cómo reaccionaba normalmente cuando Aarón le decía que pensaba que estaba decepcionado de él.

Garth contestó: "Creo que no reacciono muy bien. Mi primer impulso es decirle que *sí* me ha decepcionado, que podría hacer las cosas mejor si fuera más optimista. Nunca se lo he dicho porque sé que lo tomaría como una crítica y como una prueba de que no lo queremos, igual que cuando acusa a Dena de que no lo ama cuando trata de decirle que si no quita esa expresión de amargura y deja de ver el vaso medio vacío, va a seguir sintiéndose muy infeliz".

Dado que los Elefson no le habían dicho directamente a Aarón que los había decepcionado, preguntamos qué le habían dicho. Explicamos que los cuestionábamos porque a veces aun los padres con buenas intenciones dicen cosas que producen el efecto contrario de lo que buscan. En nuestro trabajo con padres de familia tratamos de encontrar otras formas de decir las cosas, teniendo en mente el efecto de las palabras. Dijimos que en parte ya habían hecho algo así cuando decidieron no decir a Aarón que los había decepcionado, porque él tomaría sus comentarios como una crítica y una confirmación de que no lo querían.

Al explicarles estas ideas, queríamos enfatizar la importancia de la empatía y la comunicación eficaz en su paternidad y reforzar los intentos de Gareth por ser más empático. Así como las fortalezas de los niños deben ser motivadas, consideramos esencial identificar la mentalidad que rige las acciones de los padres y que contribuyen a prácticas disciplinarias y paternales más eficaces.

Volvimos a preguntar cómo reaccionaban usualmente ante la actitud negativa de Aarón. Explicamos que la respuesta nos ayudaría en sesiones futuras para conocer qué había funcionado y qué no, y para saber qué modificaciones serían las adecuadas para ayudar a Aarón a ser más positivo y optimista.

Con una sonrisa, Garth dijo: "Trato de decirle que no estamos decepcionados de *él* sino de sus actitudes y comportamiento. Estoy sonriendo porque cuando mi padre me decía esas cosas ni siquiera entendía de qué estaba hablando. No me ayudaba mucho y aun así se lo digo a Aarón".

Le devolvimos la sonrisa y aseguramos que muchos padres se quejan de lo mismo: "Digo cosas a mis hijos que a mí no me gustaba que me dijeran mis padres". Explicamos que los estilos de paternidad incluyen los "guiones" que escuchamos cuando éramos niños, incluso los que no nos gustaban para nada.

Dena preguntó: "¿Pero qué más podemos decirle cuando reclama que nos sentimos decepcionados de él? Una vez estaba viendo en la tele a un psicólogo que comentaba que cuando los niños expresan cosas como Aarón, los padres deben preguntar cómo se siente al pensar eso. Lo intenté, él miró hacia el techo como si la pregunta fuera la más tonta que había escuchado. Me contestó sarcásticamente: 'Me hace sentir muy bien', y luego dijo que sabía que yo me sentía decepcionada de él. Parece tener una respuesta para contradecir cualquier cosa que digo".

Estuvimos de acuerdo en que este tipo de situaciones pueden resultar frustrantes y dejarnos perplejos. Pero aseguramos que, a medida que nos dieran más información, tendríamos una idea más clara de cómo ella y Garth podían reaccionar de una manera en que Aarón estuviera más dispuesto a escuchar lo mucho que ellos se preocupaban por él. Explicamos que en futuras sesiones daríamos sugerencias más específicas para comunicarse con su hijo, pero en la primera sesión queríamos dar un giro a este punto y volver al tema que nos ayudaría a decidir qué medidas tomar. Pedimos que nos hablaran de las dificultades académicas de Aarón y que indicaran cuándo comenzaron los problemas.

Dena dijo: "Básicamente comenzaron en la secundaria pero, como ya dije, había señales desde la primaria. Sin embargo, las cosas no estaban tan mal. O, pensándolo ahora, tal vez sí estaban tan mal pero no nos habíamos dado cuenta".

Pedimos que nos explicara qué tipo de señales había detectado. "Aarón es hijo único, así que no podemos compararlo con ningún hermano, pero vemos cómo se comportan nuestros sobrinos y los hijos de nuestros amigos. La mayoría parecen más contentos y satisfechos. Ni siquiera cuando Aarón era más pequeño parecía feliz. Recuerdo que cuando tenía cuatro o cinco años nos decía que no lo amábamos, sobre todo cuando le indicábamos que no podía hacer algo o nos negábamos a comprarle una cosa. A veces nos volvía locos con eso. Una vez, en esa época, nos dijo que quería cierto juguete. No recuerdo cuál. Le comentamos que ya tenía bastantes juguetes. Comenzó a llorar y dijo que no lo queríamos. Le expresé que debía disfrutar de todos los juguetes que tenía. Ese comentario no sirvió de mucho".

Garth agregó: "Como hemos dicho, Aarón puede hacerte sentir frustrado. A veces Dena y yo nos preguntamos si somos muy duros con él, pero otra veces no sabemos si estamos siendo muy permisivos; si quizá no lo estamos haciendo suficientemente responsable de su tarea y de sus trabajos. Cuando nos llegan reportes de la escuela creo que debemos quitarle la música, pero es una de las cosas que más disfruta. Una vez recibimos varias notas de advertencia sobre la conducta de Aarón y le dijimos que no podía volver a tocar la guitarra ni la batería a menos que mejorara su desempeño. Pensamos que eso lo motivaría a hacer sus tareas, pero sólo lo hizo enojar más y no mejoró. Realmente no sabemos qué consecuencias poner a su conducta. Ocurre lo mismo al buscar cómo responder cuando nos acusa de que no lo queremos o de que estamos decepcionados de él. Incluso ahora que expreso esto me siento angustiado sobre qué hacer. Me preocupa que no lo estemos ayudando y que nuestra relación con él se esté deteriorando". La palabra *deteriorando* que utilizó Garth era muy fuerte porque captaba la confusión y la desesperación que él y su esposa enfrentaban.

Los Elefson estaban pasando por los mismos sentimientos de frustración, decepción y enojo de otros padres descritos anteriormente en este libro. Cuando los niños se sienten decepcionados de sí mismos y de los demás, con frecuencia los padres no saben qué hacer. Como dijo un padre: "Quiero que mi hija deje de sentir lástima por sí misma y que deje de culparnos por sus problemas. Ojalá pudiera darse cuenta de que tiene una vida muy buena, sobre todo si la comparamos con la mayoría de los niños". Sin embargo, no es de extrañar que cuando decimos esto a nuestros hijos ellos no respondan: "Siento mucho no haberme dado cuenta de lo buena que es mi vida. Todos los sentimientos de decepción y tristeza se han ido de pronto".

Decidimos ayudar a los Elefson utilizando nuestro modelo basado en destacar las fortalezas. Mencionamos que Garth y Dena nos habían hablado suficiente de las actitudes negativas de Aarón. Les pedimos que nos describieran lo que le gustaba y lo que lo hacía sentir competente.

Dena respondió: "La música es una de las pocas cosas que lo satisfacen. Es bastante bueno con la guitarra y la batería. También le gusta dibujar historietas y es excelente. Si pudiera tocar la guitarra, la batería o dibujar todo el día, estaría como en el cielo".

Preguntamos si Aarón podía tocar la guitarra o la batería en la escuela o mostrar sus trabajos artísticos de alguna manera.

Garth dijo: "Toca la batería en la banda de la escuela, pero no estoy seguro de que sepa que es buen músico. Con frecuencia se compara de forma negativa con los otros chicos de la banda. En lugar de disfrutar sus logros tiende a opacarlos. Es otra manera en la que ve el vaso medio vacío".

Aseguramos a los Elefson que mientras trabajáramos juntos buscaríamos la mejor manera de que Aarón capitalizara sus intereses y puntos fuertes. Les dijimos que si podía comenzar a reconocer sus fortalezas —sus islas de competencia— entonces comenzaría a sentirse menos decepcionado y pesimista, y tal vez cambiaría su idea (y la de ellos también) sobre la decepción. Antes de continuar hablando de las fortalezas recomendamos que le realizaran una evaluación para detectar si tenía problemas de aprendizaje que quizá se estuvieran evidenciando en la secundaria, lo cual a veces sucede cuando el trabajo se vuelve más demandante.

Dena nos pidió que fuéramos más claros sobre las pruebas y exámenes. Explicamos los distintos tipos de pruebas que estarían involucradas y la importancia de determinar los puntos fuertes y débiles de aprendizaje en Aarón.

Garth pareció dudar un poco. Dijo: "Si encontramos que Aarón tiene problemas de aprendizaje, probablemente utilizará eso como una excusa. Puedo verlo diciéndome que, como tiene un problema de aprendizaje, no puede hacer su trabajo y entonces debemos dejar de recordárselo. Y si no dejamos de hacerlo, entonces significará que no lo queremos".

Agradecimos a Garth haber mencionado esa preocupación, que es compartida por muchos padres de familia. Explicamos que cuando se diagnostica algún problema buscamos asegurarnos de que los niños nunca lo utilicen como excusa para comportarse de una manera que interfiera con enfrentar los problemas de forma eficaz. Más bien, se utiliza la información para ayudar a los niños y a sus padres a comprender sus fortalezas y los lados débiles en el aprendizaje, con el fin de que tengan expectativas más realistas. Además, la información también es importante para desarrollar estrategias en la escuela que ayuden a los niños a salir adelante. Los Elefson asintieron en señal de comprensión.

Agregamos que hemos encontrado otro beneficio en este tipo de evaluaciones. Muchos niños con problemas de aprendizaje piensan que no son muy listos y algunos creen que nunca van a aprender. Muy en el fondo, o tal vez no tan en el fondo, están decepcionados de sí mismos y sienten que han decepcionado a sus padres. Algunos expresan sus sentimientos directamente, como ocurrió cuando Aarón acusó a sus padres de que se sentían decepcionados de él o de que no lo amaban. Otros se enojan mucho y se vuelven irritables, comportamiento que ya había mostrado Aarón. Sin embargo, cuando tienen una idea más clara de sus problemas de aprendizaje y reconocen que se les puede ayudar, con frecuencia colaboran más en el proceso. No sólo eso; una evaluación ayuda a los padres a ser más realistas y a tener esperanzas y ser la base de un aprendizaje para prácticas disciplinarias más eficaces.

> Cuando los niños tienen una idea más clara de sus problemas de aprendizaje y reconocen que se les puede ayudar, con frecuencia colaboran más en el proceso.

Finalmente, aseguramos a los Elefson que nos enfocaríamos en la inquietud que había señalado Garth. Conforme procedieran las evaluaciones analizaríamos qué hacer si Aarón utilizaba los resultados como justificación de sus sentimientos negativos o su mal comportamiento.

Dena preguntó: "¿Cómo convencemos a Aarón de hacerse las pruebas? Ya antes le han realizado pruebas y parece que sólo le han servido para confirmar que hay algo mal en él. Cuando el psicólogo de la escuela aplicó algunos exámenes, Aarón dijo que lo enviamos a las pruebas como 'castigo' porque 'no lo queríamos'. Intentamos explicarle que no era así, pero no estoy segura de que le haya creído al psicólogo o a nosotros. De hecho, se enojaba más cuando le hacían pruebas. No quiero pasar por eso otra vez".

Expresamos que nosotros tampoco, y dijimos que ciertamente tomar pruebas no les encanta a los niños. Algunos se sienten bajo un microscopio donde son observados para descubrir lo que no les funciona. Un niño nos confesó que creía tener un "mal cerebro". Explicamos que, como un enfoque general, nos gusta que los niños piensen que las pruebas los van a ayudar, así como a sus padres y maestros. También aprovechamos la evaluación como una oportunidad para que los padres compartan con sus hijos cualquier preocupación sobre si han sido muy estrictos o les han dicho cosas hirientes.

Garth dijo: "¿Está diciendo que debemos disculparnos con Aarón?"

Aseguramos que no estábamos pidiendo que lo hiciera, aunque no hay nada de malo en disculparse cuando es necesario. Refiriéndonos al ejemplo anterior de Dena, cuando le había gritado a su hijo porque veía el vaso medio vacío y no disfrutaba de la vida, resaltamos que su intención era cambiar la perspectiva negativa de Aarón. Pero lo más probable es que él haya percibido ese comentario como una crítica y haya reforzado su idea de que su madre se siente decepcionada de él. Así, no estábamos sugiriendo que debían disculparse con Aarón por cosas específicas como lo que Dena dijo, pero tal vez querrían hacerle saber de alguna manera que notaban que algunas cosas que le habían dicho no habían sido de mucha ayuda.

Garth replicó: "Es interesante que señalen la perspectiva de Aarón. Es lo que mencionaron antes y he estado pensando en ello. Seguramente, cuando le hemos dicho ciertas cosas, él sintió que fuimos crueles y que lo estábamos castigando, pero sólo tratamos de ayudarlo a ser menos negativo y pesimista".

De nuevo apoyamos el objetivo de Garth mientras reforzamos la importancia de tener empatía. Recalcamos que compartíamos su meta de ayudar a Aarón a ser más positivo y optimista, y explicamos que, para poder alcanzarla, debíamos tener en mente la perspectiva de Aarón y determinar formas de hablar con él para que recibiera las palabras como ayuda y no como juicios. Señalamos que Garth ya había comenzado a hacer esto cuando comentó que quería decirle a Aarón que sí se sentía decepcionado de él, pero se había dado cuenta de que su hijo recibiría esas palabras como una crítica que sólo generaría más enojo. Precisamente porque hay probabilidad de ser malinterpretados, recomendamos a los padres que cuando digan o hagan algo con sus hijos, sobre todo si es para corregir su comportamiento, primero deben considerar qué quieren conseguir y luego preguntarse: "¿Lo estoy diciendo o haciendo de una manera en que mis hijos realmente pueden escuchar lo que estoy tratando de decirles y responderme de una forma constructiva?" Con el fin de prepararse para la evaluación de su hijo, recomendamos a los Elefson que la manera en que le explicaran el asunto de las pruebas a Aarón era una oportunidad para hacerlo sentir que deseaban y que querían ayudarlo.

Este último comentario conmovió a Dena, quien comentó sollozando: "Me gustaría mucho que Aarón se sintiera así, que supiera cuánto lo queremos, pero estoy segura de que por el momento, como dice Garth, nos ve como personas crueles que lo castigan".

Les hicimos saber que esperábamos que nuestras recomendaciones sobre qué decirle les dieran una idea de cómo los padres pueden ser firmes, pero sin castigar, para que así los niños se vuelvan más cooperativos y menos tristes. Garth nos aseguró que estaban listos para escuchar.

Sugerimos que podían comenzar por expresarle a Aarón que creían que le habían dicho cosas que tal vez habían provocado que creyera que no lo amaban y que estaban decepcionados de él. Lo más probable era que estuviera de acuerdo. Pero, sin importar su postura, podían decirle: "En este momento lo más importante es que sepas que te amamos y estamos de tu parte". También podrían mostrar empatía diciéndole: "Sabemos que, con excepción de tocar en la banda, la escuela no ha sido un lugar muy bueno para ti, pero pensamos que podrías sentirte más contento y lograr cosas importantes".

Dena interrumpió: "¿Pero qué hacemos si Aarón nos dice que no le importa cómo le vaya en la escuela?"

Estuvimos de acuerdo en que Aarón podía responder así, aunque con seguridad sí le importaba. Cuando los niños creen que no son muy listos y que no pueden lograr cosas en la escuela, con frecuencia se protegen diciendo que no les interesa. Por lo tanto, si Aarón decía que no le importaba era esencial evitar hacerlo enojar y decir cosas como: "*Debería* importarte" o "Nunca vas a lograr nada si eso no te interesa". Aconsejamos que tuvieran mucho cuidado de no caer en discusiones y recomendamos decirle cosas como: "Tal vez no te importa mucho ahora pero, ¿quién sabe? Tal vez en el futuro te interese más la escuela". Estas palabras implicarían también la posibilidad de que su perspectiva no era inamovible y podía cambiar. Y si Aarón contestaba que no le importaría tampoco en el futuro, los Elefson no debían presionarlo.

Sugerimos que el siguiente paso sería decirle que tanto ellos como el personal de la escuela podían ayudarlo, sobre todo si conocían sus puntos fuertes y su estilo de aprendizaje. Debían hacer hincapié en que todos los niños son capaces de hacer ciertas cosas bien, así como él era un buen músico y artista, pero la mayoría también tiene problemas en ciertas áreas. Podían decirle que para algunos niños era fácil leer o escribir, pero no tocar un instrumento o dibujar; otros niños son muy buenos en el arte, pero les cuesta trabajo la lectura.

Garth dijo: "Creo que nunca hemos hablado de esa manera con Aarón. Lo común es criticar su actitud negativa".

Preguntamos a Garth y a Dena cómo pensaban que reaccionaría Aarón si comenzaban a hablar con él como les sugeríamos.

Garth contestó: "No estoy seguro, pero suena mejor que lo que le hemos dicho antes".

Continuamos nuestras recomendaciones; aun si Aarón permanecía escéptico después de decirle aquello que era importante, Garth y Dena debían hablarle específicamente de la evaluación. Dado que ya le habían hecho pruebas antes y había dicho que las usaban para encontrar lo que no funcionaba en él y para castigarlo porque no lo querían, nosotros pensamos que los padres debían externar sus sentimientos.

Dena nos pidió que explicáramos lo que creíamos que debían decir a su hijo.

Sugerimos que le expresaran que pensaban que había algo que podía ayudar a todos a encontrar la mejor manera para que Aarón aprendiera y lograra buenos resultados en la escuela, pero se daban cuenta de que cuando lo hicieron en el pasado, él había pensado que se trataba de un castigo. Debían hacer hincapié en que las pruebas no eran un castigo, sino una forma de ayuda. Lo más probable era que en cuanto mencionaran las pruebas, Aarón pondría obstáculos; recomendamos que simplemente le dijeran que habían hecho una cita con nosotros para explicarle los motivos de las pruebas y la manera en que podían utilizar los resultados. Podían enfatizar en que las pruebas no eran un castigo, sino una manera de asegurarse de que la escuela le brindara ayuda si la necesitaba. Finalmente, recordamos a los Elefson que Aarón bien podía rechazar lo que decían y los animamos a no rendirse.

Garth preguntó: "¿Qué hacemos si Aarón se niega a venir a verlos?"

Reconocimos que muchos niños responden de este modo. Aunque no nos gusta que los niños se sienten forzados a venir con nosotros, sugerimos que le dijeran con firmeza que debía venir y que nosotros le explicaríamos sobre las pruebas y escucharíamos lo que él pensaba al respecto. Queríamos que Aarón se sintiera parte esencial de la evaluación y que supiera que recibiríamos con gusto sus comentarios. Añadimos que también podían hacerle saber que después de hacerle las pruebas, le explicaríamos cuáles eran sus puntos fuertes y las áreas que necesitaban ser reforzadas; además, le haríamos recomendaciones específicas para lograrlo. Insistimos en que un elemento clave en nuestro enfoque era que él sintiera que tenía control sobre su vida, un rasgo fundamental de la autodisciplina y de la mentalidad con capacidad de enfrentar los problemas (véase el Capítulo 3).

Dena respondió: "Lo que están sugiriendo tiene mucho sentido, pero me preocupa que a estas alturas Aarón nos vea de una forma tan negativa que tal vez rechace prácticamente todo lo que le digamos".

Estuvimos de acuerdo en que lo haría, pero recordamos que ella deseaba que él cambiara esta percepción. Les dijimos que mientras más pronto comenzaran, mejor. Después de todo, la situación no mejoraría por sí misma. Aarón no iba a cambiar su perspectiva hasta que sus padres cambiaran lo que le habían dicho o hecho. Enfatizamos que no estábamos culpando a Dena y a Garth por la tensión en su casa; más bien queríamos transmitirles que tenían una gran influencia sobre la posibilidad de disminuir esa tensión, incluyendo las ideas de Aarón de que los había decepcionado a ellos y a sí mismo.

Con frecuencia, hacemos estos últimos comentarios a muchos padres. Tratamos de contrarrestar sus sentimientos de desamparo e inadecuación al cambiar la relación con sus hijos y modificar su enfoque de disciplina.

En esta primera sesión con Dena y Garth Elefson intentamos mostrar empatía hacia su frustración, de modo que no nos percibieran como críticos de sus esfuerzos sobre la paternidad. Además, al reconocer el enojo que sentían hacia Aarón, enfatizamos la importancia de adoptar una postura más empática; les pedimos que trataran de ver el mundo a través de los ojos del niño. Subrayamos algunos puntos en los que ya habían comenzado a tener empatía, demostrando con ello que ya habían dado varios pasos positivos. Además, una de nuestras metas era que pensaran en formas en las que pudiéramos utilizar los intereses e islas de competencia de Aarón (música y arte) para contrarrestar sus sentimientos de falta de mérito. Nuestras preguntas estaban orientadas a ánimar a los Elefson a reflexionar en torno a sus prácticas disciplinarias, y esperábamos que no continuaran castigando a Aarón prohibiéndole involucrarse en sus islas de competencia. Algunos padres pueden objetar que el único momento en que sus hijos les ponen atención es cuando los amenazan con quitarles alguna de sus actividades favoritas. Sin embargo, en nuestra experiencia, este tipo de disciplina de "fuertes medidas" a menudo produce contraataques y acrecienta el enojo y resentimiento en los hijos.

Regresaremos con la familia Elefson en el capítulo siguiente, cuando resaltemos una mentalidad que resulta una carga para muchos niños; es decir, el sentimiento de que las cosas no son justas y de que la vida les ha jugado una mala pasada. Como Aarón, muchos niños tienen varias capas negativas en la mente que no encajan en ninguna categoría. En este capítulo proponemos sugerencias sobre lo que los padres pueden decir y las formas de disciplina que se recomiendan para contrarrestar los sentimientos de los niños de que han decepcionado a sus padres y a sí mismos.

DISCIPLINA CON ACEPTACIÓN

Como hemos señalado en nuestros libros anteriores, para disciplinar con eficacia y fomentar en los niños una mentalidad con capacidad para enfrentar los problemas, los padres deben amar a sus hijos incondicionalmente. Esto significa que debemos aceptar a nuestros hijos por quienes son, no necesariamente por quienes nos gustaría que fueran. Hemos encontrado que entre los factores que contribuyen a que los niños sientan que han defraudado a otros y a sí mismos, está la incapacidad de los padres de reconocer el estilo de aprendizaje y el temperamento único de sus hijos, así como las expectativas no realistas sobre lo que sus hijos pueden lograr. En estos casos, es frecuente que los padres los castiguen por no cumplir con sus expectativas. Estos castigos fomentan en los niños enojo y duda, más que confianza y capacidad para enfrentar las dificultades.

> Cuando los niños se sienten aceptados son más receptivos y dados a cumplir con nuestras peticiones y respetar las consecuencias que fijamos cuando rebasan los límites porque los reciben dentro de una atmósfera de amor y apoyo.

Aceptación y amor incondicional *no* significa que dejemos que los niños hagan lo que quieran sin límites. De hecho, cuando se sienten aceptados son más receptivos y dados a cumplir con nuestras peticiones y respetar las consecuencias que fijamos cuando rebasan los límites, porque los reciben dentro de una atmósfera de amor y apoyo. Por ejemplo, Paul y Lilly Breem, a quienes conocimos en el Capítulo 5, eran capaces de aceptar la afición de su hijo por el teatro aunque ellos y su otro hijo, Phillip, compartían intereses académicos y en los deportes. Por el contrario, Mitchell y Paige White, mencionados en el mismo capítulo, abiertamente transmitieron el sentimiento de decepción por su hijo George, quien era tímido y tenía problemas de aprendizaje. Al principio de este capítulo, vimos cómo a los Elefson les costó trabajo aceptar a Aarón, su hijo. Una vez que decidieron que la raíz de sus problemas era la "flojera", tuvieron menos empatía con él y lo castigaron más, con lo que dejaron de reconocer y reforzar sus puntos fuertes. El resultado fue un niño muy enojado, con baja autoestima y con una fuerte sensación de que no lo querían.

En nuestra conversación sobre la aceptación y las expectativas realistas, con frecuencia los padres nos preguntan qué consideramos como expectativas realistas en niños de distintas edades. La mejor respuesta es la siguiente: "Primero platiquen de su hijo, y entonces podremos ofrecer una visión meditada de las metas y expectativas adecuadas para él". Aunque algunas guías de conducta funcionan con base en principios de desarrollo, nuestras metas y expectativas no deben manejarse de acuerdo con la edad de los niños. Como hemos mencionado, los niños son muy diferentes desde el nacimiento, y debemos tener en mente estas diferencias cuando consideremos las expectativas apropiadas y las prácticas disciplinarias. Si los padres no ajustan sus expectativas al aceptar y reconocer las cualidades únicas de su hijo, entonces habrá tensión en la familia, enojo y el empleo de castigos que refuerzan en el niño sentimientos de decepción de sus padres y de sí mismo.

La familia Cerano: "No podemos salir a la calle con Larissa"

Un ejemplo de expectativas no realistas es el caso del estilo paternal de Travis y Beverly Cerano, una familia que presentamos en nuestro libro: *Formando niños con capacidad de enfrentar los problemas*. Dado el tema de este capítulo, vamos a abundar un poco más en la descripción que hicimos de la familia Cerano en el libro anterior.

Travis y Beverly Cerano se acercaron a nosotros para consultarnos sobre un asunto relacionado con Larissa, su hija de seis años. Las descripciones de algunos padres dejan una profunda huella en nosotros; ésta fue sin duda una de ellas. Beverly nos dijo de inmediato: "No podemos salir a la calle con Larissa. Las salidas al supermercado o a los centros comerciales son una pesadilla. Primero quiere que le compremos cosas. Si nos negamos, se enoja y después hace un berrinche. Nos grita y nos dice que no la queremos. Una vez nos dijo que ya sabía que la devolveríamos al hospital donde había nacido".

Le preguntamos a qué se refería Larissa cuando dijo que sus padres iban a "devolverla".

Beverly respondió: "Nosotros nos preguntamos lo mismo, así que le pedimos que lo explicara. Su respuesta fue increíble, sobre todo porque la primera vez que lo mencionó fue poco antes de cumplir cinco años. Dijo que sabía que no la queríamos y que la regresaríamos al hospital donde nació. Si hubiera creído en el cuento de la cigüeña, probablemente nos habría acusado de estar planeando devolverla a la cigüeña.

Preguntamos si habían tenido la oportunidad de interrogar a Larissa por qué pensaba eso.

Beverly respondió: "Lo hicimos, y nuevamente no podía creer que una niña tan pequeña pudiera pensar así. Dijo que no la queríamos, que no le dábamos lo que quería y, de hecho, que ya sabía que la queríamos cambiar por otro bebé en el hospital".

Pedimos a Beverly qué nos dijera que sintió cuando su hija le expresó eso.

"Me sentí muy triste de pensar que Larissa creyera que deseábamos cambiarla por otro bebé. Traté de explicarle que la amábamos y que no queríamos a ningún otro niño sino a ella. Entonces, Larissa preguntó: 'Si me quieres, ¿por qué me gritas tanto?' Traté de explicarle que a veces nos enojábamos porque se ponía a gritar, pero que sí la amábamos".

Travis intervino: "Yo siempre pensé que Beverly pasaba mucho tiempo tratando de hacer entrar en razón a Larissa, lo que sólo empeoraba sus berrinches. Entonces Beverly se enojaba más con ella y terminaba por gritarle o darle nalgadas. Sin embargo yo aprendí la lección. Un día llevé a Larissa a la tienda y, a pesar de que antes de entrar al edificio la amenacé con darle nalgadas si se portaba mal, ella seguía muy demandante y comenzó a llorar después de unos minutos. Me gritó que no la quería. Para ser honesto, no estaba seguro de que lo estuviera diciendo sólo para conmoverme y conseguir lo que deseaba, o si realmente lo sentía".

Beverly comentó: "A veces resulta muy difícil saber cómo manejar los berrinches de Larissa. Por consejo de una amiga compramos un libro sobre cómo prevenir berrinches en los niños. El autor recomendaba que antes de salir dijéramos que iríamos al centro comercial, pero advirtiendo que no le compraríamos nada, y que no lo pidiera. Aun cuando ya lo habíamos acordado así teníamos problemas con ella".

Al escuchar a los Cerano hablar de Larissa estuvimos seguros de que la niña tenía muy poca capacidad de autodisciplina y con facilidad se sentía sobrepasada cuando encontraba objetos que le resultaban tentadores. La atracción que experimentaba al ver cosas que quería, eclipsaba su promesa de no pedir. Por lo tanto, a pesar del consejo del libro, Larissa y sus padres se enfrascaban en largas discusiones en el centro comercial, lo que con frecuencia disparaba el esperado guión de actitudes negativas, en el cual Larissa aumentaba sus peticiones, recibía unas nalgadas que le confirmaban que sus padres no la querían y todos salían de la tienda molestos.

Beverly nos dijo que un vecino, tratando de ayudarlos, les habló de otra estrategia que había funcionado con su propio hijo. "Nos recomendó que dijéramos a Larissa que si nos pedía que le compráramos algo nos iríamos de la tienda inmediatamente."

A primera vista parece un buen enfoque. Da la impresión de que disminuye las probabilidades de que haya un concurso de gritos, nalgadas y frustración. Sin embargo, para la consternación de los Cerano, Larissa comenzaba a llorar y a gritar después de salir de la tienda y no podían calmarla.

Travis reconoció: "Nos sentíamos tan frustrados que accedíamos a comprarle una sola cosa, pero que no fuera muy cara. Bueno, eso tampoco funcionó. La idea que tenía Larissa de algo no muy caro no era igual que la nuestra. Una vez más terminó exigiendo cosas y llorando". Aunque no lo dijimos en ese momento, es cuestionable si la mayoría de los niños de seis años son capaces de comprender la definición de algo *barato*.

Como hemos hecho con muchas familias, comenzamos por confirmar a los padres de Larissa que las estrategias intentadas eran buenas para algunos niños, pero a lo mejor no funcionaban con su hija y con otros niños con un temperamento similar. Hablamos del concepto de temperamento y de la importancia de aprender a comprender y aceptar el temperamento de Larissa. Hicimos hincapié en que aceptarla no significaba cumplir con sus demandas, sino descubrir otras formas de reaccionar mejor ante las mismas. Les dimos a los Cerano algunos textos que describen cómo un pobre control de los impulsos —y lo que parece un estilo insaciable— afectan el comportamiento de los niños, y cómo es posible disciplinarlos con eficacia.

En nuestra siguiente sesión, para asegurarnos de que los Cerano hubieran comprendido el material que les entregamos, comenzamos por comentar la lectura.

Beverly dijo: "La verdad es que no teníamos conciencia de lo diferentes que pueden ser los temperamentos de los niños. Ojalá hubiéramos sabido más al respecto cuando Larissa acababa de nacer".

Estuvimos de acuerdo en que si los padres tuvieran más conciencia sobre los temperamentos, tal vez vivirían menos problemas y utilizarían menos los castigos como formas de disciplina. Luego explicamos que, dados el temperamento y la impulsividad de Larissa, ella no estaba lista para entrar en un supermercado o una tienda con ellos. Señalamos que en dichas circunstancias estaba más expuesta a tener problemas. Con empatía, explicamos que las expectativas que tenían sobre Larissa no coincidían con su temperamento ni con su estilo de aprendizaje.

Travis dijo: "A pesar de que he leído el material que nos dieron y de que entiendo mejor el tema del temperamento, sigo pensando que una niña de seis años debería ser capaz de controlarse. Tiene amigos de su misma edad y ellos no parecen tener estos problemas".

Estuvimos de acuerdo en que era comprensible, pero comentamos que lo más probable era que cualquier niño con el temperamento y la edad de Larissa, tendría problemas en una circunstancia semejante.

Beverly dijo: "Igual que mi esposo, yo pensaba que Larissa debía ser capaz de controlarse si quería. Pensé que era tan demandante porque la habíamos malcriado, que habíamos cedido ante ella y por eso no se portaría bien. Pero después de leer el material que nos dieron, creo que estaba equivocada".

Reconocimos que muchos niños de seis años podían mostrar más control que Larissa, pero su incapacidad de hacerlo se debía en parte a su temperamento, no por haberla malcriado.

Enfatizamos la importancia de que comprendieran que su dificultad en aceptar el temperamento de su hija había generado expectativas que Larissa no podía cumplir, aunque otros niños de su edad sí pudieran. De hecho, la estaban castigando por un comportamiento sobre el que ella tenía muy poco, si no es que nulo, control. Gritarle alimentaba la idea de la niña de que no la querían, así como Aarón no se sentía querido por sus padres.

Beverly dijo: "Pero no poder salir a la tienda con Larissa sería muy difícil. No siempre podemos organizarnos para que uno de nosotros se quede en casa o para encontrar a una niñera".

Aunque estuvimos de acuerdo con Beverly, le pedimos que considerara qué tan seguido habían sido interrumpidas sus salidas, particularmente para ir de compras, a causa del comportamiento de Larissa. También hicimos notar que las fricciones en su relación con Larissa por estos berrinches habían sido mucho más molestas y difíciles que arreglárselas para que uno se quedara en casa o para conseguir a una niñera. Recordamos a Beverly y a Travis que el enojo y la frustración que resultaba de estas situaciones contribuían a la idea de Larissa de que no la querían y de que deseaban cambiarla por otra niña. Aunque desde luego era difícil arreglárselas para que alguien cuidara a Larissa mientras iban al supermercado, el esfuerzo disminuiría la tensión y mejoraría su relación con ella. Comentamos que el patrón de comportamiento negativo entre ellos y su hija reflejaba algo más que un problema inmediato; sentaba las bases para conflictos futuros en todas las áreas de la vida familiar.

Beverly contestó: "Puedo entender lo que dicen pero, ¿cómo va a aprender Larissa el autocontrol si no tiene experiencia en aquello donde ponemos límites?"

Tras reconocer que era muy válida su preocupación, mencionamos que con frecuencia el aprendizaje ocurre dentro de límites seguros. Lo comparamos con los deportes y les dijimos que, cuando se aprende a nadar, por ejemplo, primero se nada en la parte poco profunda de la alberca. Cuando alguien está aprendiendo a jugar boliche con frecuencia pone objetos que bloquean los canales. Sucede porque la meta no es sólo aprender sino también sentirse a salvo, exitoso y feliz en el proceso. En el caso de Larissa, llevarla a un supermercado o a un centro comercial a esa edad era algo fuera de su control, por lo cual no sería la mejor manera de enseñarle límites. Hicimos hincapié en que Travis y Beverly habían visto que, aun preparando las cosas con anterioridad, generalmente las excursiones para ir de compras con Larissa terminaban en conflictos y la hacían sentir que los había decepcionado tanto que preferían que no estuviera con ellos. Por tanto, concluimos que las visitas a las tiendas eran demasiado para Larissa y no la ayudaban a desarrollar nuevas habilidades.

Recomendamos que comenzaran con pasos pequeños y realistas. Les dijimos que uno podía ser llevar a Larissa a una tienda manejable, un lugar del que pudieran salir rápidamente. Debían continuar incorporando la opción de escoger, pero que fueran más específicos y menos abiertos. Por ejemplo, podían decirle: "Te puedo comprar un helado o un chocolate", mejor que: "Te puedo comprar algo que no sea caro". Explicamos que ofrecerle opciones realistas era un enfoque disciplinario que alimentaba los atributos de una mentalidad con capacidad de enfrentar los problemas: un sentimiento de control de su vida y la idea de que puede comenzar a resolver los problemas y tomar decisiones (véanse Capítulos 3 y 4).

También animamos a Travis y a Beverly a utilizar una estrategia que habían intentado antes, pero sin haber sido consecuentes. Antes de entrar en una tienda debían recordar a Larissa las condiciones acordadas y las consecuencias si se presentaba algún problema. Por ejemplo, después de darle las opciones debían recordarle que si se le dificultaba hacer lo que le pedían tendrían que irse, y que gritar o llorar no iba a salvarla.

Sugerimos algunas estrategias para usar en casa también, guiadas por un proceso que ayudaría a Larissa a desarrollar autodisciplina al volverse una participante más activa al momento de resolver problemas. Repasamos la secuencia de resolver problemas que presentamos en el Capítulo 4. Recomendamos a Beverly y a Travis que seleccionaran un par de motivos de conflicto en la casa, como no levantar sus juguetes o discutir al momento de irse a la cama. Asimismo, los instamos a hablar con Larissa sobre por qué ese comportamiento resultaba un problema y a que después hicieran una lista de las sugerencias de la niña sobre cómo resolver la situación. Tal como lo hemos descrito en capítulos anteriores, hemos utilizado este enfoque con otras familias con muy buenos resultados, incluyendo a la familia Burns (Capítulo 2), la familia Heath (Capítulo 4) y los Berkshire (Capítulo 4).

Al principio, los Cerano se mostraron escépticos sobre incluir a Larissa en la resolución de los problemas, pensaban que era muy pequeña e impulsiva como para involucrarse en el proceso. También les preocupaba que su solución a los problemas fuera "hacerle caso". Travis dijo: "A partir de nuestras conversaciones con ustedes descubro que hemos sido muy incongruentes y duros con Larissa. Sé que debemos de ser más consecuentes y estar al pendiente de no parecer ogros. Pero pienso que podemos hacerlo sin tener que entrar en una discusión con ella y pedirle su opinión".

Respondimos que las dos cosas no eran excluyentes.

Al reconocer que les ayudaría ser más consecuentes y menos duros, y que los padres debían ser quienes pusieran los límites y consecuencias, explicamos que estábamos sugiriendo una medida adicional: conforme fueran más consecuentes y menos dados al castigo debían buscar formas de involucrar a Larissa al momento de resolver los problemas. Mientras más aprendiera a detenerse y pensar, y reconocer que las reglas y límites no habían sido creados para hacer su vida terrible, podría desarrollar mejor la autodisciplina. Describimos nuestra filosofía sobre las metas de la disciplina: si siempre decimos a los niños lo que deben hacer y lo que no, es probable que acabemos formando hijos obedientes o complacientes. Sin embargo, el objetivo principal de la disciplina no debe ser ése, sino desarrollar la autodisciplina para que los niños reflexionen sobre sus actos y entiendan por qué las reglas y los límites son esenciales. Además, suelen sentirse más respetados y queridos cuando los padres los incluyen para ayudar a resolver problemas.

Beverly le dijo a su esposo: "Me intriga saber qué pasaría si preguntáramos a Larissa qué le ayudaría a recordar levantar sus juguetes o a no gritar".

Él contestó: "Te apuesto a que diría que no sabe o no le importa".

Estuvimos de acuerdo en que dichas reacciones eran posibles y ofrecimos algunas respuestas que podían ser de ayuda. Si Larissa decía que no lo sabía, simplemente podían decirle: "Está bien, vamos a pensarlo entre todos". Si decía que no le importaba, podían validar lo que expresaba al decirle: "Nos sentimos bien de que nos hayas dicho que piensas que no es importante", y luego agregar: "A lo mejor no lo parece, pero esto nos podría llevar a tener menos gritos y discusiones en la casa, así que *es* importante encontrar una manera de resolver este asunto". Al pensar qué decir, los padres debían considerar el nivel cognitivo de Larissa e involucrarla de una manera realista, pero los animamos a que no se rindieran ni se sintieran descarrilados si ella no reaccionaba positivamente de inmediato a sus peticiones.

Beverly preguntó: "¿Y qué pasa si Larissa trata de sacar ventaja de nosotros y nos dice que deberíamos levantar sus juguetes o que está bien gritar?"

Aseguramos que había varias cosas que podían decir; era su responsabilidad no permitir que Larissa sacara ventaja de ellos y se saliera con la suya. Por ejemplo, si decía que no quería recoger sus juguetes, podían responder que tenía dos opciones: que le ayudaran a recogerlos o que lo hiciera sola. Después podían plantear las consecuencias: si no recogía los juguetes, no podría jugar con ellos al día siguiente. Debían enfatizar que era ella quien debía escoger. Después, más tranquilos, podían hacerle saber que a algunos niños se les olvidaba recoger sus juguetes y que ellos no querían estar regañándola por eso, así que se preguntaban si ella tenía alguna sugerencia sobre cómo podían recordarle que recogiera sus juguetes si lo olvidaba. Como ya lo señalamos en los Capítulos 3 y 4, si su meta es utilizar las técnicas disciplinarias que promueven la autodisciplina y la capacidad de sobreponerse a los problemas, entonces debe involucrar a sus hijos activamente en considerar soluciones para los problemas de disciplina. Se sorprenderá de las buenas ideas que pueden tener.

También abordamos la preocupación de los Cerano en cuanto a que Larissa interpretaba los límites que le ponían como señales de que no la querían. Explicamos que ella sería menos propensa a esa interpretación si iniciaban algún intercambio positivo de ideas sobre lo que hacía bien. A menudo les aconsejamos a los padres: "Sorprende a tu hijo cuando esté haciendo algo bueno". Cuando nos sentimos frustrados con nuestros hijos con facilidad podemos pasar por alto las veces que cooperan.

Beverly dijo: "Creo que sí hemos sorprendido a Larissa cuando hace cosas buenas".

Comentamos que eso significaba que ya llevaban una parte del camino hacia su meta. Explicamos que habíamos puesto este punto sobre la mesa para que elogiaran a Larissa tan consecuentemente como fuera posible. Añadimos que aún no habíamos hablado mucho sobre lo que consideraban los puntos fuertes de Larissa, sus islas de competencia (véanse Capítulos 5 y 6). Preguntamos a los Cerano qué le gustaba hacer a Larissa.

Beverly respondió: "Lo primero que se me ocurre es que le gusta cocinar. Siempre me está preguntando si me puede ayudar a hacer galletas o un pastel. De hecho, cuando me ayuda se concentra más y realmente parece disfrutarlo".

Pedimos a Beverly que describiera cómo se sentía cuando Larissa le ayudaba.

"Es interesante que me lo pregunten. Al principio me preocupaba que tirara cosas en el piso, pero no fue así. Cuando hemos cocinado juntas me he sentido muy cerca de ella. Es algo que debería hacer más seguido".

Comentamos que, a juzgar por su descripción, parecía que Larissa también disfrutaba cocinar con su mamá. "Definitivamente. Larissa enloquece cuando sacamos las galletas del horno y todavía más cuando nos las comemos". Preguntamos qué le decía a Larissa en esos momentos. "Le digo que ha hecho un muy buen trabajo".

Travis comentó: "Ahora que estamos hablando de esto me doy cuenta de algo. Yo también le digo lo ricas que están las galletas y el gran trabajo que ha hecho, pero no estoy seguro de que sea suficiente. Con su comportamiento negativo, no estoy seguro de decirle lo suficiente lo mucho que la quiero ni cuánto aprecio las cosas maravillosas que hace, como esas deliciosas galletas. Tal vez si lo hiciera, sería menos propensa a pensar que deseamos cambiarla por otro bebé".

Reconocimos que cuando algo realmente nos resulta difícil con nuestros hijos, a veces concentrarse en sus puntos fuertes o decirles lo que significan para nosotros evita que surjan críticas y gritos.

Después de tener varias conversaciones con ellos, los Cerano comenzaron a asumir un enfoque más proactivo, con empatía y orientado a resolver problemas, en el cual aprendieron a aceptar el estilo básico de aprendizaje de Larissa y su temperamento. Después, trabajaron para adaptarse a ese estilo, dentro de lo razonable. Aunque muchas veces las reacciones de Larissa no eran lo que esperaban, los Cerano estuvieron mejor preparados para manejar cualquier contratiempo. Además, se concentraron en reforzar sus islas de competencia. La voluntad de aceptar a Larissa les dio fuerza para mantener con calma las medidas que habían escogido tomar cuando su conducta se mostrara difícil. Al principio, Larissa hacía berrinches y volvía a su forma negativa de reaccionar o a su guión negativo de que iban a cambiarla por otro niño. Cuando tenía estos arranques aprendieron a manejarlos con firmeza, pero también con calma. Su respuesta tranquila, a su vez, provocó que la niña tuviera menos arranques..

Cuando los Cerano preguntaron a Larissa cómo podrían recordarle si olvidaba hacer algo, los sorprendió al decirles que si le recordaban diez minutos antes de que los juguetes tuvieran que estar levantados le sería más fácil recogerlos, que si le pedían que lo hiciera inmediatamente. Esta simple estrategia resultó excelente, en parte porque ella misma lo había sugerido.

Mientras tanto, sus padres continuaron llevándola a tiendas pequeñas en salidas cortas. Le tomó varios meses, pero por fin un día logró dar lo que sus padres llamaron el "gran salto" a tiendas más grandes. Algo crucial en este "gran salto" fue que reflejaba un cambio más importante aún; el de la mentalidad de cada miembro de la familia Cerano.

Travis y Beverly cambiaron de ver a Larissa como una niña centrada en sí misma y desconsiderada que siempre quería las cosas a su modo, a percibirla como una niña que había nacido con temperamento inflexible e insaciable. Este cambio de percepción constituyó una transformación de las prácticas disciplinarias de castigos y ser duros, a asumir una actitud autoritativa, calmada y enfocada a resolver problemas, que mantenía a Larissa como la responsable de sus actos mientras se reforzaba un sentido de control y responsabilidad. Los Cerano también pusieron más atención en apoyar las fortalezas de Larissa.

La mentalidad de Larissa también sufrió una transformación, en parte gracias a los cambios demostrados por sus padres. Conforme ellos migraron su enfoque de castigos a un estilo más tolerante y amoroso, la idea de Larissa de haber decepcionado a sus padres y a sí misma disminuyó. Además, poder participar en resolver los problemas reforzaba su autoestima, la aceptación de sí misma y la autodisciplina.

LA ACEPTACIÓN PERSONAL SOSTIENE LA AUTODISCIPLINA

En nuestra práctica clínica hemos trabajado con muchos niños y adultos que no se sentían a gusto con ellos mismos y a los que sus padres no aceptaban ni amaban incondicionalmente.

Cuando el rechazo hacia uno mismo es mayor que la aceptación personal, los niños (y también los adultos) son más dados a tener comportamientos impulsivos y orientados al fracaso, los cuales provocan más críticas y rechazo. Al educar a sus hijos para desarrollar responsabilidad y autodisciplina, debe hacerlo de una manera que no atente contra su dignidad, sino que establezca una relación amorosa con ellos que les permita confiar en sí mismos y en usted. Como hemos visto con varias familias en este libro, esta relación amorosa es la base para la autodisciplina.

> Cuando el rechazo hacia uno mismo es mayor que la aceptación personal, los niños (y también los adultos) son más dados a tener comportamientos impulsivos y orientados al fracaso, los cuales provocan más críticas y rechazo. Al educar a sus hijos para que desarrollen responsabilidad y autodisciplina debe hacerlo de una manera que no atente contra su dignidad, sino que establezca una relación amorosa con ellos.

CAPÍTULO 8

REACCIONAR DE MANERA CONSTRUCTIVA CUANDO LA VIDA PARECE INJUSTA

*

Los padres se quejan frecuentemente de que sus hijos pronuncian a menudo la frase: "¡No es justo!" Las siguientes declaraciones ilustran los ejemplos que los padres nos han proporcionado para describir lo que sus hijos piensan sobre la injusticia:

- "Cada vez que digo a mi hija adolescente que no puede pasar todo el día con sus amigos en el centro comercial, me grita que no soy justa. Después agrega que los padres de sus amigos les dan permiso de hacerlo".
- "Mi hijo de 13 años me dice que no tiene amigos porque no es muy bien parecido; que su hermano mayor heredó todos los atributos de la familia y le hubiera gustado parecerse más a la familia de mi esposo. Ve a mi esposo y a su familia más guapos que la mía".
- "Cada vez que nos negamos a darle algo a nuestra hija de ocho años, su primer comentario es: '¿Por qué no puedo? Todos mis amigos tienen lo que quieren. Ustedes no son

justos'. Le digo que la vida no siempre es justa, pero no parece servir de nada".

- Los papás de dos adolescentes, uno de 13 y el otro de 15 años, hicieron un comentario conmovedor. El de 15 tenía problemas serios de aprendizaje, mientras que su hermano estaba en el programa de excelencia. Después de un día particularmente estresante en la escuela, el hijo de 15 le dijo a sus papás que su hermano menor "ya había olvidado más cosas de las que llegaría a aprender", y añadió: "¿Por qué yo nací con un hoyo en el cerebro? Simplemente no es justo".

Algunas veces las palabras de los niños sobre la injusticia se refieren a actos de los padres u otros adultos que no consideran razonables, mientras que otras se lamentan por su situación en la vida. Estos sentimientos se cruzan con los temas que tratamos anteriormente en este libro, sobre todo en los Capítulos 3 y 6. Sin embargo, tantos niños se quejan de las injusticias, que el tópico merece ser considerado aparte.

CUANDO LA VIDA PARECE INJUSTA

Cuando a los niños les parece injusta la vida que llevan, experimentan varios sentimientos. Estos sentimientos provocan diferentes comportamientos, muchos de los cuales no disminuyen su dolor sino que intensifican su idea de que nadie los quiere. Con frecuencia ven el mundo a través del lente de la "injusticia" y se apresuran a interpretar los actos de los padres y de otros adultos como una confirmación de cuán injustas son las personas con ellos.

Algunos niños se regodean en la tristeza y constantemente se quejan de la vida que les tocó. Piensan que las cosas no van a cambiar, así que no intentan hacer nada positivo para remediar la situación. Su posición pasiva se parece a la de un mártir con muy pocas esperanzas de que las cosas mejoren. Ponen pretextos para cubrir su falta de acción, incluyendo la frase común: "No me importa".

Otros niños arremeten contra quien creen que les ha hecho algo. Gritan a los padres y los acusan de tratar mejor a sus hermanos. Por ejemplo, en un taller una mamá declaró: "Cuando le di un vaso con agua a cada uno uno de mis hijos, mi hija puso el suyo al lado del de su hermano para ver si le había dado más agua a él. Me sentí tan mal que le dije: 'Es agua de la llave. Te puedo dar más'. Ella respondió: 'Si me quisieras tanto como a mi hermano, no me darías menos agua'. Entonces exploté y le dije que era una malagradecida". El padre de esta niña comentó: "Es como si nuestra hija estuviera preparada para ver las cosas injustas, cree que a ella no le toca lo suficiente en comparación con su hermano. Es difícil estar tranquilos con ella".

Otros jóvenes desarrollan cierta forma de pensar: "Si no me tratan bien, no voy a cooperar". Tal vez no le griten a los demás, pero simplemente muestran una actitud desafiante, con frecuencia negándose a cooperar con lo que les piden sus padres u otros adultos. A menudo creen que los padres tienen demasiadas expectativas sobre ellos y entonces se quejan: "Siempre me estás presionando; siempre quieres que haga más que mis hermanos (o los padres de mis amigos). Bien, ¡no quiero!" En una terapia, un adolescente levantó la mano ante su padre en un saludo de "Heil Hitler", diciendo que su padre bien podría haber sido un soldado de la ss.

Cuando un niño tiene la idea de que el mundo es injusto, con frecuencia genera enojo y resentimiento y disminuyen las oportunidades de desarrollar autodisciplina y responsabilidad. Para prevenir o reducir estos problemas, los padres necesitan utilizar técnicas disciplinarias que minimicen la creencia de injusticia en el niño.

PADRES NO REALISTAS, NIÑOS INSATISFECHOS

En el Capítulo 7 mencionamos que algunos niños tienen un temperamento que los predispone a creer que hay una nube negra que los persigue a todas partes. Del mismo modo, desde que nacen algunos niños parecen creer que el mundo es injusto. Los padres comentan que estos niños son más difíciles de satisfacer o tranquilizar. A veces los llaman "insaciables" para expresar que sin importar cuánto hagan por ellos, nunca es suficiente. Un padre dijo acerca de su hija de cinco años: "Si le compro un juguete nuevo está feliz por un rato, pero poco después exige otro". Después hizo un comentario conmovedor: "Su placer es muy breve. Nada parece contrarrestar su infelicidad. Siempre quiere más y más, pero cuando lo obtiene, en lugar de estar feliz, comienza a pensar en lo que no tiene. Para ser honesto, mi esposa y yo nos sentimos mal por ella, pero también nos vuelve locos".

Aunque algunos niños parecen estar predispuestos a percibir el mundo como un lugar de injusticia desde el nacimiento, este tipo de ideas también pueden dispararse por las actitudes y el comportamiento de los padres. En el capítulo anterior hablamos de la importancia de que los padres tengan expectativas realistas y que aprendan a aceptar a sus hijos por quienes son, no por quienes quisieran que fueran. En capítulos anteriores atestiguamos cómo las expectativas no realistas o preferir a uno de los hijos interfería con la disciplina y disminuía el desarrollo de la autodisciplina. Por ejemplo, los Wilkins, en los Capítulos 4 y 6, comparaban desfavorablemente a su hija Melanie de doce años, con su hija Patty, de 14.

Tal vez el ejemplo más dramático de trato diferente fue el de los White, a quienes describimos en el Capítulo 5. Ellos querían mucho a Linda, de 16 años, quien era social, académica y deportivamente exitosa, mientras que eran duros y estaban decepcionados de George, su hijo de 13 años, quien tenía problemas de aprendizaje, convivencia y coordinación motriz. Era obvio para George que sus padres no lo comprendían y reaccionó encendiendo un bote de basura en la escuela; no tanto para incendiar la escuela, sino como un grito de ayuda.

Mientras que muchos niños acusan a sus padres de ser injustos, es imperativo que los padres reflexionen honestamente sobre sus actitudes y la forma en que interactúan con sus hijos. Deben valorar si son válidas las percepciones de los niños sobre actos injustos y determinar si deben ajustar sus expectativas y disciplina. Los padres no necesitan alterar su estilo de educación cada vez que un niño dice: "No eres justo", o "Tratas mejor a mi hermano o hermana que a mí". Sin embargo, necesitan tomar los comentarios seriamente, sobre todo si los niños los dicen a menudo y con intensidad. Además, pueden aprender a responder a estas acusaciones eficazmente y con empatía, sin importar qué tan válidas sean. Aunque tal vez piense que la percepción de su hijo no tiene fundamento en la realidad, esa percepción *es* la realidad de su hijo, así que debe partir de ahí para hacer un cambio.

> Aunque tal vez piense que la percepción de su hijo no tiene fundamento en la realidad, esa percepción es la realidad de su hijo.

La familia Amherst: "¿Por qué debo levantar la mesa?"

Susana Amherst, madre divorciada con dos hijos, estaba angustiada cuando vino a vernos: su ex esposo, quien vivía a miles de kilómetros de distancia, solamente veía a sus hijos durante las vacaciones cada año y tres semanas en el verano. Susana se sentía "sola y con poco apoyo" en la crianza de los niños. Describió su trabajo como administradora en un colegio local como "estimulante, gratificante y cansado".

Apuntó: "Ahora que mis hijos son lo suficientemente grandes para ayudar en casa espero que lo hagan, pero mi hija Jill, de 12 años, casi no me ayuda". Se encendió un foco rojo cuando Susana añadió: "Es duro para mi hijo David, de 13 años, ayudar mucho porque tiene problemas de aprendizaje. Cada noche necesita más tiempo para terminar su tarea y al final queda exhausto. Me gustaría que Jill fuera más comprensiva".

Susana nos habló un poco de los antecedentes de la familia: "Su padre me dejó hace casi ocho años por una mujer más joven y, aunque proporciona cierta ayuda económica, realmente necesitamos mis ingresos para vivir. Me gusta mi trabajo, pero me gustaría tener un horario menos pesado". Entonces, sin que lo pidiéramos, comenzó a hablar de su vida personal: "Voy a ser honesta con ustedes: después de todos estos años todavía siento mucho coraje hacia mi ex esposo. No es sólo que me haya abandonado así, de repente, pero si aún estuviéramos casados quizá no tendría problemas económicos y tomaría un trabajo satisfactorio, pero de medio tiempo. Creo que sería más fácil si me volviera a casar, pero quizá eso traería más problemas. Además, no he encontrado a nadie con quien relacionarme. Tengo dos hermanas, ambas con buenos matrimonios y horarios mucho más flexibles. Tal vez no debería decirlo; me da gusto por ellas, pero a veces las envidio. No quiero sonar envidiosa, pero a lo mejor lo soy. Debo cuidar no caer en el papel de mártir y sentir que la vida me ha tratado injustamente".

De pronto se detuvo y sonrió: "Lo siento. A veces me extiendo mucho y hablo improvisadamente, sobre todo cuando estoy muy estresada, lo que sucede cada vez con más frecuencia. Siento que tengo un motor en la boca que no se detiene".

Era evidente que había experimentado mucha presión como madre soltera. Dijimos que cuando la gente se siente presionada, con frecuencia se pregunta sobre cómo podrían haber sido las cosas o se compara con otras personas.

Susana dijo: "Les agradezco que digan eso. A veces me enojo conmigo misma por sentir lástima de mí, lo que me hace sentir todavía peor".

Expresamos a Susana que apreciábamos su honestidad y el esfuerzo que había implicado venir a consultarnos. Manifestamos nuestro deseo de ayudarla a encontrar una manera para aminorar la presión que había estado sintiendo.

De nuevo nos dijo: "Les agradezco".

Dirigimos la conversación hacia sus hijos y pedimos que nos hablara más sobre ellos, incluyendo sus preocupaciones y dudas.

Susana comentó: "Honestamente, me siento estresada por ambos, pero por diferentes razones. Como ya lo mencioné, creo que la vida sería mucho más fácil si Jill me ayudara con algunas cosas de la casa como preparar la cena, levantar la mesa o limpiar, pero debo recordarle constantemente que lo haga. Cuando lo hago me dice que no estoy siendo justa con ella, que no espero que David me ayude. Yo le digo que David no puede hacer muchas cosas por sus problemas de aprendizaje y la presión que tiene por sus trabajos de la escuela. Le he dicho: 'En lugar de pensar que no soy justa deberías estar feliz porque no tienes problemas de aprendizaje'. La semana pasada estaba tan enojada con ella por su actitud que le dije: 'Si hay alguien que debería pensar que las cosas no son justas es David, ya que para él aprender es algo muy difícil'".

Le pedimos que nos describiera cómo reaccionaba Jill a estos comentarios. "Lo de siempre. Dice que nunca la escucho y que quiero más a David. En un tono altanero me dice: '¿Por qué tengo que levantar la mesa? Nunca le pides a David que haga nada y es un año mayor que yo. Sólo dice que tiene mucha tarea y dejas que no haga lo que le toca. A él lo tratas como a un rey y a mí como a una sirvienta'.

Las palabras que había usado Jill eran bastante fuertes y preguntamos a Susana cómo había manejado la situación.

Contestó: "Supongo que no muy bien. Cuando le digo que debería estar agradecida por no tener problemas de aprendizaje se enoja más. Lo que genera más tensión es que David a veces dice que no soporta las discusiones. He recurrido a quitarle ciertos privilegios a Jill como tiempo de hablar por teléfono o de ver la tele, e incluso la he castigado sin salir. Mi idea es que si no tiene tiempo para ayudar en la casa, entonces tampoco debe tenerlo para otras cosas; sin embargo, su actitud no mejora y parece aferrarse más".

Susana comenzó a llorar y comentó: "No es un hogar muy feliz. Me siento bloqueada y no sé cómo hacer que las cosas mejoren, sobre todo porque estoy muy cansada y esto me sobrepasa. Me siento como una madre fracasada".

Mientras escuchábamos las palabras de Susana, se nos ocurrieron muchas ideas. La idea de injusticia era un tema recurrente en la familia. Era muy claro que Susana sentía, al compararse con sus hermanas, que su situación en la vida no era muy justa porque su esposo la había dejado y ella tenía que trabajar tiempo completo para cubrir las necesidades de la familia.

Las dificultades para aprender de David le parecían algo injusto, considerando que el aprendizaje era fácil para muchos niños, incluida su hija. Sin embargo, no tenía empatía hacia Jill. No podía aceptar la perspectiva de Jill de que tenía diferentes expectativas y trato hacia ella y David. Desde luego, el enojo de Jill hacía más difícil que la madre reconociera su punto de vista. Esa dificultad no disculpaba los actos de Susana, pero nos ayudó a entender su falta de empatía hacia Jill, así como lo dura que era su disciplina.

La frustración, el cansancio y la falta de empatía de Susana también contribuyeron a su falta de comunicación con Jill y le impidió reconocer los sentimientos de su hija. Nosotros pensábamos que validarlos podía ser la base para desarrollar un estilo de disciplina autoritativa que incorporara un enfoque orientado a resolver problemas, con el fin de disminuir la tensión y los sentimientos de injusticia en el hogar de los Amherst. Reconocimos que al darle algunas sugerencias a Susana, debíamos mostrar el apoyo, la empatía y la validación de los sentimientos que nosotros esperábamos que le mostrara a Jill.

Al reconocer que Susana había estado bajo bastante presión por varios años y que había experimentado suficientes roces con Jill, observamos que quería una mejor relación con su hija; le dijimos que teníamos algunas ideas para lograrlo. Le pedimos que, mientras comenzábamos a compartir nuestras ideas, nos hiciera saber si algunas no eran claras, si sentía que interpretábamos mal la situación o que la criticábamos. Le aseguramos que no queríamos que se sintiera juzgada o que éramos injustos.

Utilizamos esta última palabra a propósito, ya que la injusticia era el tema central de la familia. También buscábamos que las palabras que usáramos funcionaran como modelo de enfoque con empatía que pudiera ayudar a Susana a sentirse más cómoda y receptiva con nuestro mensaje. En pocas palabras, estábamos intentando mostrar un estilo de comunicación que ella podía utilizar con Jill.

Susana respondió: "He estado estresada por un buen tiempo, y sé que a veces he sido dura con Jill. Cuando dice que trato mejor a David y que soy injusta se enciende un foco rojo de atención en mi interior. Me encantaría escuchar sus ideas sobre el tipo de cosas que puedo hacer de manera distinta".

Compartimos nuestra observación de que la descripción de Susana sugería que se enojaba con Jill cuando la acusaba de ser injusta. Reconociendo que ningún padre quiere escuchar algo así, preguntamos a Susana por qué podría ser un foco de atención para ella.

Contestó: "He pensado en eso, sobre todo cuando le he gritado a Jill por ser una malagradecida. Después me siento muy mal, pero aun así lo sigo haciendo. Sé que no ayuda mucho".

Comentamos que normalmente, cuando las personas perciben algo que enciende un foco rojo, siguen haciendo aquello que quisieran dejar de hacer. Le pedimos que nos compartiera sus ideas sobre por qué resultaba tan grave para ella el hecho de que Jill la llamara "injusta".

Ciertamente conmovida, Susana respondió: "Como ya lo mencioné antes, le he dicho a Jill que si alguien debería pensar que las cosas son injustas, sería David. A él realmente le cuesta trabajo aprender. Pero, para ser honesta, a veces he tenido ganas de gritarle: '¿Piensas que las cosas son injustas? Te voy a decir lo que es injusto. ¡Que tu padre me haya abandonado y tener que luchar para sobrevivir! Eso es algo injusto. Y si tú me ayudaras, las cosas podrían mejorar'". Después, añadió con tristeza: "Nunca le he dicho eso a Jill. Nunca lo haría. Aun ahora que lo expreso ante ustedes suena como algo dicho por una persona terrible, egoísta".

Aseguramos a Susana que nos parecían como algo dicho por una persona que sentía que las cosas no habían sido justas y que había experimentado bastante estrés. También, que nos había ayudado a entender por qué el tema de la justicia había sido un foco de atención tan importante para ella y por qué había sido tan dura con Jill y mucho más comprensiva con David. Como parte de nuestro enfoque en el tratamiento, hicimos algunas preguntas que con frecuencia hacemos a los padres para que tengan mayor empatía con sus hijos. Primero, pedimos que nos describiera a cada uno de sus hijos en unas cuantas palabras.

Se detuvo unos momentos a pensar antes de responder. "Al describir a Jill creo que utilizaría las palabras *no cooperativa* y *malagradecida*. Para David, la primera palabra que se me viene a la mente es *luchar*. Aprender es una lucha, hacer amigos es una lucha, los deportes son una lucha".

Después pedimos que considerara si Jill y David tenían una idea precisa de cómo los describiría. "Sí. Sobre todo Jill, ya que he utilizado palabras como *malagradecida* con ella. También creo que David tendría una buena idea de las palabras con las que lo descubriría, ya que varias veces hemos hablado de su lucha constante".

Pedimos que nos dijera cómo pensaba que sus hijos la describirían a ella.

Ella contestó: "¡Uy! Esa sí es una buena pregunta. Estoy segura de que Jill diría que soy injusta, que la castigo por cualquier cosa, que quiero más a David que a ella. Sé que diría eso, pero no es verdad. Puede sentirse así, ya que a veces soy más dura con ella que con David porque no es cooperativa. Si fuera más amable y ayudara más, no tendría que gritarle ni castigarla".

Al pensar en cómo David podría describirla, Susana dijo: "Creo que diría que lo apoyo y que reconozco sus dificultades con el aprendizaje. Creo que apoyo más a David que a Jill ya que, aun con sus problemas, David es más respetuoso conmigo de lo que Jill nunca ha sido".

La sesión estaba por terminar así que sugerimos continuar con este aspecto en el siguiente encuentro. Para facilitar algunas cosas en la siguiente sesión, pedimos a Susan que pensara en una pregunta más: "¿Cómo te gustaría que tus dos hijos te describieran?"

Respondió: "Ésa es una pregunta inquietante".

Estuvimos de acuerdo y añadimos que cuando tuviéramos una idea sobre la respuesta, podíamos comenzar a sugerir algunos pasos para lograr que Jill y David la describieran como a ella le gustaría.

En la siguiente sesión, Susana empleó poco tiempo para hablar de sus ideas sobre la última pregunta que le habíamos hecho. "Pensé mucho sobre cómo querría que Jill y David me describieran. Todo el proceso para responderlo fue muy molesto, sobre todo cuando pensaba en Jill". Nos preguntamos qué habría hecho tan molesto el proceso. "Lo que me molestó fue saber que la manera en que me gustaría que me describiera Jill es muy diferente de cómo realmente me describiría, y no sé muy bien qué hacer al respecto. Creo que tiene una imagen tan fija de mí que no va a cambiar, a menos que le diga que no debe ayudarme en nada o que puede usar el teléfono tanto como quiera y ver la tele todo el día".

Entonces pedimos que nos dijera qué palabras le gustaría que Jill utilizara al describirla.

"Probablemente, las palabras que a la mayoría de los padres les gustaría escuchar. Palabras como *cariñosa*, *protectora*, *que sabe escuchar*, *paciente*, *divertida*. No creo que Jill use estas palabras. Como les dije la vez pasada, seguramente diría que soy injusta y que realmente no la quiero. No sé cómo puedo hacer que cambie y cómo se puede volver más cooperativa".

Los comentarios de Susana revelaban muchas cosas. Al mismo tiempo que deseaba una relación más positiva con Jill, pensaba que sólo podría pasar si su hija tomaba la iniciativa de hacer cambios en su actitud y en su comportamiento. Pero, como lo señalamos en el Capítulo 3, cuando la gente busca su felicidad esperando que alguien más cambie primero, quizá deba esperar mucho tiempo y nunca será feliz. En ese capítulo señalamos que cuando los padres disciplinan a sus hijos, una de sus metas debería ser aumentar el sentido de responsabilidad y control personal. Sabíamos que teníamos que ayudar a Susana a analizar qué cosas podía hacer de manera distinta en su relación con Jill para que cambiara la percepción de la niña sobre su madre. También sabíamos que Susana debía comprender que las distintas formas en que reaccionaba con Jill y David, y sus métodos de disciplina relativamente duros, habían contribuido a que Jill sintiera que su madre no se preocupaba por ella y que era injusta.

Aseguramos que mientras más abundara en la descripción de su relación con Jill, más podríamos ver cuán frustrante era para ambas. Con base en todo lo que nos había dicho, nos parecía obvio que ella deseaba una relación más cariñosa con Jill y que su hija la describiera con palabras más amables.

Antes de poder terminar de decir lo que pensábamos, Susana dijo: "Me encantaría tener una relación así con Jill".

Respondimos que teníamos las mismas metas que ella, pero que tal vez nuestras ideas sobre cómo alcanzarlas eran distintas. Hicimos hincapié en que lo que Susana había estado haciendo no daba resultados óptimos, lo que significaba que debíamos intentar un enfoque distinto. Tras asegurar que nuestras palabras no tenían la intención de criticarla y que no esperábamos que hiciera los cambios sin que Jill se responsabilizara, explicamos que debíamos concentrarnos en las cosas que Susana tenía que hacer de manera distinta. A lo mejor, sin querer, había reforzado la idea de Jill de que su madre trataba a los dos hijos distinto y que había sido más dura y demandante con ella.

Al principio, Susana no respondió. Después dijo: "Sé que no me están juzgando y quieren ayudarme, pero al escucharlos parece que me culpan".

Enfatizamos que no nos interesaba culpar a nadie y explicamos que sólo estábamos interesados en que ella asumiera su responsabilidad en el cambio que le tocaba hacer. Comentamos que en nuestra experiencia habíamos visto que los cambios positivos eran más factibles en las familias donde los padres toman la iniciativa de cambiar las formas ineficaces de reaccionar; lo que llamamos "guiones negativos". Así, al decir que queríamos que los padres tomaran la iniciativa, no los culpábamos de nada sino que les otorgábamos un poder.

Susana se quedó pasmada: "¿Un poder?"

Explicamos que se trataba de un poder para identificar aquello sobre lo que tenía control y podía cambiar, más que estar esperando a que otros cambiaran primero.

Dijo: "No puedo entender esto. Tengo una pregunta y de verdad quisiera una respuesta franca. ¿Piensan que he tratado injustamente a Jill, sobre todo en comparación con David?"

Sonriendo aseguramos que no queríamos jugar a lo que algunas personas llamaban el "juego del loquero" con sólo preguntarle: "¿Tú qué piensas?", así que prometimos responder, pero sólo después de que nos dijera cómo respondería a esa pregunta.

Susana nos devolvió la sonrisa y dijo: "¡Ah!, *están* jugando al loquero. Si me hubieran hecho la misma pregunta hace dos semanas hubiera dicho que era justa en mi trato con ambos, ya que tenían necesidades distintas. Pero ahora, pensando en cómo los describiría a ellos y cómo me describirían ellos a mí, ya no estoy tan segura".

Respondimos que cuando mencionó que sus hijos tenían necesidades distintas, su punto era importante. Para nosotros, ser justo no significaba tratar a los hijos de la misma manera, algo que de todas formas es imposible de hacer. Más bien implica una relación basada en el temperamento único de cada hijo. Sin embargo, si reconocemos que los padres se vinculan con sus hijos de manera distinta, entonces están obligados a asegurarse de que éstos sepan que intentan ser justos. Si no, pueden tener la idea de que los padres son injustos y, si esto sucede, lo más probable es que los padres se enojen y los castiguen más. El resultado es un círculo vicioso que conlleva formas más duras de disciplina.

Susana dijo: "Sé que eso ha estado ocurriendo en casa. Tengo que recordar que Jill sólo tiene 12 años y ha pasado por muchas cosas, sobre todo cuando su papá se fue y ella apenas tenía cuatro años. Creo que le he pedido más de lo que muchos padres piden a sus hijos, pero yo necesito más ayuda que muchos padres".

Para responder a su pregunta anterior le dijimos que, con base en sus descripciones, pensábamos que tal vez ella esperaba mucho de Jill. Sin embargo, añadimos que quizá su hija estaba más dispuesta a colaborar de lo que Susana pensaba. También le hicimos notar que no habíamos hablado mucho de David, pero sentíamos que estaba angustiado por presenciar las discusiones entre su madre y su hermana.

Susana estuvo de acuerdo inmediatamente, ahora podía ver que necesitaba hacer algunos cambios y nos pidió sugerencias. Abordamos varias ideas que hemos transmitido en los capítulos anteriores, y recomendamos que siguiera un enfoque orientado a resolver problemas, incluyendo una conversación sobre el tema de la justicia. Aconsejamos que le pidiera a Jill que la ayudara, pero sin utilizar un tono negativo ni amenazante, que buscara oportunidades para agradecerle cuando se mostrara cooperativa, y que disminuyera los castigos que sólo aumentaban el coraje y el resentimiento.

Más específicamente, le recomendamos que hablara con sus dos hijos y les dijera que había mucha tensión en casa y que reconocía que había contribuido a ello. También, que les explicara que se había sentido muy estresada y que realmente le vendría muy bien un poco de ayuda, pero de una manera en que todos estuvieran de acuerdo en que las cosas eran justas; al hacer esto haría el proceso más manejable. Si se sentía cómoda, también podía decirles que había esperado mucho de Jill, y que aunque David tenía algunos problemas de aprendizaje, tal vez también podía participar en algunas de las responsabilidades de la casa. Sugerimos que hiciera una lista de tareas diaria o semanal y que les preguntara cómo pensaban que podían ayudar. Comentamos que de acuerdo con nuestra experiencia, cuando los niños son tomados en cuenta para resolver problemas, con frecuencia se comportan a la altura de las circunstancias; asimismo, cuando tienen algunas ideas para solucionar los problemas consideran que las soluciones son justas y las siguen, pues sienten que, en parte, les pertenecen.

Después de escucharnos con atención, Susana dijo: "Lo que están sugiriendo suena razonable, pero me preocupa que Jill diga algo grosero como: 'Ya era hora de que te dieras cuenta de lo injusta que has sido'. Entonces lo más probable es que yo me enoje y estaremos de vuelta donde comenzamos".

Reconocimos que era un punto importante y que muchas veces este tipo de conversaciones no ocurren como se planean, por lo que generalmente pedimos a los padres que estén preparados para los posibles obstáculos. Sugerimos que si Jill decía eso, Susana podía responder: "Siento mucho que me haya tardado tanto tiempo en darme cuenta, porque esto ha causado mucha fricción entre tú y yo, y me gustaría que no la hubiera".

Sonriendo, Susana dijo: "Me gustaría que ustedes pudieran estar conmigo, de forma invisible, cuando hable con Jill y David. Podrían darme respuestas cuando no sepa qué decir".

Aseguramos que prepararse más durante las sesiones ayudaría a que la conversación fluyera mejor. Volvimos a hablar de la reunión familiar que habíamos propuesto que tuviera con Jill y David. Recomendamos que dijera a David que ella sabía que tenía dificultades para ayudarlas de lunes a viernes porque le tomaba mucho tiempo hacer la tarea. Luego podía comunicarles que deseaba encontrar una manera, junto con ellos, para que David ayudara entre semana y también los fines de semana y así quitarle un poco de presión a su hermana. Sería muy importante para ella decir directamente a los niños: "Los tres debemos colaborar, pero, además quiero que todos sintamos que la solución es justa".

También revisamos la "red de seguridad" que recomendamos que los padres tengan preparada cuando diseñen estrategias; es decir, que reconozcan que a veces los padres o los hijos pueden olvidar cumplir con ciertas responsabilidades, por lo cual debían decidir previamente cómo recordarse sus tareas entre ellos. Como hemos señalado, anticiparse a los posibles obstáculos ayuda a disminuir las decepciones, la frustración y el enojo.

Antes de nuestra siguiente sesión, Susana llamó para informarnos de su reunión con Jill y David. Aunque ya sabía que era probable que Jill no quisiera tener una "reunión familiar", no tardó mucho en aceptar cuando su madre le informó el propósito de la misma: asegurarse de que las responsabilidades de la casa fueran distribuidas de manera justa. Jill había dicho en un tono negativo: "Ya era hora de que buscaras la manera de ser justa", pero Susana, sabiamente, no respondió del mismo modo. Simplemente le dijo a su hija que no deseaba que nadie en la familia sintiera injusticia. También aceptó que algunas de las consecuencias que le había impuesto habían sido muy duras y por eso quería encontrar una mejor manera de reaccionar. De acuerdo con Susana, Jill aceptó con entusiasmo.

La madre comenzó la reunión reconociendo que sentía muchos roces en casa, y que estaba segura de que los tres podían hacer cosas para disminuir las discusiones y la tensión. Expresó que, dada toda la presión que había experimentado mientras trataba de guardar un equilibrio entre el trabajo y las responsabilidades de la casa, no había pensado con atención en las expectativas que tenía de sus hijos y de sí misma; reconoció que había sido arbitraria al definir las responsabilidades de cada quien.

Mientras Susana narraba la conversación con Jill y David, nos afirmó: "Estaba sorprendida de lo atentos que estaban, sobre todo Jill. Yo esperaba que hiciera un comentario sarcástico, pero no fue así. Quizá fue porque trataba de hacer lo que ustedes me habían recomendado". Preguntamos a cuál sugerencia se refería. "A tener más empatía y a validar lo que Jill estaba sintiendo". Comentamos que todo indicaba que había hecho un gran trabajo.

Susana nos agradeció y siguió relatando su reunión familiar; había hecho una lista de las responsabilidades que consideraba más importantes para que la casa funcionara bien; preguntó a Jill y a David si quisieran cambiar algo de la lista y ellos propusieron algunos cambios. Una vez que los tres estuvieron de acuerdo con la lista hablaron de las responsabilidades colectivas y de las individuales. También acordaron sobre lo que podían alternar cada mes, para que nadie hiciera algo tedioso o aburrido por mucho tiempo. Además, Susana abordó el tema de los problemas de aprendizaje de David al mencionar que algunas responsabilidades podrían ser más difíciles para que las terminara en una sola tarde, entre semana, por la tarea, pero que podían ser más manejables el fin de semana, cuando tenía más tiempo. Susana comentó: "Aprendí algo que no esperaba; David parecía contento de aceptar responsabilidades. Creo que sentía que no estaba colaborando. También, al poner excusas por él, quizá estuve transmitiendo el mensaje equivocado". Preguntamos cuál era ese mensaje.

"Que yo no pensaba que él fuera capaz de manejar ciertas cosas. De hecho, dijo que creía que podía ayudar en algunas tareas".

Reforzamos el punto importante del comentario de Susana al enfatizar que cuando los padres tratan de proteger a sus hijos y hacen las cosas más fáciles para ellos, a veces los perjudican. Al ser muy protectores transmitimos, sin darnos cuenta, que no creemos en sus habilidades para enfrentar retos. Nunca dejaríamos a nuestros hijos en una alberca si no saben nadar, pero sí podemos animarlos a que se mojen los pies. Añadimos que el eximir a un hijo de cumplir con ciertas responsabilidades porque enfrenta problemas de aprendizaje, provocamos resentimiento en los otros hijos si sienten que se espera mucho de ellos. Dijimos a Susana que una de las razones por las que David se enojaba cuando tenía discusiones con Jill era porque sabía que las responsabilidades podían ser repartidas más equitativamente; algunos niños en la posición de David se sienten un poco culpables en ese tipo de situaciones porque creen que han sido la causa de los problemas.

> Al ser muy protectores transmitimos, sin darnos cuenta, que no creemos en sus habilidades para enfrentar retos.

Susana respondió: "Hace unas semanas no hubiera pensado que David se sentía así, pero ahora puedo ver que sí". Y sonriendo, añadió: "Estaba orgullosa de cómo David y Jill mencionaron algunas cosas como tirar la basura, que eran aburridas y podían alternarlas cada dos semanas, no cada mes. Luego hicimos un horario. También me alegro de que hayan hablado de cómo nos recordaríamos mutuamente si alguno olvidaba cumplir con sus responsabilidades. Como habíamos enlistado todas las responsabilidades, comenté que la mejor manera de recordarme sería simplemente señalando la lista frente a mí. ¿Y saben qué? Me dijeron que yo podía hacer lo mismo si ellos olvidaban algo".

Originalmente habíamos planeado algunas reuniones familiares con Susana, David y Jill, para reforzar los cambios positivos, pero dada la reacción de los hijos a las nuevas prácticas maternales de Susana, ella consideraba que las reuniones familiares en casa estaban alcanzando las metas que habríamos buscado en el consultorio. Percibimos en esto una señal de que se sentía más competente y segura en su papel de madre. En nuestras sesiones con ella seguimos hablando de sus habilidades maternales y también analizamos con más detalle su insatisfacción y enojo sobre las situaciones de su vida personal, incluyendo el abandono de su esposo.

Aunque originalmente Susana nos había buscado para consultarnos sobre los problemas con Jill, esto le sirvió para que al mismo tiempo pudiera comenzar a confrontar temas relacionados con su vida, los cuales influían en sus prácticas maternales. Al abordar las estrategias para ayudar a Jill y a David a sentirse más en control, Susana reconoció a qué grado había adoptado el papel de mártir, creyendo que le había tocado una vida mala y que no podía hacer mucho para mejorar la situación. Lo interesante es que, mientras más se separaba de este papel, se convertía en una madre más eficaz y pudo cambiar de una posición autoritaria a una autoritativa. La lucha de poder con Jill disminuyó y fue reemplazada por un enfoque orientado a resolver problemas que alimentaba la autodisciplina.

RESPETE LOS SENTIMIENTOS DE SU HIJO

Hemos trabajado con muchos padres frustrados porque sus hijos se quejan de las injusticias. En uno de nuestros talleres, un padre dijo: "Me pongo como loco cuando mi hijo de doce años me dice que las cosas no son justas; que le dejan mucha tarea, que no le compramos el tipo de tenis que tienen sus

amigos, que su mejor amigo tiene una tele de 51 pulgadas mientras que la nuestra es de 32. La otra noche le dije: 'Si piensas que las cosas no son justas ahora, espera a que entres al mundo real y trabajes para vivir. Deja de quejarte, te va bastante bien y deberías comenzar por apreciar lo que tienes'".
Preguntamos al padre si sus palabras habían ayudado en algo.

"Me ayudó a decir algunas cosas que quería, pero no creo que hayan cambiado su forma de ver las cosas. Francamente, no sabía qué decirle".

Reconocimos que puede ser muy difícil saber responder y compartimos lo que hemos aprendido en nuestra experiencia. Tratar de convencer con palabras a un niño de que las cosas no son injustas, rara vez funciona. En cambio, es más útil validar lo que los hijos dicen y, en la medida de lo posible, involucrarlos en resolver problemas. El padre preguntó: "¿Qué quieren decir?"

Sugerimos que podía decir a su hijo: "Siento mucho que pienses que muchas cosas no son justas. Tal vez no serás capaz de cambiar algunas, pero habrá otras que sí. No sé si los maestros te vayan a pedir menos tarea, pero si quieres tener los mismos tenis que tus amigos, te daré el mismo dinero que gastaría en unos tenis normales y podemos buscar una manera en que puedas ganarte el resto".

> Tratar de convencer con palabras a un niño de que las cosas no son injustas, rara vez funciona. En cambio, es más útil validar lo que los hijos dicen y, en la medida de lo posible, involucrarlos en resolver problemas.

El padre dijo: "No estoy muy seguro de que eso funcionaría".

Estuvimos de acuerdo en que quizá no, pero valía la pena intentarlo. En nuestra experiencia, la combinación de validar los sentimientos de las personas y ayudar a resolver problemas suele ser más eficaz que si un padre le dice a su hijo o hija que su vida es muy fácil. Aun cuando desde nuestra perspectiva para los niños es fácil, decirles cómo deben sentirse o qué deberían ver, sólo aumenta su resentimiento.

Al terminar de explicar la idea, una madre dijo: "Es interesante lo que acaban de decir sobre la validación. Mi hija tiene 11 años y le están inyectando hormonas. Estas inyecciones son dolorosas y sé que su autoestima se ve afectada, sobre todo cuando se burlan de ella por su tamaño. Hace dos años se estaba sintiendo muy mal y comenzó a preguntarme por qué era ella quien tenía un problema hormonal de crecimiento y no alguien más. Tuve cuidado de no decirle inmediatamente que no debía sentir lástima por sí misma o desear que alguien más tuviera el problema. Le dije que realmente los doctores no sabían por qué distintos niños nacen con problemas diferentes".

La madre continuó: "Dije que podía imaginar lo difícil que era para ella vivir con este problema, pero al menos había tratamientos que podían ayudarla. Influyó que validara sus sentimientos y que luego hiciera el comentario sobre el posible tratamiento. De hecho, ha sido disciplinada con las inyecciones y ya está creciendo".

Tras agradecer a esta mamá por contarnos su historia, aclaramos que validar los sentimientos de los niños no significa estar de acuerdo con ellos, sino escucharlos. Pensamos que los niños son menos propensos a los problemas de disciplina cuando sienten que sus padres los escuchan y tratan de ser justos, aun si no estan de acuerdo con ellos. Pero con mucha frecuencia se crea un círculo vicioso cuando los padres se enojan con sus hijos como reacción ante actitudes negativas y mal comportamiento. Los niños responden enojándose más, los padres recurren más al castigo y sus acciones refuerzan la idea de los niños de que los padres son injustos e insensibles. Por el contrario, la validación y la empatía reducen ese círculo o desde el principio no dejan que se forme. Esto prepara el escenario para resolver problemas, más que aumentarlos y castigar a los hijos.

Cuando terminamos la explicación, la madre cuya hija tenía un problema hormonal sonrió y exclamó: "¡Vaya! No me había dado cuenta de que estaba haciendo todo eso por mi hija".

Desafortunadamente, hemos visto lo que sucede en las familias donde los sentimientos de injusticia y enojo dificultan que practiquen la empatía y la resolución de problemas. Volvamos al caso de la familia Elefson, de quienes hablamos en el capítulo anterior.

La familia Elefson: "Siento que el cerebro me va a explotar"

En el Capítulo 7 hablamos de los temas que abordaron Dena y Garth Elefson, cuyo hijo de 12 años, Aarón, estaba lidiando con problemas de aprendizaje. Nos consultaron porque los maestros y el pediatra de su hijo estaban preocupados por su desempeño académico. Sus dificultades parecían haber aumentado en la secundaria, pero se habían manifestado desde la primaria.

Durante nuestra primera conversación con los Elefson describieron un componente negativo de la mentalidad de Aarón: su idea de que había decepcionado a los demás y a sí mismo. Enfrentó su dolor psicológico y su vergüenza eludiendo la tarea y refugiándose en tocar la guitarra y la batería, o en dibujar historietas. Cuando no cumplía con sus tareas escolares, sus padres reaccionaban con enojo y decían que debía cumplir con sus responsabilidades y dejar esa "cara de amargura". Aarón interpretaba sus actos y sus palabras como señal de que no lo amaban y de que los había decepcionado. Garth y Dena reconocieron ante nosotros que Aarón era un niño frustrante y que, de hecho, los había decepcionado. Su frustración provocó una disciplina más orientada al castigo, que incluía limitarle lo único que realmente disfrutaba y en lo que destacaba: la música. Ésta se convirtió en la forma de disciplina más común de los Elefson, y su enfoque provocó que Aarón confirmara lo enojados y decepcionados que se sentían sus padres. Parecía no ver en qué contribuía a los problemas de la casa.

En muchas familias sucede que, un niño carga con dos o más mentalidades que se sobreponen, cada una reforzando la otra y contribuyendo a que se sienta muy mal. Al valorar los patrones de pensamiento, sentimiento y comportamiento de Aarón aprendimos que su idea de que hubiera decepcionado a los demás y a sí mismo estaba acompañada de una que no era tan clara para sus padres, ya que él había dudado en externarla. Esta idea no expresada era que la vida le había hecho una mala jugada al haberle dado un cerebro que no funcionaba bien. En nuestras primeras sesiones Aarón nos habló de sus sentimientos de tristeza y desamparo.

No era de sorprender, dada la negativa experiencia de valoración que le había aplicado el psicólogo de la escuela, que hubiera negado a sus padres que le hicieran más pruebas, que "ustedes sólo están tratando de castigarme y saber qué tan tonto soy". Siguiendo nuestro consejo, Garth y Dena describieron las pruebas a Aarón como un mejor medio para tener una idea más clara de cuáles eran las dificultades que tenía en la escuela. Hicieron hincapié en que estaban preocupados por haber sido muy duros con él por no entender lo que interfería con su desarrollo académico. También, como les recomendamos, subrayaron las islas de competencia de Aarón; la música y el dibujo.

Aunque Aarón no dijo entusiasmado: "Quiero conocer su punto de vista y me muero de ganas de que me hagan la valoración", al menos aceptó venir a hablar con nosotros. Cuando entró al consultorio tenía el ceño fruncido, y una expresión de tristeza en la mirada. De inmediato afirmó que la valoración era algo "estúpido" y no quería ninguna prueba.

Respondimos que apreciábamos que nos dijera cómo se sentía con respecto a las pruebas. Tambien, que muchos niños nos dicen lo mismo y que creíamos que los niños no debían ser valorados hasta que les explicáramos claramente la razón de ser de cada prueba y la manera en que éstas pueden ser de ayuda. Invitamos a Aarón a que nos preguntara lo que quisiera. Con estos comentarios habíamos mostrado empatía hacia él. Le hicimos saber que sus sentimientos eran normales, minimizamos las posibles luchas de poder y lo ayudamos a sentir que era un participante activo en el proceso de la evaluación.

Al inquirir sobre sus pruebas anteriores, movió los ojos en señal de fastidio, dijo que eran "tontas" y afirmó que no lo ayudaron. Sin embargo, no nos pudo decir cómo esperaba que las pruebas pudieran ayudar. Asimismo, nadie le había hablado de los resultados.

Explicamos que todos los niños aprenden de distinta manera y que las pruebas podían señalar sus áreas de fortaleza y las áreas de aprendizaje que necesitaban ser reforzadas.

Entonces respondió: "La escuela es una porquería. El trabajo es aburrido". Preguntamos si había alguna parte de la escuela que le gustara.

Después de la respuesta obligada, "el recreo", aceptó que la banda estaba bastante bien, pero nada más. Esto nos llevó a hablar de su gusto por tocar instrumentos musicales. Después de conocer un poco más sobre su pasión por la batería, cambiamos de tema y dijimos que sus padres nos habían dicho que era muy bueno dibujando. Aarón contestó: "Me gusta dibujar historietas". Preguntamos si dibujaba algún género en particular. "Realmente no". Luego le preguntamos si tenía personajes favoritos que le guste dibujar. Dada la situación de Aarón, su respuesta fue fascinante: "Sí. Me gusta dibujar a Cabeza Presionada".

Comentamos que Cabeza Presionada era un nombre interesante y deseábamos saber por qué había nombrado así al personaje. Aarón respondió: "Le puse Cabeza Presionada porque siempre camina sintiéndose presionado".

Al continuar con su metáfora, le pedimos que nos describiera por qué su personaje se sentía presionado.

"Por lo que sea: por tener amigos, terminar la tarea, exigencias tontas de sus padres como tender la cama todos los días".

Comentamos que su personaje sonaba muy interesante y lo invitamos a que dibujara a Cabeza Presionada para tener una mejor idea de cómo era.

"Sí, ¿por qué no?" Aarón dibujó una caricatura impresionante de un niño cuyo cerebro estaba explotando.

Observamos su dibujo y le dijimos que era un artista muy talentoso. "Gracias", respondió sin emoción. Luego añadió con una sonrisa: "Algunas veces la presión aumenta mucho y vean lo que pasa". Le pedimos que nos dijera qué ocurría. "Su cerebro está teniendo un mal día". Aarón tenía sentido del humor, aunque fuera macabro.

Después de confirmar su comentario, preguntamos si a veces Cabeza Presionada tenía un buen día. Dado que el personaje parecía ser una representación de Aarón, pensamos que podíamos saber más del niño preguntando por su alter ego. Aarón dijo: "No muy seguido. Sobre todo cuando lo fastidian, lo cual sucede muy seguido". Preguntamos con qué "fastidiaban" a Cabeza Presionada. "Con lo que sea; la escuela, los deberes, casi cualquier cosa." Luego quisimos saber si Cabeza Presionada estaba cansado de toda la presión que sentía. Aarón se veía entusiasmado con este diálogo. Dijo: "*Sip*. No sabe cuánto tiempo más podrá soportarlo". Nos interesaba conocer qué estaba sintiendo el personaje, y la respuesta de Aarón fue muy reveladora: "Cabeza Presionada se la pasa pensando: 'Mi cerebro siente que va a explotar. ¿Por qué el mío?' No hay muchos niños en el mundo que, como él, siempre sienten que su cerebro va a explotar, así que se pregunta por qué tiene que ser uno de ellos. Otros niños no andan por ahí preocupándose por ese tipo de cosas".

Reconocimos ante Aarón que era un magnífico creador de historias y pedimos que considerara si Cabeza Presionada podía pensar en algo que le ayudara. "¿Piensas que algo puede ayudarte?", es una pregunta que siempre hacemos a los chicos cuando los estamos evaluando o en la terapia. Nuestra meta es determinar si creen que las cosas pueden mejorar. Aarón dijo: "Cabeza Presionada no está muy seguro". Entonces preguntamos si Cabeza Presionada tenía papás.

"Sí."

Queríamos saber si sus papás sabían lo presionado que se sentía, y el respondió: "No".

Preguntamos si alguna vez se los había dicho. Esta es otra pregunta que hacemos con frecuencia; nuestro objetivo es evaluar si el niño ha tomado alguna iniciativa para buscar ayuda.

"Realmente no. Lo intentó una vez, pero pensaron que solamente estaba poniendo pretextos y acabaron por presionarlo más y castigarlo. Le dijeron que debía deshacerse de la presión en su cabeza y parecer feliz. ¿No se daban cuenta de que quería ser feliz, pero no sabía cómo? Cabeza Presionada sabía que estaban decepcionados de él. Por eso sentía que las cosas no eran justas y que probablemente nunca cambiarían".

Mientras hablábamos, Aarón hizo algunos dibujos más de Cabeza Presionada, en todos era notable la ausencia de una sonrisa. En uno de ellos, que era impactante, Cabeza Presionada estaba agachado con una tabla sobre los hombros y un globo que representaba el mundo al centro de la tabla. Dijimos que había hecho otro gran dibujo y pedimos que nos describiera lo que sucedía en él.

"Ah, está cargando los problemas del mundo sobre sus hombros", respondió.

Esta fue una de las más notables primeras sesiones que hemos tenido con un niño. El poder de las metáforas y de la manera de contar historias era evidente, nos dio mucha información sobre Aarón. Cuando estaba por terminar la sesión, nos dijo: "Pero no me hicieron ninguna prueba. Yo pensaba que iban a hacerlas".

Respondimos que le haríamos algunas la próxima sesión, pero primero queríamos conocerlo y saber lo que le gustaba. Enfatizamos que sus dibujos nos habían impresionado mucho.

Aarón nos agradeció y añadió: "Los veré para las pruebas".

Sentimos que habíamos establecido el principio de una relación positiva con él. Esperábamos que resultara como un apoyo para que se sintiera más cómodo al realizar las pruebas, sobre todo porque en la evaluación anterior se había sentido como si estuviera bajo un microscopio.

Al día siguiente, Dena llamó y dijo que a Aarón la sesión le había parecido bien y quería regresar. Agregó que la descripción de "bien" era, de hecho, algo muy positivo.

Aarón comenzó la siguiente sesión mostrando otros dibujos y nos regaló un par. Agradecimos su generosidad; después explicamos el propósito de la prueba. Le hicimos saber que las pruebas podrían ayudarle a él y a nosotros a comprender sus fortalezas y debilidades. Insistimos en que con esta comprensión podríamos encontrar el mejor programa escolar para él. Asimismo, le recordamos que si tenía preguntas sobre el propósito de alguna de las pruebas debía hacerla, ya que nos interesaba estar seguros de que todo lo que hacíamos era claro para él. Esperábamos que nuestra descripción, que incluiría la importancia de sus comentarios, borrara su imagen de las pruebas como un castigo y como confirmación de que algo no funcionaba bien en él.

Básicamente, Aarón se mostró cooperativo durante la evaluación. En algunas ocasiones, cuando se le presentaba alguna prueba difícil, hacía comentarios como: "Esta pregunta es estúpida" o "¿Cómo puede ser esto de ayuda?" Respondimos a todo agradeciéndole que externara lo que sentía y luego hablando del propósito específico de las preguntas que realizamos en la prueba. Uno de nuestros objetivos era ayudarlo a experimentar una sensación de control y responsabilidad en el proceso de la evaluación.

La prueba reveló que Aarón era un niño muy inteligente, pero con algunos problemas de aprendizaje. El más evidente era su dificultad para organizar y expresar sus pensamientos por escrito. Tenía ideas que deseaba comunicar, pero algo se perdía en la traducción cuando intentaba expresarlas con palabras en el papel. Obviamente, esta dificultad influía en que no pudiera acabar satisfactoriamente las tareas y se volvía más notorio en la secundaria, donde el número y la complejidad de las tareas escritas y los reportes de la lectura era mayor.

Lo que nos contó sobre Cabeza Presionada sugería que le preocupaba que algo no funcionaba en su cerebro y que eso estuviera interfiriendo con su aprendizaje. Para aumentar sus preocupaciones, además creía que había decepcionado a los demás y a sí mismo (véase Capítulo 7) y que las cosas eran injustas y no cambiarían. La aparente falta de motivación de Aarón para cumplir con los requerimientos de la escuela estaba basada en su idea de tener una mente defectuosa sin capacidad de aprendizaje. Su enojo y sentido de desamparo aumentaron por la sensación de que sus padres pensaban que era flojo y se enojaban cuando él trataba de comunicarles su infelicidad. Además, lo habían castigado prohibiéndole practicar el tiempo que él requería la actividad que le había dado la mayor sensación de logro: la música.

Después de la evaluación, pedimos que escogiera si quería que comentáramos los resultados con él y sus padres por separado, o juntos. Optó por una tercera opción: lo haríamos en sesiones separadas con la posibilidad de una sesión con sus padres, después de las individuales. Le preocupaba que la primera reunión fuera con él y sus padres juntos, porque pensaba que se enojarían con él sin importar los resultados de las pruebas, y su reacción le dificultaría comprender lo que dijéramos. Explicamos que en las reuniones familiares siempre tratamos de disminuir el enojo y la decepción, y enseñar a los chicos y a los padres a trabajar juntos, más estrechamente. Aun con esta explicación, Aarón prefirió sesiones separadas al principio. Hizo hincapié en que: "Si no estoy ahí, probablemente será más fácil para ustedes explicarles cosas a mis padres sin que se enojen conmigo".

Le pedimos permiso para compartir con ellos sus dibujos y la historia de Cabeza Presionada. Como hemos aprendido de muchos de los niños y adolescentes tratados en terapia y que han expresado sus sentimientos por medio de historias y metáforas, no necesitábamos decirle a Aarón que pensábamos que Cabeza Presionada era una representación de sí mismo. Aunque estábamos seguros de que así era, al manifestar de forma directa este tipo de comparación con frecuencia los niños recurren menos al uso de historias y personajes para expresar sus sentimientos. Aarón estuvo de acuerdo en que mostráramos a sus padres sus dibujos.

Revisamos los resultados de las pruebas con Aarón, especificando tanto sus fortalezas como sus debilidades. Describimos las distintas pruebas para ayudarlo a entender con más precisión por qué tenía dificultades en ciertas materias en la escuela. Tratamos de ayudarlo a reconocer que éstas no significaban que tuviera un cerebro defectuoso; simplemente que necesitaba reforzar ciertas áreas del aprendizaje. Explicamos que trabajaríamos con la escuela para asegurarnos de que este reforzamiento estuviera a su alcance.

Más importante aún fue que hablamos con él de las ideas sobre sí mismo y los demás. Pensamos que podríamos hacerlo esto con facilidad porque habíamos establecido una relación de confianza durante la evaluación. Le dijimos que, mientras buscábamos la mejor manera para que obtuviera más logros académicos, nos preocupaba un posible obstáculo en este proceso; cuando varios niños han enfrentado formas similares de frustraciones y problemas comienzan a pensar que nada los puede ayudar y se vuelven personas tristes. Algunos se sienten decepcionados de sí mismos y creen que han decepcionado a los demás también. Otros sienten que las cosas son injustas. Añadimos que, aunque entendíamos que muchos niños se sentían así, si esos sentimientos continuaban podían interferir al intentar nuevas cosas que podrían ser de ayuda.

Aarón preguntó: "Bueno, si algunos niños tienen estos sentimientos, ¿cómo se liberan de ellos?"

Le advertimos que cambiar de sentimientos no siempre es fácil, sobre todo cuando las personas han tenido esos sentimientos por un buen rato. Explicamos que a los niños les ayuda saber que pueden comenzar a mejorar las cosas por medio de un enfoque adecuado de enseñanza y que no hay nada defectuoso en su cerebro que les impida aprender. También es importante que sepan que sus padres y maestros no piensan que son flojos, y que los animen y apoyen. Añadimos que ésta era la razón por la cual, mientras trabajamos con niños, siempre preferimos hacerlo de cerca con sus padres y maestros.

Aarón reaccionó de inmediato ante esta explicación: "¿Van a decirle a mis padres las cosas que me han dicho a mí?" Respondimos que teníamos planeado hacerlo porque sería de mucha ayuda. Preguntamos si había algo que no quería que comentáramos con sus padres o maestros. Aarón dijo: "Creo que nada por ahora".

Volvimos a hablar sobre nuestro plan de tener una reunión con sus padres y luego con los tres juntos, y le preguntamos si quería mantenerlos en pie o si prefería estar presente al otro día con sus padres para hablar de los resultados de las pruebas. De nuevo le presentamos esta opción para que el se sintiera una parte integral de la evaluación y del proceso de tratamiento.

Después de pensarlo un momento, Aarón dijo: "Creo que deberían hablar con mis padres primero y luego podemos tener una reunión familiar. Creo que eso sería lo mejor".

Estuvimos de acuerdo. Antes de la prueba, Garth había externado su preocupación de que si Aarón descubría que tenía algún problema de aprendizaje, lo utilizaría como un pretexto para no hacer su tarea, pero nunca lo hizo.

En nuestra reunión con Garth y Dena Elefson revisamos los resultados de las pruebas, subrayando las áreas en las que Aarón tenía dificultades y fortalezas, estas últimas incluirían las dos que nos habían mencionado: música y arte. Mostramos los dibujos de Cabeza Presionada, que ellos no habían visto antes, y describimos nuestro diálogo con Aarón sobre lo que el personaje pensaba de sí mismo y del mundo. Expresamos nuestra idea de que Cabeza Presionada era una representación del propio Aarón y explicamos que muchos niños usan historias y metáforas de este modo. También enfatizamos que Aarón *no* nos había dicho que debido a sus problemas de aprendizaje no debía hacer las tareas de la escuela. De hecho, ya habíamos comenzado a hablar sobre la manera en que podía recordar y enfrentar sus problemas.

Ambos padres escucharon con atención. Cuando terminamos, Dena dijo: "Lo que nos dicen es de mucha ayuda. También quiero que sepan que desde que comenzó la evaluación, Aarón ha estado menos tenso y triste".

Garth comentó: "Puede ser, pero yo no he visto que mejore su tarea".

Recordamos que compartíamos su objetivo de lograr que Aarón cumpliera con sus tareas, pero primero teníamos que alcanzar otro objetivo antes de enfocarnos a que el niño tuviera más logros en la escuela. Garth preguntó: "¿Cuál?"

Dijimos que creíamos que sería más fácil para Aarón cumplir con sus tareas de la escuela si tenía más esperanzas de poder lograrlo. Tenía que comenzar por cambiar su actitud; las ideas sobre sí mismo y los demás. Garth preguntó: "¿Cómo hacemos eso?"

Respondimos que, aunque no hay una respuesta fácil, había pasos a seguir. Aconsejamos que en la reunión familiar con Aarón, deberían comunicarle que ahora entendían mejor por qué la escuela se le ha hecho tan difícil. Si se sentían bien de hacerlo, también debían reconocer que lamentaban haber estado enojados con él cuando se sentía deprimido y de haberlo castigado quitándole la música.

De inmediato Garth hizo la misma pregunta de la primera sesión: "¿Nos están diciendo que debemos disculparnos con Aarón?"

Tras recordar que había planteado lo mismo en la primera sesión, respondimos que no estábamos seguros de que estábamos sugiriendo una disculpa. Pero si se tratara de eso, ¿qué tenía de malo?

Garth lo pensó un momento y luego dijo: "No estoy seguro". Entonces hizo un comentario perceptivo que reflejaba un cambio importante en su mentalidad: "Cuando veía a Aarón como alguien flojo y sin motivaciones, yo no encontraba ninguna razón para disculparme o aceptar que hubiera deseado haber manejado las cosas de forma distinta. Sin embargo, después de escuchar los resultados de las pruebas y de saber que tiene algunos problemas de aprendizaje, estoy más dispuesto a aceptar que tal vez yo habría podido manejar las cosas de manera distinta, incluyendo no haberle quitado la música como castigo".

Lo que Garth había dicho era muy importante, entonces dijimos que pensábamos que a Aarón le haría mucho bien escuchar de su padre que comprendía sus dificultades y reconocía sus fortalezas. Si Garth le decía a Aarón que estaba impresionado con su música y sus dibujos, esas palabras significarían mucho para él.

Garth replicó: "Pero, cuando hemos elogiado lo que hace, él básicamente ha despreciado nuestros elogios".

Reconocimos que era cierto y le sugerimos que cuando el ambiente en la casa fuera más positivo, Aarón estaría más dispuesto a aceptar los elogios o, al menos, no los rechazaría.

Garth dijo: "Supongo que no hay ningún problema en hacerle saber que reconocemos sus fortalezas".

Estuvimos de acuerdo, pero advertimos a Garth que no se enojara si Aarón no aceptaba de inmediato sus elogios; aprender a hacerlo puede tomar tiempo. Continuando con el tema de las fortalezas de su hijo, aconsejamos a Garth y a Dena que consideraran dar otro paso: que dejaran de quitarle sus fortalezas como forma de castigo. Recordamos que esa técnica no había dado muchos resultados: si acaso, había contribuido a la frustración y el resentimiento de Aarón. Quitarles a los niños sus islas de competencia no sólo hace que se enojen más, sino que disminuye sus oportunidades de hacer cosas que los hacen sentir bien, aumenta su percepción de que el mundo es injusto.

Garth respondió: "¿Pero qué hacemos si él sólo quiere tocar la guitarra y dibujar todo el día?"

Esta pregunta nos impresionó y le explicamos que, aunque recomendábamos no quitarle estas actividades como una forma de castigo, muy bien podían poner un límite sobre cuánto tiempo dedicar a dichas actividades. Este límite podría ser un tema para discutir en la reunión familiar. Añadimos que la reunión familiar era un foro para revisar los resultados de la evaluación, para que los padres expresaran algunas de las ideas que les recomendábamos y para que todos nos involucráramos en una conversación orientada a resolver problemas.

Dena preguntó: "¿A qué se refieren con una conversación orientada a resolver problemas?"

Respondimos que se trataba de identificar un par de problemas, como las tareas o los requerimientos escolares para preguntar a Aarón qué pensaba que podría ayudarlo. Explicamos que lo más seguro es que se mostrara entusiasta en proponer soluciones eficaces si sentía que sus padres estaban de su lado y que había esperanza para resolver las cosas.

Dena dijo: "Eso tiene sentido".

También les dimos otro consejo: Dena y Garth debían encontrar oportunidades para hacerle saber a Aarón cuánto lo querían y se preocupaban por él. Pensábamos que él estaba ávido de que lo aceptaran, y recordamos nuestro objetivo de cambiar la idea de Aarón de haberse decepcionado a sí mismo y a ellos, y de que el mundo era injusto. Finalmente, pedimos que no se preocuparan si rechazaba sus comentarios al principio o si se mostraba indiferente; quizá Aarón no sabría cómo manejar el nuevo guión de sus padres.

En esta sesión con los Elefson nuestro objetivo no sólo era revisar los resultados de las pruebas, sino proporcionar sugerencias concretas sobre cómo comenzar a mejorar la relación con su hijo y cambiar su estilo disciplinario de castigos. Hicimos hincapié en que estos cambios eran muy importantes para que Aarón abandonara su punto de vista negativo y su forma derrotista de confrontar las cosas, y para que adoptara una actitud más esperanzadora que derivaría en respuestas más eficaces a sus problemas.

Comenzamos la reunión familiar revisando rápidamente los resultados de la evaluación. Nos sentimos gratamente sorprendidos cuando Garth interrumpió y dijo: "Antes de continuar, quisiera decir algo".

Aarón miró a su padre desconcertado, tal vez esperando los comentarios que ya estaba acostumbrado a escuchar.

Garth dijo: "Aarón, esta evaluación realmente me ha ayudado a entender más claramente. Debo admitir que he estado enojado contigo y creí que podías hacer mejor las cosas si simplemente te quitabas esa actitud negativa y te ponías las pilas.

Ahora reconozco que te hubiera gustado hacerlo mejor, pero que hay áreas en las que necesitas ayuda, más que un sermón mío o de mamá. Vamos a hacer lo que podamos".

Aarón estaba muy sorprendido por las palabras de su padre; y todavía faltaba algo más. Garth continuó: "También pienso que no te hemos dicho lo suficiente que, aun cuando nos hemos enojado contigo, realmente creemos que tienes mucho talento en la música y en el arte. Vimos los dibujos de Cabeza Presionada y nos parecieron increíbles. Supongo que no te hemos expresado cabalmente cuán orgullosos estamos de ti y lo mucho que te amamos".

Aarón estaba tan sorprendido que sólo pudo asentir en señal de reconocimiento.

Dena reforzó las palabras de su esposo diciendo que estaba de acuerdo con él, sobre todo acerca de lo mucho que lo amaban.

Aunque Garth básicamente había transmitido los sentimientos que le habíamos recomendado, la manera de hacerlo no fue mecánica o de memoria. Era evidente que él y su esposa habían pensado mucho en lo que les habíamos sugerido y sus palabras fueron auténticas.

Tuvimos varias reuniones familiares más durante los siguientes meses, y los tres asistieron a conferencias de la escuela. Aarón sentía que debía ir a las reuniones, porque "es el programa de mi escuela". Como era de esperarse encontraron algunos obstáculos en el camino, sobre todo cuando Aarón tuvo que lidiar con las tareas y recurrió a la idea de que se había "topado con pared y las cosas no iban a mejorar". Sin embargo, con la empatía, los ánimos y el apoyo de sus padres y maestros, estas actitudes negativas aparecieron con menos frecuencia e intensidad.

Además, en lugar de que sus padres le prohibieran la música y sus dibujos como castigo, sugirieron al personal de la escuela que enfatizaran estas islas de competencia. Continuó tocando en la banda de la escuela y sus dibujos fueron desplegados en los pasillos. Participó en un concurso de arte cuyo tema era acerca de que los estudiantes no deben consumir drogas. Resulta interesante saber que participó con un dibujo de Cabeza Presionada con el cerebro estallando y el título: "Lo que las drogas pueden hacerle a tu cerebro". Ganó el segundo lugar. Sus padres colgaron la medalla en la casa con orgullo.

Nuestro trabajo con Aarón y sus padres ilustra que cuando los padres reemplazan la disciplina, remarcando el castigo con prácticas "autoritativas" más que "autoritarias", es más probable que como consecuencia los niños desplieguen una mentalidad y un comportamiento esperanzador y con capacidad de sobreponerse a los problemas.

CUANDO LA VIDA NOS PRESENTA SITUACIONES DIFÍCILES

Nuestro amigo y colega Mark Katz escribió un libro maravilloso sobre la capacidad de sobreponerse a los problemas titulado *Cómo jugar una buena partida con malas cartas*. Como expresa el Dr. Katz, a todos nos tocan diferentes cartas para jugar cuando llegamos al mundo. Algunos niños encuentran más retos y adversidades que otros. Si los padres reaccionan con frustración, coraje y una disciplina dura, entonces su reacción les confirmará a los niños que el mundo es injusto y que es poco probable que su situación mejore. Sin embargo, como vimos con las familias Amherst y Elefson, un cambio en

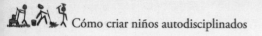

el enfoque por parte de los padres puede ayudar a los niños a sentirse más aceptados y respetados, y a saber que con confianza y seguridad en sí mismos, pueden jugar una buena partida aunque tengan malas cartas.

CAPÍTULO 9

ANIME A SUS HIJOS A
QUE MARQUEN LA DIFERENCIA

*

El comportamiento de muchos niños y adolescentes provoca reacciones de enojo en los adultos y, aun así, muchos de ellos no buscan cambiar; las razones por las que esto ocurre son complejas. Algunos niños vienen al mundo con lo que se ha llamado un "temperamento difícil"; es decir, son más difíciles de calmar o satisfacer, sienten que la gente es injusta y arbitraria, son rígidos e incapaces de comprometerse y rápidamente pierden la paciencia. Otros niños han experimentado abuso emocional o físico, por lo que desconfían de los adultos y esperan lo peor aun de quienes buscan ayudarlos.

No es de sorprender que los jóvenes con temperamento difícil sean más dados a provocar a sus padres y a otros adultos. Sus actitudes continuas de reto ponen a prueba la comprensión y la paciencia hasta de los padres con más empatía. Cuando finalmente los padres muestran su enojo y frustración, los hijos lo toman como una confirmación de que nadie los quiere y de que los adultos no son amables. Experimentan al mundo como si estuviera enojado con ellos. Aunque algunos reconocen que su comportamiento provoca estas reacciones de enojo, otros no parecen entender cómo inciden en la forma en que son tratados.

Cualquiera que sea la razón para el desarrollo de este desafortunado escenario, con frecuencia se convierte en un patrón que se fija en la familia donde el enojo se topa con enojo. Cuando ocurre, los comentarios positivos de los padres son cada vez menos frecuentes. Las formas autoritarias de disciplina se convierten en la regla en lugar de ser la excepción. El objetivo de enseñar a los niños a resolver problemas de forma eficaz y a ser más cuidadosos, reflexivos y autodisciplinados, se pierde conforme los padres adoptan un estilo disciplinario donde reaccionan a los problemas en lugar de prevenirlos. Muchos de estos niños asumen una postura defensiva para protegerse de un mundo que perciben como enojado y sin misericordia. Los padres comentan que con estos niños el uso de formas de disciplina constructivas y positivas parece ser una tarea de titanes. Sin embargo, lo que podemos aprender al disciplinar a niños que poseen este tipo de mentalidad negativa con enojo y desconfianza, puede aplicarse con todos los niños. Para ver cómo los niños con esta mentalidad pueden aprender a sobreponerse a los problemas y a tener autodisciplina, veamos el difícil caso de Nathan.

NATHAN: "PROGRAMADO PARA ARROJAR SILLAS"

En nuestra práctica profesional hemos trabajado con muchos niños enojados y sus familias, y hemos visto el impacto ascendente que el coraje tiene en la vida familiar y en el estilo de disciplina. Sin embargo, también hemos aprendido que los padres y otros adultos que cuidan niños pueden implementar ciertas estrategias de disciplina que no sólo reducen el enojo en ellos y en sus hijos, sino que refuerzan la compasión y la cooperación en el niño. Bob, coautor de este libro, vio esto hace más de treinta años, mientras trabajaba como director de una escuela en una unidad a puerta cerrada de un hospital de psiquiatría. Todos los estudiantes eran pacientes dentro del hospital y muchos habían ingresado como consecuencia de episodios violentos. El personal siempre tenía dificultades para elegir los sistemas de comportamiento y las formas de disciplina más eficaces. Con base en sus distintas opiniones, los miembros del personal utilizaban enfoques inconsecuentes que sólo aumentaban la tensión en la unidad.

> Los padres pueden implementar ciertas estrategias de disciplina que no sólo reducen el enojo en ellos y en sus hijos, sino que también refuerzan la compasión y la cooperación en el niño.

Nathan, un niño de 10 años que había ingresado al hospital, mostraba el valor de un modelo de disciplina basado en la fuerza, el cual hemos estado analizando en este libro. Nathan ingresó por haber tenido ataques violentos hacia sus padres adoptivos, sus maestros y cualquier adulto que intentara poner límites. También se había involucrado en varios incidentes de actos sádicos hacia los animales, incluyendo haberle roto el cuello a un pájaro. La política del programa de pacientes internos establecía que los niños tuvieran clases a partir del día siguiente de haber ingresado. Cada niño era colocado en un salón con dos maestros, quienes verían a los recién ingresados en la unidad de pacientes hospitalizados (un edificio justo al lado de la escuela) para presentarse ante ellos un día antes de comenzar las clases. Los maestros de Nathan, siguiendo esta política, fueron a presentarse pero sólo se quedaron unos cuantos minutos porque Nathan los recibió con obscenidades y lo tuvieron que sujetar para que no los pateara. Difícilmente podríamos decir que hubiera sido una presentación prometedora. Después del encuentro, uno de los maestros, medio en broma (o tal vez medio en serio), dijo: "Tal vez no tenemos de qué preocuparnos con Nathan. Tal vez se negará a asistir a clases y se quedará en la unidad de los internos".

Nathan asistió a las clases acompañado de dos cuidadores. Lo saludé en la entrada del salón y lo invité a que viniera a mi oficina por unos minutos para hablarle del programa. Normalmente, casi todos los niños y adolescentes aceptan esta invitación, pero Nathan no. Él simplemente gritó: "¿Cuál es mi salón?", y los dos cuidadores lo metieron al mismo. A los dos minutos de estar adentro, de pronto tomó una silla y la arrojó a una de las maestras rozándole el cuello y la cara. Lo sujetaron y se lo llevaron de regreso al cuarto de tiempo muerto de la unidad de internos, donde se pasó el día entero mientras su comportamiento de enojo aumentaba. Sus maestros lo visitaron en la tarde pero, una vez más, sólo les dijo obscenidades.

El día siguiente fue una repetición del anterior. En un par de minutos, Nathan tomó una silla y se la arrojó a su otro maestro. Esta vez su puntería fue más certera, y la silla golpeó al maestro en el brazo y el hombro. Dada esta acción violenta, una vez más se lo llevaron y lo volvieron a meter al cuarto de tiempo muerto de la unidad de internos, donde pasó casi todo el día.

Pensé seriamente en la información que tenía sobre Nathan. Lo habían adoptado cuando era pequeño y recientemente, a partir de sus ataques peligrosos, sus padres adoptivos básicamente se habían dado por vencidos. Pensaban que una agencia del Estado debería tomar la custodia y proveer los servicios necesarios. La última vez que Nathan había visto a sus padres adoptivos les había dicho que los odiaba y que siempre habían sido crueles con él. Además de estos problemas con sus emociones y relaciones personales, lo habían diagnosticado con trastornos receptivos y expresivos de lenguaje, así como con otras discapacidades de aprendizaje. Los registros de la escuela de Nathan estaban llenos de expresiones de enojo y fracasos. Nos habían informado que no tenía amigos; quizá sólo uno o dos.

En una reunión de emergencia con Nathan, el personal discutió esta información. El grupo consideró la posibilidad de que el chico se sintiera rechazado por dos pares de padres (biológicos y adoptivos) y su dificultad para confiar en otras personas. Además, lo acababan de encerrar en un hospital y luego le habían informado que pasaría todo el día en la escuela, lugar que había resultado ser muy frustrante para él anteriormente. Aunado a esto, el enojo y los arranques de los niños con frecuencia son peores cuando sufren trastornos de lenguaje porque se les dificulta comprender lo que la gente les dice, así como expresar sus sentimientos de otra manera que no sea a través de acciones físicas.

Algunos miembros del personal no estuvieron de acuerdo en que intentáramos comprender el comportamiento de Nathan por medio de la empatía y de ver el mundo desde su perspectiva. Un maestro expresó lo que los demás sentían: "No deberíamos poner excusas para el problema de Nathan. El fondo del asunto es que es un niño violento con muy poco remordimiento por sus acciones. Si se sigue comportando de manera que lo tengan que encerrar en el cuarto de tiempo muerto, entonces será ahí donde pase la mayor parte del tiempo. Eso depende de él. No puede seguir actuando como lo ha hecho. Debe aprender a seguir nuestras reglas".

Yo respondí: "Al tratar de comprender las acciones de Nathan no estoy aprobando su conducta, ni tampoco digo que no deba haber consecuencias por lo que hace. Simplemente investigo si hay algo más que podamos hacer, además de encerrarlo en el cuarto de tiempo muerto".

El maestro respondió: "Quizá después de unos cuantos días en el cuarto de tiempo muerto se dará cuenta de que estamos hablando en serio y que no vamos a tolerar que arroje sillas ni que trate de dañar a las personas".

Otro maestro hizo un comentario interesante: "Entiendo los motivos por los cuales encierran a Nathan en el cuarto de tiempo muerto cuando arroja una silla, pero hay algo que me molesta. A Nathan no le gusta la escuela y nosotros terminamos por castigarlo sacándolo del salón de clases. ¿Realmente es un castigo eficaz? A lo mejor le estamos dando justo lo que quiere".

El primer maestro dijo: "Lo comprendo, pero si continúa comportándose de la misma manera no creo que pueda permanecer en el salón. Su comportamiento asusta a los otros niños e interrumpe cualquier tipo de clase que estemos impartiendo. Ya es bastante duro enseñar a los niños dentro de una unidad a puerta cerrada. Tenemos que minimizar las interrupciones".

Una tercera maestra dijo: "Realmente es muy difícil saber qué hacer. Nathan no nos deja hablar con él. No podemos conocerlo, ni él a nosotros".

Todos en la reunión se veían exasperados. Otra maestra rompió el silencio con un comentario que al principio pareció más bien gracioso pero que, de hecho era profundo. Su comentario proporcionó los fundamentos para un cambio mayor en una mentalidad basada en castigos para Nathan, hacia otra que alimentara su dignidad y capacidad para sobreponerse a los problemas. También enseñó al grupo la importancia de la empatía y de un enfoque preventivo con respecto a los temas disciplinarios. Lo que dijo fue: "Creo que Nathan está programado para arrojar sillas". Pregunté: "¿A qué te refieres con 'programado para arrojar sillas'?" Ella contestó: "Creo que, dada su dificultad para confiar en los demás, y dado que sospecha constantemente de las personas, cuando se siente amenazado, como por ejemplo en la escuela, sólo conoce una forma de reaccionar, y ésa es por medio de actos violentos. Sé que puede actuar con violencia en otras ocasiones, pero creo que cuando se siente vulnerable o amenazado, sólo tiene una forma de enfrentar los problemas: actuar de forma agresiva. No conoce otra manera. A eso me refiero con que está 'programado para arrojar sillas'".

Con esa sencilla explicación el grupo se dio cuenta de un simple hecho que tenía repercusiones de muy largo alcance. Tal vez Nathan estaba programado para arrojar sillas, pero había otro grupo que también estaba programado de la misma manera: el personal de la unidad. Respondían a su comportamiento siempre de la misma manera: lo encerraban en el cuarto de tiempo muerto. Cuando identificamos esta dinámica en la reunión, un par de miembros del personal se pusieron a la defensiva argumentando que "estar programados", como nosotros lo llamábamos, en realidad se trataba del personal siendo consecuente y haciendo a Nathan responsable de sus actos.

La maestra que había presentado la noción de estar "programados" respondió: "Debemos ser consecuentes, pero tal vez con un enfoque distinto. Si analizamos en lo que se ha intentado con Nathan en el pasado, e inclusive en los dos días que lleva aquí, todo se ha concentrado en ver cómo se le castiga más que en cómo enseñarle a ser más responsable".

La discusión se volvió más álgida cuando otro participante dijo: "Tal vez si Nathan permanece el tiempo suficiente en el cuarto de tiempo muerto aprenderá lo que no debe hacer".

Respondí: "Quizá sea cierto, pero por un momento veamos cómo cambiar nuestro programa. Podemos ser consecuentes, pero tal vez haya otra manera más eficaz de disciplinar a Nathan. Quizá la mejor manera de romper con este ciclo de programaciones es haciendo algo diferente a lo que él espera".

En ese momento la discusión se aligeró un poco. Una maestra dijo en broma: "Vamos a sacar todos los muebles y los objetos del salón de clases, así no tendrá nada que arrojarnos".

Entonces otra maestra se rió y dijo: "Y entonces el salón va a ser igual que el cuarto de tiempo muerto". Otro participó en el mismo tono: "A lo mejor tienen sillas de goma. Así, si Nathan le arroja la silla a alguien, no le hará daño".

Era interesante ver que mientras buscábamos nuevos programas o guiones de conducta, el ambiente se aligeró y resultó más proclive para considerar diferentes enfoques.

Finalmente el grupo desarrolló una nueva estrategia. Algunos miembros del personal tenían sus dudas al respecto y se preguntaban si no nos estábamos rindiendo ante Nathan. Sin embargo, reconocieron que la manera de actuar en el pasado no estaba dando resultado, así que no había mucho que perder al intentar una nueva estrategia.

Al día siguiente, justo cuando Nathan estaba entrando en el edificio de la escuela con la misma expresión de enojo de siempre, lo sorprendí cuando me asomé por la puerta y exclamé: "¡No puedo creer esto! ¡Es muy molesto, realmente molesto!"

Nathan no se lo esperaba y volteó a mirar en la misma dirección hacia donde yo miraba. Lo único que vio fueron árboles.

Dijo: "¿Qué es lo molesto?"

Le contesté: "Ah, no lo notaste, ¡qué bueno! Así no vas a estar molesto".

Nathan se veía intrigado, tal vez distraído del "programa" usual que estaba preparado a seguir. Preguntó: "¿Molestarme por qué?"

Su atención estaba concentrada en mí, y entonces le dije: "Bueno, como tú no lo notaste, te lo voy a decir, pero espero que no vayas a molestarte demasiado". "¿Qué es?", preguntó.

Habiendo ganado toda la atención de Nathan, estaba listo para continuar con el plan diseñado en la reunión del día anterior. Le dije: "Yo tengo una casa a donde ir, tú tienes un lugar aquí en el hospital, pero todos los pájaros del hospital no tienen hogar. No hay una sola pajarera en todo el hospital". El tema de la falta de hogar fue escogido específicamente como un posible elemento que motivara los posibles sentimientos de desamparo de Nathan, ya que dos pares de padres lo habían rechazado.

No sabía si Nathan rechazaría lo que había dicho y se dirigiría hacia el salón para arrojarle otra silla a alguien, o si iba a reaccionar con interés. Afortunadamente, ocurrió lo segundo. Nathan preguntó: "¿No hay ninguna pajarera en el hospital?"

Respondí: "Ni una sola. ¿Puedes entender ahora por qué me molesté?"

Nathan, quien nunca antes había pensado en el tema del desamparo de los pájaros y que de hecho le había roto el cuello a uno, me dijo en forma de reto: "¿Y qué vas a hacer al respecto?"

"¿Qué piensas que debemos hacer?"

Nathan contestó: "Conseguir una pajarera".

Yo le dije: "Se me ocurre una mejor idea. ¿Por qué no tú y tu maestro *hacen* una pajarera? Así podrías construirla exactamente como tú quieras.

"Yo no sé construir cosas."

"Estoy seguro de que tu maestro te puede ayudar. Vamos a hablar con él —el mismo maestro al que Nathan le había pegado con la silla un día antes—, a ver qué nos dice".

Al acercarnos al maestro, éste notó la expresión de menor enojo y más emoción en el rostro de Nathan y sintió que tal vez el nuevo programa estaba funcionando. Nathan y yo le explicamos que teníamos ganas de construir una pajarera. El maestro dijo que nunca había construido una, pero que estaba seguro de que podía conseguir algunos libros que fueran de ayuda para el proyecto; iría a buscar libros saliendo de la escuela. Después invitó a Nathan a entrar en el salón. Ese día no hubo ningún arranque de enojo.

Durante las siguientes dos semanas, las actividades escolares de Nathan se concentraron en el proyecto de construcción de la pajarera. Se involucró en la lectura sobre pájaros y construcción de pajareras; midió las dimensiones, compró la madera, aceptó ayuda al construirla esperó un día a que la pintura secara, hizo una crema a base de semillas, y al final colgó la pajarera en un árbol a la entrada de la escuela.

Los distintos elementos del proyecto de Nathan sirvieron para múltiples propósitos. Para un niño acostumbrado al fracaso, eso le permitió poder demostrar sus capacidades y dominio, y después a sentirse bien de mostrar su producto terminado (su isla de competencia, como lo hemos mencionado varias veces en el libro) para que todos lo vieran y admiraran. Para un niño que duda al leer o involucrarse en el aprendizaje, le dio la motivación para descubrir los beneficios y la emoción de aprender y utilizar nueva información. Además, casi cada fase del trabajo requería que aprendiera a planear y no a actuar de manera impulsiva, todo un reto para un niño con su temperamento. También, para un niño que siempre está a la defensiva, sospechando de los demás, el proyecto le dio la oportunidad de interactuar y confiar en otras personas. Estos fundamentos establecieron una estancia en el hospital marcada por una gran cooperación y compromiso de parte de Nathan, mismos que ninguno de nosotros habríamos imaginado que sucederían después de la experiencia de los primeros dos días.

APRENDIENDO A CONTRIBUIR

Mientras Nathan se benefició notablemente del proyecto de la pajarera, el impacto que tuvo en la mentalidad del personal de la unidad de internos fue casi igual de importante. En muchos de mis talleres hablo acerca de la historia de la pajarera como un momento en que mis propias ideas y mi enfoque terapéutico dieron un giro. La experiencia con Nathan me hizo darme cuenta de que involucrar a los niños en ayudar a otros no sólo alimenta una actitud más compasiva y responsable, sino, de hecho, es una forma de disciplina preventiva. Cuando los niños se involucran en lo que hoy llamamos "actividades contributivas", son menos propensos a un comportamiento negativo o antisocial. Algunos podrían decir que distraer a los niños o alejarlos de comportamientos negativos o "programados" es un rasgo de una técnica disciplinaria de larga tradición.

Como hemos señalado en nuestros libros anteriores, los niños parecen venir al mundo con ganas de ayudar y ser valorados. Cuando los padres están cortando el pasto, los niños de tres años siempre se acercan para colaborar. Muestran interés en ayudar a cocinar, barrer las hojas de los árboles, construir cosas con nuestras herramientas y hasta a limpiar la cocina. Creemos que los niños tienen una necesidad innata o un impulso para contribuir y hacer una diferencia positiva en la vida de los demás. Aunque la mayoría parecen egoístas, que ven primero por sus propias necesidades, también disfrutan de ayudar a otros. Para que este patrón de comportamiento de cuidado y ayuda surja y se mantenga, los padres necesitan alimentarlo.

> Aunque la mayoría parecen egoístas, que ven primero por sus propias necesidades, también disfrutan de ayudar a otros.

En nuestro libro *El poder de sobreponerse a los problemas: alcanzar el equilibrio, la confianza y la fuerza personal en su vida*, presentamos material clínico y resultados de investigaciones para mostrar que el impulso de ayudar está presente a lo largo de nuestra vida y es un elemento integral de la mentalidad con capacidad para sobreponerse a los problemas. Cuando los niños sienten que han contribuido al bienestar de otros, refuerzan la idea: "La Tierra es un mejor lugar porque yo estoy en ella", lo cual añade sentido a la vida de una persona, sin importar su edad. Hemos observado que el deseo de ayudar promueve la dignidad, la responsabilidad y la compasión en las personas.

La psicóloga Emma Werner, una de las investigadoras más reconocidas a nivel mundial en el área de la capacidad para sobreponerse a los problemas, capturó el valor de las actividades contributivas cuando escribió:

> La autoestima y una eficacia personal también crecieron cuando los jóvenes tomaron una posición responsable proporcional a sus habilidades, ya se tratara de un trabajo de medio tiempo, manejar la casa cuando alguno de los padres estaba incapacitado o, lo más frecuente, cuidar a sus hermanos menores. En algún punto de sus jóvenes vidas, normalmente a mitad de la infancia y en la adolescencia, los jóvenes que crecieron como adultos con capacidad de sobreponerse a los problemas eran llamados para llevar a cabo alguna tarea socialmente deseable para prevenir que otros en su familia, vecindario o comunidad experimentaran angustia o incomodidades (p. 511).

Linda Weltner, escritora del *Boston Globe*, transmitió un mensaje similar:

> La doctora Janice Cohn sugiere [en su libro *Cómo formar niños con capacidad para sobreponerse a los problemas en un mundo violento*] que los niños necesitan verdaderos logros para desarrollar un sentido saludable de la autoestima. Hacerles cumplidos por nada, afirma la doctora, tiene un efecto destructivo en el carácter de los niños. Por el contrario, cuando los niños ayudan a los demás, se sienten competentes de verdad, poderosos y orgullosos de sí mismos. Cohn cita estudios que muestran que aquéllos con un compromiso de cuidar a otros no sólo tienen niveles de autoestima más altos, sino también mejores resultados social y académicamente, y corren menos riesgos de sufrir depresión o trastornos de ansiedad. Resulta que aquéllos que se involucran en algo que está más allá de sí mismos, tienden más a obtener niveles altos de bienestar y satisfacción en la vida (p. 2).

Las investigaciones que hemos dirigido respaldan las observaciones de Werner y Cohn, y ofrecen evidencia de que los niños se emocionan y reciben con gusto la oportunidad de contribuir al bienestar de otros. Pedimos a un grupo numeroso de adultos que nos mencionara los recuerdos más positivos y negativos de la época en que fueron estudiantes; específicamente, debían ser experiencias positivas que incluyeran algún comentario o acto de un maestro que hubiera fomentado en ellos la autoestima y la motivación. El tema más común reflejaba a un niño al que le daban la oportunidad de contribuir de algún modo al ambiente de la escuela. He aquí algunas de sus respuestas:

- "Cuando estaba en primer año tuve la responsabilidad de abrir y cerrar las puertas del guardarropa porque era uno de los más altos del salón. Esto me hacía sentir bien porque estaba consciente de mi estatura".
- "En una escuela que sólo tenía un salón, la maestra me sentó y me puso a deletrear palabras con los alumnos de segundo año, ya que yo había demostrado tener habilidad en esa materia".
- "Mi maestro de inglés me pidió que le diera clases a una compañera mayor que yo que estaba a punto de reprobar el año porque tenía dificultades con la gramática. Yo iba en tercero de secundaria".
- "En tercer año me escogieron para ayudar a traer la leche y los popotes".
- "En segundo de secundaria, mi maestro de arte me pidió que pintara un mural en la escuela. Todavía nos escribimos".

Estas respuestas validan el comentario del psicólogo Urie Bronfenbrenner acerca de que parte del plan de estudios de cada niño debería ser un "plan para aprender a cuidar" en el cual recibieran instrucción y oportunidades para cuidar a otros. Desde nuestro punto de vista, este tipo de plan debería extenderse más allá de la escuela: al hogar y la comunidad del niño.

AYUDE A SUS HIJOS A SENTIR QUE HACEN LA DIFERENCIA

Conseguir la ayuda de su hijo realmente puede disminuir su enojo. Una consecuencia de un mejor comportamiento es que el niño deje de creer que están constantemente enojados con él. De hecho, entre más le guste ayudar, menos probable será que otros se enojen con él. Las siguientes recomendaciones le ayudarán a poner este principio en práctica en su propia familia.

Utilice palabras que expresen que los niños son importantes

La palabra que muchos padres utilizan para describir las responsabilidades que desean que sus hijos cumplan, es una que desafortunadamente ha adquirido connotaciones negativas: *deberes*. Con frecuencia decimos: "Recuerda hacer tus deberes". Además, en la mente de muchos niños, los deberes están relacionados directamente con las tareas, otra actividad que en muchos hogares no es muy bien recibida. Todavía no hemos encontrado a un niño que diga: "Soy muy afortunado porque tengo deberes y tareas que hacer". De hecho, decimos a los padres que sospechen si sus hijos alguna vez expresan este tipo de sentimientos. Cuando preguntamos a los padres en nuestros talleres: "¿A quiénes de ustedes les encanta hacer los deberes?", rara vez vemos una mano levantada. Sin embargo, cuando preguntamos: "¿A quiénes de ustedes les gusta ayudar a otros?", casi todos levantan la mano con decisión.

¿Puede una palabra como *deberes* hacer la diferencia en la percepción de un niño sobre lo que se le pide y hasta qué punto va a cooperar? Nosotros pensamos que sí. Desde luego, remover la palabra *deber* u otras similares del vocabulario no motivaría a los niños a ser más responsables mágicamente. Sin embargo, cuando los padres nos hablan de la falta de responsabilidad de sus hijos, siempre mencionan que no cumplen los deberes de la casa. Cuando están preocupados por las tareas cotidianas, pierden de vista con facilidad todas las áreas en las que sus hijos *son* responsables. Aunque resulte evidente para los padres entender por qué ciertos deberes tienen que hacerse, no es necesariamente obvio para los niños. A menudo nos sorprende la cantidad de padres que disciplinan con enojo a sus hijos por no hacer los deberes. Eventualmente estos niños pueden cumplir con las peticiones de los padres para terminar con los recordatorios y los castigos, pero de esta manera, más que promover la responsabilidad en sus hijos, generan resentimiento.

Hemos encontrado que cuando los padres dicen: "Necesitamos tu ayuda", los niños suelen responder cooperativamente, ya que no interpretan lo que piden los padres como una imposición. No significa que cada vez que le diga a su hijo: "Necesitamos tu ayuda", le va a contestar de inmediato: "¡Gracias, papá y mamá, por pedirme ayuda!" Sin embargo, pensamos que pedir ayuda a los niños es mucho más eficaz que decirles (ordenarles) que hagan las cosas. Las peticiones que se hacen en términos de ayuda suelen alimentar la compasión, la responsabilidad y la capacidad para sobreponerse a los problemas.

> Cuando los padres dicen: "Necesitamos tu ayuda", los niños suelen responder cooperativamente.

La familia Leopold: "Agradecemos tu ayuda"

Nos dimos cuenta de lo anterior en nuestro trabajo con la familia Leopold, a cuyos miembros mencionamos en el Capítulo 3. Los padres, Mona y Lawrence, estaban preocupados por sus tres hijos: Liz, de 12 años; Madison, de 10; y Manny, de ocho. Los padres se quejaban de que eran "groseros" y que con frecuencia les decían cosas muy negativas. Los padres respondían con sus propias frases negativas como: "Se comportan como niñitos mimados" o "Nunca van a aprender a portarse bien".

En las sesiones, pedimos a Mona y Lawrence que pensaran en el impacto que sus palabras tenían en sus hijos; también, que desarrollaran expectativas realistas, límites y consecuencias para sus hijos y, sobre todo, que tuvieran un intercambio de ideas positivas con ellos cuando "los sorprendieran haciendo algo bueno". Es muy interesante observar la exorbitante cantidad de tiempo que muchos padres, como los Leopold, ocupan regañando a sus hijos, en comparación con el tiempo que dedican a hacerles cumplidos. Resultan todavía más sorprendente las razones que los padres ofrecen para explicar esta diferencia. Un padre nos dijo en una ocasión: "Paso más tiempo regañando a mis hijos que haciéndoles cumplidos porque ellos pasan más tiempo sin cooperar que cooperando". Desafortunadamente, este padre no se daba cuenta de que los comentarios a sus hijos reforzaban su comportamiento negativo.

Aconsejamos a Mona y a Lawrence diversas estrategias que los ayudarían a ser más eficientes al inculcar la disciplina. Algunas fueron descritas en el Capítulo 3; dado el tema de este capítulo, nos gustaría enfatizar otra estrategia. Estaba dirigida a nuestra impresión de que Liz, Madison y Manny no comprendían la manera en que su cooperación beneficiaría a todos en casa. En parte no lo entendían porque sus padres no reconocían ante sus hijos cuando eran cooperativos.

Para remediar esta situación, los Leopold comenzaron por decirles a sus hijos que querían hablar con ellos. Después, cuando nos contaron lo ocurrido, explicaron la reacción de los niños diciendo que estaban acostumbrados a la crítica. Liz había exclamado: "¡No! ¡otro sermón! ¿Por qué no dejan de regañarnos?"

Lawrence nos dijo que le respondió: "No, no se trata de otro sermón. Tu mamá y yo pensamos que los regañamos mucho". Al decir esto, Lawrence sonreía y comentó: "Ya saben lo que quería añadir, pero no lo hice". Le dijimos que podíamos adivinar. Continuó: "Quería decirles que la única razón por la que los regañábamos era porque eran irresponsables, y que si fueran responsables, no tendríamos que regañarlos".

Sonreímos y preguntamos qué lo detuvo a decirlo.

Se rió y respondió: "Pensé que ustedes me regañarían y que no les parecería una buena idea".

También nos reímos y aseguramos que nunca lo regañaríamos, sino que pediríamos que pensara en lo que había hecho. En un tono más serio señalamos que el que Lawrence se hubiera contenido mostraba que estaba reflexionando en cómo sus hijos recibirían sus palabras. Preguntamos qué les había dicho después.

"Que estábamos muy cansados de darles sermones y de regañarlos. De hecho, afirmamos que nuestros recordatorios constantes sólo estaban generando más tensión en la casa. Cuando lo escucharon se quedaron pasmados, sin saber qué venía después. En palabras de ustedes, 'cambiamos el guión' y creo que los sorprendió un poco; no sabían qué esperar". Lawrence se volvió hacia su esposa, y le preguntó: "¿Estás de acuerdo en lo que he dicho hasta ahora?"

Ella asintió y añadió: "Entonces Larry dijo: 'Lo que queremos decirles es lo mucho que necesitamos su ayuda en distintas responsabilidades de la casa, y que agradeceremos esa ayuda'".

Ambos se rieron y les preguntamos el motivo.

Mona respondió: "Supongo que los dos estamos pensando en la respuesta de Liz".

Su esposo asintió con la cabeza. Ella continuó: "Liz dijo: 'Mmm, ¿qué se traen?, ¿qué quieren?' Y Larry respondió muy bien al decir: 'Simplemente queremos llevarnos bien entre todos y que ayudemos en las cosas de la casa'".

Este intercambio inicial sobre las contribuciones importantes que los niños podían hacer en casa, era congruente con los demás cambios que los Leopold estaban haciendo en su estilo de paternidad y de disciplina. Subrayamos la contribución que estaban haciendo para lograr un ambiente de mayor cooperación en la casa, y apreciaron la importancia de nuestro comentario positivo hacia ellos.

Lawrence respondió: "Gracias por ese comentario. Se siente bien saber que estás haciendo una diferencia en la vida de otras personas; en este caso, en la de tus propios hijos".

Los Leopold habían aprendido mucho sobre las características de una mentalidad con autodisciplina y capacidad de sobreponerse a los problemas. Nosotros nos sentimos bien pagados al ver que toda la familia se beneficiaba de esto.

Propicie que su familia sea caritativa

Con frecuencia preguntamos a los padres: "¿Alguna vez su hijo lo ha visto involucrarse en actividades en las que ayuda a otros?" y "¿Se han involucrado usted y sus hijos, juntos como familia, en este tipo de actividades?" Estas preguntas están basadas en la idea de que es más fácil enseñar responsabilidad y cuidados cuando servimos de modelo e involucramos activamente a nuestros hijos en actividades de contribución.

Obviamente, no deseamos que los niños digan que sus padres están fuera todas las tardes haciendo diferentes trabajos comunitarios. Dicho nivel de actividad reflejaría que los padres sacrifican un tiempo muy valioso para estar con sus hijos, ayudando a otros. Sin embargo, siempre nos da gusto cuando los niños nos informan que sus padres colaboran en un comité de la ciudad, que son entrenadores de un equipo o que ayudan a conseguir dinero para una organización de caridad.

No sólo los niños deben observar a sus padres involucrarse en mejorar la vida de otros sino que; además, desde muy temprana edad ellos mismos deben participar en estas actividades. Hasta los niños de preescolar pueden ayudar de varias maneras. Por ejemplo, si los padres se ofrecen como voluntarios en un refugio para personas que no tienen casa, los niños pueden colaborar con sus padres preparando bolsitas con artículos de tocador antes de la visita al refugio.

Una "familia caritativa" alimenta la tradición de involucrar a todos sus miembros en ayudar a otros. Al hacerlo, los padres refuerzan en sus hijos la idea de que son importantes, de que pueden ayudar y realmente hacer la diferencia. Un niño que desarrolla esta mentalidad adquiere un sentido de responsabilidad y compasión, así como autodisciplina. En nuestra experiencia, las familias caritativas casi siempre utilizan un estilo autoritativo de disciplina.

Volviendo a los Leopold, se involucraron en apoyar a una organización que busca prevenir el cáncer de mama. Esta causa les llamó la atención porque a la madre y a la tía de Mona les habían hecho la mastectomía. Juntos, los miembros de la familia Leopold participaron en actividades de caridad que apoyaban la investigación del cáncer de mama, y los niños estaban más que entusiasmados con esta causa.

Sea equitativo con los trabajos aburridos

En la práctica, aun cuando seamos cuidadosos en expresar a nuestros hijos que necesitamos de su ayuda para que la casa funcione mejor, de todas formas muchas responsabilidades parecen aburridas o tediosas. ¿Quién se muere de ganas de limpiar el cuarto, lavar los platos o sacar la basura? Estas actividades derivan en falta de decisión u "olvido", lo que a su vez conduce a regaños y formas de disciplina basadas en el castigo. Con frecuencia los padres preguntan: "¿Qué podemos hacer para que nuestros hijos realicen estos deberes sin tener que regañarlos?" A continuación presentamos algunos pasos que puede dar para propiciar a que sus hijos hagan sus deberes y prevenir problemas de disciplina:

• Explique por qué hay cosas que es necesario hacer, por qué ciertas actividades son importantes y qué pasaría si no se realizaran. Una pareja lo hizo al informar a sus tres hijos que si no echaban su ropa sucia en el cesto, no la lavarían. Cuando el hijo mayor, un chico de 14 años, una mañana descubrió que no tenía pantalones ni camisas limpias que ponerse, rápidamente aprendió las consecuencias de no haber cumplido con la petición de sus padres. Al principio intentó culparlos diciendo que no sabía que habían echado la ropa a lavar el día anterior. Ellos, respondieron con calma que tenía dos opciones: acordarse de echar la ropa sucia en el cesto o lavar la ropa por sí mismo. Para su sorpresa, prefirió lavar la ropa por sí mismo, y desde entonces se hizo cargo de lavar y de planchar su ropa. Obviamente, ésa no sería la elección de la mayoría de los adolescentes, pero con él funcionó.

- Sostenga reuniones familiares para hablar sobre lo que es necesario hacer en casa. Siéntense todos juntos y hagan una lista de las responsabilidades del hogar. Con frecuencia surgen diferencias de opinión sobre qué responsabilidades son importantes, las cuales pueden servir de base para futuros diálogos entre los miembros de la familia. Algunas tareas que se consideran importantes en un momento, a veces son irrelevantes en otro. Una vez que la lista de responsabilidades esté completa, pueden revisar quiénes deben hacer ciertas tareas, y cuáles pueden ser realizadas por cualquier miembro de la familia. Esta decisión depende mucho de las edades y habilidades de los niños. No puede esperar que un niño de cuatro años limpie las coladeras, pero sí puede ayudar a recoger las hojas secas en el pasto.

- Decidan quién hace qué, cuándo y por cuánto tiempo. Cuando su lista de responsabilidades esté completa y con las prioridades definidas, su familia puede desarrollar un sistema para repartirlas y asignar el tiempo. Algunas son más tediosas que otras. Muchas familias diseñan un horario rotativo de manera que los deberes cambian cada semana o mes.

- Establezca una manera con la cual se recuerden entre todos los deberes. Aun con la ayuda de la lista y de la rotación de las labores, los niños (y también los padres) pueden olvidar cumplir con sus responsabilidades. Hablen sobre qué hacer en caso de que alguien, incluyendo los padres, olvide cumplir con algo. Hemos visto que muchas familias utilizan simples recordatorios por medio de comentarios breves y sin acusar a nadie como: "Olvidaste lavar los platos" o "Saliste de la sala y no levantaste los juegos". Otras familias colocan una lista de las responsabilidades específicas en lugares clave de la casa, y cuando alguien no cumple con su tarea, los demás simplemente le señalan la lista.

Sin importar la estrategia que utilice, involucre a sus hijos para que todos comprendan por qué deben ayudar y cómo se puede distribuir el trabajo de manera equitativa. Aunque los padres pueden tener la última palabra, los niños reconocerán su papel en la vida de la familia si ven que se toman en cuenta sus puntos de vista. Así, tenderán a ser más cooperativos y responsables, y usted habrá contribuido al desarrollo de la autodisciplina.

LA ALEGRÍA DE LOGRAR COSAS Y CONTRIBUIR

En este capítulo hemos señalado la importancia de reconocer que la disciplina es mucho más que castigar y que debe ser comprendida como un proceso de enseñanza para que sus hijos sean más reflexivos, compasivos y responsables. Los jóvenes como Nathan nos recuerdan la importancia de que, incluso los niños que están muy enojados, pueden aprender formas alternativas de interactuar con el mundo y de confiar en otras personas. Este cambio de mentalidad no proviene de mandatos autoritarios en que el coraje del niño se enfrenta al enojo de uno de los padres o de otro adulto, sino de involucrarlo en actividades que le muestren los beneficios de ayudar a otros. Este enfoque positivo de disciplina previene que surjan el coraje y los problemas de conducta, y enseña valores y habilidades importantes.

La familia Laramie: "La flautista de Hamelin del vecindario"

Jackson y Annika Laramie nos consultaron sobre Laurie, su hija de 15 años. Laurie tenía dificultades para hacer amigos de su edad y mostraba una "falta de responsabilidad" en varias áreas de su vida. La descripción que hacían sus padres de su comportamiento indicaba que era socialmente inmadura y no se sentía cómoda con sus compañeros de clase. También notaron que con frecuencia se veía triste y enojada, y a veces preguntaba directamente: "¿Por qué todos parecen estar siempre enojados conmigo?, ¿por qué nadie me quiere?" Conforme los Laramie identificaron las dificultades de Laurie, también revelaron que era cierta su idea de que la gente estaba enojada con ella.

Jackson dijo: "Sabemos que Laurie está triste y que lidia con muchas cosas en su vida, pero Annika y yo a veces sentimos que podría hacer más cosas por sí misma, que a veces se siente como una 'víctima' y que nada puede mejorar su situación. Sé que ambos nos sentimos frustrados y le gritamos. Le sugerimos que invite a otros niños a la casa, pero responde que nadie quiere estar con ella; en lugar de ser más comprensivos, nos frustramos y nos enojamos más. Entonces, Laurie dice: 'Todos están enojados conmigo', y se molesta con nosotros y nos acusa de no amarla. Sé que debemos de encontrar otra forma de tratarla".

Respondimos que tal vez ayudaría si nos hablaran de las fortalezas de Laurie; de sus islas de competencia. Explicamos que fortalecer las islas de competencia de un niño a menudo ayuda a que enfrente sus preocupaciones y vulnerabilidades.

Annika respondió de inmediato: "Es un placer ver a Laurie con niños más pequeños. Tiene una forma muy amable de tratarlos y les tiene mucha paciencia, ellos disfrutan de su compañía. El otro día vinieron a la casa tres vecinos de ocho años de edad para ver si Laurie tenía tiempo de enseñarles un juego. El rostro se le iluminó en cuanto los vio. Es más comunicativa con ellos que con niños de su edad. Es la 'flautista de Hamelín' del vecindario".

Jackson estuvo de acuerdo, pero afirmó que, aunque Laurie pareciera muy responsable con estos niños, con frecuencia mostraba una falta de responsabilidad en su vida diaria. Les pedimos ejemplos y Annika comentó sin dudar: "A cada rato se le olvida tender su cama o acomodar su ropa limpia, por lo que se queda tirada en el piso. A veces no estamos seguros de qué está sucio y qué está limpio. También creemos que debería ser más responsable al prepararse en la mañana para salir a la escuela. Pone la alarma de su reloj pero a veces se vuelve a dormir y entonces tenemos que entrar en su cuarto y despertarla".

Jackson añadió: "Annika y yo nos preguntamos si Laurie se va a convertir en una persona responsable o si siempre dependerá de los demás para hacer las cosas".

Era obvio que los Laramie se sentían frustrados por su hija, frustración expresada con comentarios en tono de enojo, que desafortunadamente confirmaban a Laurie que la gente estaba enojada con ella y aumentaban su coraje. Determinamos que los padres tenían que cambiar de un estilo disciplinario basado en el castigo, a uno que se apoyara en las fortalezas de Laurie.

Nuestras recomendaciones incluían reforzar en Laurie el sentido de responsabilidad al señalar sus islas de competencia, el sentido de contribuir al bienestar de otras personas, el sentido de responsabilidad y la sensación de control sobre su vida. Aconsejamos a los Laramie que aprovecharan la evidente fortaleza de Laurie para relacionarse con niños más pequeños. Casualmente, un vecino le acababa de pedir que cuidara a sus dos hijos, de cinco y siete años, dos tardes por semana. La madre de Laurie estaría disponible en caso de que hubiera problemas, así que sus padres la animaron a aceptar el trabajo, cosa que hizo. También recomendamos que Jackson, Annika y Laurie decidieran juntos otras formas en las que Laurie pudiera asumir más responsabilidad en su vida. Sugerimos que le pidieran que pensara qué podría ayudarle a recordar cumplir con estas responsabilidades.

El trabajo de niñera proporcionó experiencias a Laurie que elevaron su autoestima y su sentido de responsabilidad de varias maneras. Primero, el hecho mismo de cuidar a los dos hermanos le hizo sentir que era una persona capaz. Además, su capacidad para resolver problemas se fortaleció al hablar con los padres sobre los tipos de actividades que podía hacer con sus hijos al trabajar de niñera. Los Laramie hablaban a menudo con Laurie sobre sus actividades como niñera, lo que les daba muchas oportunidades de halagarla por el excelente trabajo que realizaba y por su comportamiento responsable. También recibió comentarios positivos de los padres de los niños. Su éxito en este trabajo, junto con los buenos comentarios que recibía, ayudaron a que disminuyera su idea de que los demás estaban decepcionados o enojados con ella. Laurie se estaba convirtiendo en una adolescente más responsable al desarrollar una mentalidad con autodisciplina y capacidad de sobreponerse a los problemas.

Esta mentalidad fue reforzada más adelante al concentrarse en asumir mayor responsabilidad en otras áreas de su vida. Una de ellas fue estar lista en la mañana para ir a la escuela sin recordatorios en tono de enojo. Habíamos presentado la idea de que a Laurie se le podía facilitar estar en la escuela si se involucraba en una actividad de su gusto, especialmente una que implicara ayudar a otros.

Los Laramie consultaron al consejero escolar quien les dijo que la preparatoria estaba ubicada junto a una guardería y que varios alumnos obtenían créditos en sus materias al ayudar ahí en las mañanas. Laurie aceptó de inmediato. Dado que sabía que los niños de la guardería dependían de ella, se aseguró de levantarse temprano (más que de costumbre) y estar lista a buena hora. Sus padres estuvieron dispuestos a llevarla a la escuela en el auto media hora antes, sobre todo porque esta nueva responsabilidad creaba un ambiente de mayor calma y menos enojo.

Esta actividad arrojó beneficios extra. Con la ayuda de su consejero escolar, Laurie escribió un artículo para el periódico de la escuela sobre sus experiencias en la guardería. Como comentó Annika: "Cuando Laurie vio su nombre impreso en el periódico, bien habían valido la pena siete años de terapia".

Trace caminos para alcanzar objetivos

Una vez que los niños están involucrados en actividades productivas y que benefician a los demás, son más dados a desarrollar responsabilidad y compasión. Al mismo tiempo experimentan menos enojo, y lo mismo ocurre con los adultos. Ésa fue la experiencia de una directora de escuela que acudió a uno de nuestros talleres y después nos envió el siguiente correo electrónico:

> Su trabajo ha contribuido a salvar a una familia. La mamá de Jerry (ése no es su verdadero nombre) vino llorando a mi oficina el otoño pasado. Jerry le había dado problemas durante algunos años, pero recientemente se había vuelto físicamente violento con ella. Comenzamos a ver que sucedía lo mismo en la escuela.
>
> El día que Jerry terminó castigado aquí, su madre vino y nos confesó que odiaba a su hijo y comenzó a llorar. Me dijo que estaba pensando en enviarlo a algún internado porque ya no podía soportarlo.
>
> Hablé con Jerry y le dije que tenía un problema y quería ver si podía ayudarme. Le comenté que no teníamos suficiente personal de apoyo a la hora del almuerzo. Aceptó ayudarme limpiando las mesas y barriendo el piso por media hora al final del almuerzo cada día. Nuestros guardias (que son excelentes y están concentrados en los niños) le agradecieron efusivamente y lo felicitaron de verdad por el trabajo que había hecho. Jerry no se ha metido en problemas desde entonces. Ya no es físicamente violento ni negativo en la clase.

Al leer el texto reforzamos la idea de que al disciplinar a los niños —sobre todo a los que están enojados o que son provocadores— debemos considerar ciertas formas para prevenir que surja el enojo. Podemos hacerlo brindando oportunidades para que logren sus objetivos y contribuyan ayudando a otros.

La misma directora nos dio un segundo ejemplo:

> La semana pasada conseguí que un chico de cuarto año —quien tenía fuertes problemas para organizarse, rara vez traía su tarea y se sentía bastante mal consigo mismo— comenzara a ayudar a los niños de segundo a tener sus cosas listas al final del día. Les ayuda a apuntar cuál es su tarea y a guardar sus cosas en las mochilas. El primer día que comenzó con esto, lo vi sonreír tres veces —normalmente vemos tres sonrisas suyas en una semana—. Ha recordado sin falta ir todos los días al salón de los niños de segundo y, de acuerdo a la maestra del grupo, sonríe todo el tiempo. Desde entonces no se le ha olvidado traer su tarea un solo día.

Esta educadora creativa y cariñosa nos agradeció: "¡Estos son sólo dos ejemplos! Gracias otra vez. Por favor sigan dando sus conferencias. No tienen idea de a cuántos niños están salvando".

En realidad esta directora es quien merece los cumplidos. Mostró tener el valor de cambiar el modo negativo en que muchos adultos se relacionan con los niños. Comenzó a realizar acciones que ayudan a prevenir problemas y aumentan la autoestima de los jóvenes en riesgo. Sus intervenciones mostraron el verdadero sentido de la palabra *disciplina*; es decir, un proceso de enseñanza.

La familia Taunton: "Un niño con alegría"

En el Capítulo 5 conocimos a la familia Taunton, incluyendo a Jeremy, de 10 años, y a Lucille, de ocho. Los padres de Jeremy y su consejero escolar lo describieron como un niño enojado que molestaba a otros y con mucha dificultad para aceptar cumplidos o comentarios positivos. Asimismo, tenía problemas con la lectura. En casa y en la escuela hacía berrinches y tenía ataques en los que arrojaba cosas. El consejero comentó que Lucille le había dicho a su maestra que tenía miedo, ya que sus padres gritaban y daban nalgadas a Jeremy cuando se portaba mal. Además, Jeremy parecía no encontrar alegría ni siquiera en lo que hacía bien; sus padres comentaron que parecía no creer los cumplidos que recibía.

En el Capítulo 5 analizamos el comportamiento de Jeremy con base en la teoría de las atribuciones; es decir, lo que pensaba que eran las razones detrás de sus logros y contratiempos. Sus padres comentaron que empezó a tener logros cuando cambiaron de un estilo de disciplina autoritario y enfocado al castigo, a darle opciones para elegir y a mantener la disciplina concentrada en las consecuencias de sus elecciones. Al final de nuestras conversaciones con los Taunton, preguntamos cuál sería la mejor manera de comunicarse con Jeremy para que comenzara a aceptar el reconocimiento de sus logros. Pensamos que la actitud y el comportamiento negativos de Jeremy mejorarían si experimentaba la alegría que acompaña a los logros realistas.

Durante una sesión individual con Jeremy le pedimos que nos dijera qué consideraba que hacía bastante bien. Rápidamente respondió: "No sé". Cuando le formulamos la pregunta de otra manera y pedimos que dijera qué le gustaba hacer recibimos respuestas parecidas. Simplemente respondimos; "Está bien. Hay niños que tardan varias semanas en encontrar lo que más disfrutan o en lo que son buenos".

Durante una sesión individual con Lucille, ella confirmó lo que sus padres habían dicho sobre las islas de competencia de su hermano; que Jeremy era un buen artista y era bueno en los deportes. Cuando preguntamos qué le gustaba dibujar a su hermano, ella respondió: "Dibuja muchos monstruos que asustan. Una vez dibujó un monstruo que se estaba comiendo a una niña y me dijo que la niña era yo. Yo sé que sólo está bromeando. A veces le gusta asustarme".

Le preguntamos si había otras cosas que a Jeremy le gustara dibujar.

"Sí. Hace muy buenos dibujos de carros y aviones, también de niños practicando deportes. A veces los copia de las revistas, pero otras los hace sin tener una revista enfrente". Entonces ofreció un ejemplo que nos ayudó a considerar estrategias para utilizar con su hermano: "La semana pasada le dije a Jeremy que era un gran artista y que desearía poder dibujar como él. Me preguntó qué me gustaría dibujar y yo le enseñé unas muñecas de una revista". Le pedimos que nos contara qué ocurrió después. "Me enseñó cómo copiarlas. Fue muy amable cuando lo hizo". Le preguntamos si había copiado las muñecas. "Sí. Y entonces Jeremy me dijo que mis dibujos eran muy buenos y me ayudó a colgarlos en el pizarrón de mi cuarto". Preguntamos si a Jeremy le había gustado enseñarle a dibujar las muñecas. "Sí. Fue muy amable".

Cuando nos reunimos con Luke y Meredith Taunton, preguntamos sobre este asunto.

Luke dijo: "Lucille estaba feliz. De inmediato quiso que viéramos sus dibujos. En cuanto la felicitamos nos dijo que Jeremy la había ayudado mucho y que le había enseñado cómo dibujar. Para serles franco, yo no estaba muy seguro de felicitar a Jeremy porque pensé que quizá se enojaría y haría lo de siempre: rechazar nuestros cumplidos. Pero le dije que había hecho un gran trabajo al enseñar a su hermana cómo copiar las muñecas. Para mi sorpresa y la de Meredith, respondió:

'Gracias'. Fue sólo una palabra, pero marcó toda la diferencia para nosotros".

Pedimos que consideraran por qué pensaban que su hijo había aceptado el cumplido e incluso lo había agradecido.

Meredith respondió: "Pensamos en eso, pero realmente no estamos seguros. También notamos que sus arranques de enojo han disminuido en estas últimas dos semanas".

No estábamos seguros de todas las razones por las que Jeremy había aceptado el cumplido de su padre o estaba menos enojado; tal vez los resultados se debían al gran trabajo que habían hecho sus padres. Comentamos que lo platicado en las sesiones más recientes sugería que habían castigado menos a Jeremy y que se habían enojado menos con él. Al parecer, dejaron de gritarle y darle nalgadas. Les dijimos que esos cambios lo ayudaban a darse cuenta de que sus padres no estaban enojados con él y, por lo mismo, él se enojaba menos con ellos. Comentamos que a nosotros siempre nos ha impresionado la mejoría en el comportamiento de los niños cuando los padres comienzan a utilizar un enfoque más positivo. Los esfuerzos que hicieron los Taunton para cambiar su guión negativo sirvieron de base para que Jeremy cambiara el suyo.

Continuamos halagando a Lucille, quien obviamente quería mucho a su hermano; hicimos saber a los padres que habíamos aprendido algo sobre su descripción de Jeremy cuando le enseñó a dibujar; pudimos utilizar esa información para ayudar a Jeremy a sentirse mejor consigo mismo y menos enojado.

Revisamos el concepto de actividades contributivas y el valor terapéutico de motivar a los niños a ayudar a otros. Hicimos hincapié en que era esencial felicitar a los niños por los logros realistas que alcanzaran, y que cuando Jeremy tuviera dificultades para aceptar los cumplidos era importante evitar caer en un debate para convencerlo de aceptarlos. Después de todo, como los Taunton habían experimentado, es fácil para los padres enojarse cuando sus hijos rechazan sus cumplidos. Recomendamos que en lugar de enojarse pensaran en formas en que Jeremy pudiera ayudar a otros como lo había hecho con Lucille. Con base en su disposición para aceptar el cumplido de su padre al haber ayudado a Lucille —incluso dijo "gracias"—, comentamos que la experiencia de ayudar a otros sería eficaz para ayudar a Jeremy a sentir más satisfacciones.

Meredith dijo: "Sería maravilloso verlo. Es difícil explicar lo bien que nos sentimos cuando nos agradeció por haberlo felicitado por lo de Lucille. Para la mayoría de los padres escuchar la palabra 'gracias' habría sido algo bonito, pero nada extraordinario. Para nosotros fue un momento muy especial".

Así como vimos lo que los Laramie hicieron con Laurie, su hija, al comienzo de este capítulo, pedimos al consejero escolar y a la maestra de Jeremy su cooperación. Consiguieron que Jeremy fuera a un salón de niños de primer año una vez por semana para enseñarle a dibujar. Para apoyarlo en esta actividad, la maestra de arte de la escuela le dio a Jeremy un libro que mostraba cómo dibujar diferentes animales paso a paso. Ella lo ayudó a preparar una "clase" para que los niños de primero dibujaran animales.

La maestra comentó: "Los niños piensan que Jeremy es el nuevo Picasso; creen que es el mejor artista del mundo y se sienten muy felices cuando terminan sus dibujos. Le pedí que los ayudara a colocar sus dibujos por todo el salón y fue muy atento. Éste es mi primer año en la escuela, así que no sé cómo era Jeremy antes, pero es un niño completamente distinto a lo que he escuchado de él".

Una semana después, en una conversación la maestra de primero dijo: "Me comentaron que Jeremy ha tenido problemas para aceptar los cumplidos, pero cuando lo felicité por la gran diferencia que ha hecho en el salón, lo aceptó sin ningún problema".

El consejero de la escuela afirmó: "Jeremy se ve mucho más relajado y con menos enojo. No hemos tenido noticias de que moleste a otros niños en semanas".

Los Taunton eran amigos de la dueña de una librería de la zona. Le preguntaron si Jeremy podía dibujar algo que pudiera exhibirse en la librería. Ella les dijo que podía hacer un cartel dirigido a los niños sobre la importancia de leer. Le envió un correo electrónico a Jeremy para informarle que sus padres habían dicho que era un gran artista y que a ella le encantaría reunirse con él para ver la posibilidad de que hiciera un cartel para la librería. El tema de promover la lectura tenía un significado especial para él, ya que tenía dificultades en esa área.

Jeremy se reunió con ella y luego dibujó un cartel. Ella insistió en que lo firmara y lo colocó en una ventana muy cerca de la entrada para que todos lo vieran. La isla de competencia de Jeremy estaba desplegada de forma importante.

Unos días después, cuando Jeremy, Lucille y sus padres iban caminando frente a la librería, Luke le dijo a su hijo: "Qué buen cartel. Yo no podría dibujar algo así". Según lo que dijeron ambos padres, Jeremy sonrió. En la sesión en la que Luke habló de esto, afirmó con mucho orgullo y alivio: "Ahora es un niño *con* alegría".

Nuestro trabajo con los Taunton continuó por casi un año más. Tuvimos algunas sesiones individuales con Jeremy, reuniones con los padres y reuniones familiares. Trabajamos de cerca con el consejero escolar para asegurarnos de que Jeremy recibiera la tutoría que necesitaba para mejorar sus habilidades de lectura, y de que siguiera teniendo oportunidades para ayudar en la escuela (hizo dibujos para las oficinas del consejero escolar y del director).

No todos nuestros trabajos resultan tan bien como con la familia Taunton. Sin embargo, hemos aprendido que los niños se benefician cuando se les anima a ayudar a otros. Es un hecho muy simple, pero cuando se les marca una diferencia positiva son menos propensos al comportamiento negativo.

LA SABIDURÍA DE SERVIR A OTROS

Esperamos que considere cuidadosamente la forma positiva de la disciplina preventiva que hemos explicado en este capítulo. Al hacerlo, puede ser de ayuda para que reflexione sobre las impresiones presentadas por dos autores reconocidos. Sus palabras demuestran su aprecio por los beneficios de las actividades contributivas.

Charles Dickens afirmó: "Ningún hombre es inútil en este mundo cuando aligera la carga de alguien más".

Walt Whitman dijo: "Cuando doy, me doy por completo".

CAPÍTULO 10

LAS LECCIONES Y EL PODER
DE LA AUTODISCIPLINA

*

Nuestra capacidad de tener una autodisciplina consciente es, en muchos sentidos, lo que nos hace humanos: ya sea con las habilidades para elegir y tomar decisiones, o para planear y actuar con responsabilidad. Como lo afirma la escritora Martha Bronson en su libro *La autorregulación en la infancia temprana*: "La autorregulación comienza con la vida misma" (p. 2). Lo que ella llama autorregulación y nosotros autodisciplina, es la información que conduce los procesos que involucran la atención, el pensamiento, la resolución de problemas y el aprendizaje. Estos procesos se desarrollan con la edad y la madurez. Bronson explica el desarrollo del siguiente modo:

Sobre todo en la infancia temprana, el hecho de alimentar la autorregulación requiere de un enfoque integral que considere al niño por completo. Los niños más pequeños no pueden separar sus sentimientos, pensamientos y acciones como los niños mayores o los adultos aprenden a hacerlo. Las habilidades físicas, sociales, emocionales, cognitivas y motivacionales están entrelazadas con los intereses (p. 10).

Añade que, a causa de este desarrollo, la disciplina —lo que llama "apoyo proporcionado por la autorregulación"— debe ser adecuada para el nivel de desarrollo del niño en cada una de estas áreas.

La autodisciplina se ha convertido en un tema popular en nuestra compleja cultura. Al buscar en Internet la palabra *autodisciplina,* resultaron más de cinco millones de entradas, al buscar la frase *autodisciplina en los niños,* más de un millón y medio. Muchos de estos sitios promueven ideas y estrategias para ayudar a los niños a desarrollar autodisciplina, lo que es una tarea clave en la infancia temprana. La mayoría sugiere que los padres traten de comprender cómo involucrarse en este proceso. Algunos presentan un enfoque de conducta y afirman que las recompensas y los castigos generan autodisciplina. Otros más presentan un enfoque orientado a la empatía, y plantean que ayudar a los niños a apreciar y comprender sus sentimientos es el camino hacia la autodisciplina. Finalmente, otros sitios enfatizan que los niños hacen lo que ven; así aconsejan a los padres a comportarse con autodisciplina, para que sus hijos sigan su ejemplo. Sin importar el enfoque, resulta claro que ayudar a los niños a desarrollar autodisciplina es una responsabilidad muy importante de los padres en un mundo cada vez más complejo. Formar un niño con autodisciplina requiere de una combinación de todos estos enfoques, con un particular énfasis de ser una guía, más que alguien que castiga.

> Ayudar a los niños a desarrollar una autodisciplina es una responsabilidad muy importante de los padres en un mundo cada vez más complejo.

LOS BENEFICIOS DE LA AUTODISCIPLINA

La autodisciplina permite al niño considerar y apreciar un problema, concentrarse el tiempo necesario para encontrar soluciones efectivas al mismo y ensayarlas para alcanzar una solución exitosa. La autodisciplina aumenta cuando un niño aprende varias lecciones básicas:

- Es mejor enfrentar tareas difíciles que evadirlas.
- Es importante pensar y reflexionar antes de actuar.
- Podemos dividir tareas grandes en pequeñas partes, más fáciles de manejar, para que el intento de alcanzar nuestros objetivos no sea abrumador.
- Podemos apreciar, aceptar, analizar nuestros errores y aprender de ellos.
- Muchas personas ponen pretextos cuando su autodisciplina es pobre, en lugar de reconocer que la habilidad de evaluar con honestidad las decisiones y sus resultados, y aprender de ellas, es un elemento clave para una vida con autodisciplina y capacidad para sobreponerse a los problemas.

Maestros con experiencia reconocen la importancia de la autodisciplina. Neil Abrahams, profesor de matemáticas en el distrito escolar de Houston, escribió en línea en el Foro de Matemáticas: "Los maestros necesitan ser capaces de contar con autodisciplina por parte de los alumnos para obtener logros. Sin embargo, la cultura juvenil de Estados Unidos, así como el consumismo dificultan el desarrollo de la autodisciplina necesaria para el aprendizaje". Abrahams lanza la hipótesis de que la autodisciplina quizá es el factor que más influye en las diferencias de logros en los alumnos que cualquier otra cosa.

Estamos de acuerdo con él.

> La autodisciplina quizá es el factor que más influye en las diferencias de logros en los alumnos que cualquier otra cosa.

Cordelia Fine, investigadora del Centro de Filosofía Aplicada y Éticas Públicas en la Universidad de Melbourne, en Australia, describe los resultados de las investigaciones de Amelia Duckworth y Martin Seligman, publicados en 2005 en la revista *Psychological Science*. Fine apunta las conclusiones del autor:

A menudo se culpa a los maestros, de inadecuados; a los libros de texto aburridos; o al gran número de estudiantes en un salón de clases ante la falta de logros en los jóvenes de Estados Unidos. Nosotros pensamos que hay otra razón para explicar el motivo de la falta de desarrollo del potencial intelectual de los alumnos: su falta de autodisciplina. Creemos que a muchos de los niños en Estados Unidos se les dificulta elegir entre cosas que requieren un sacrificio del placer por corto plazo, a cambio de una ganancia a largo plazo. Consideramos que los programas que construyen la autodisciplina pueden ser el camino real hacia la construcción de un logro académico (p. 10).

En el otoño de un año escolar reciente, Duckworth y Seligman evaluaron a 140 estudiantes de segundo año de secundaria en Pensilvania. Cada estudiante hizo una prueba de IQ (coeficiente intelectual), y después ellos, sus padres y maestros respondieron cuestionarios sobre autodisciplina. Por ejemplo, algunas preguntas formulaban: "¿Eres bueno para resistir la tentación?", "¿Puedes trabajar eficazmente hacia metas a largo plazo?", "¿Algunas veces el placer y la diversión te impiden terminar tu trabajo?" Los estudiantes también participaron en una prueba sobre su habilidad para posponer la gratificación. A cada uno le entregaron un billete de un dólar en un sobre. Podían escoger quedárselo o devolverlo y recibir dos dólares una semana después. La decisión de cada estudiante fue cuidadosamente registrada.

En la primavera siguiente, Duckworth y Seligman volvieron con este grupo de estudiantes y compararon sus calificaciones con la información obtenida el otoño anterior. Querían identificar los factores más importantes relacionados con las calificaciones. Por mucho, el mejor elemento de predicción de las calificaciones fue la autodisciplina. La capacidad de autodisciplina de cada estudiante resultó dos veces más importante que su IQ para predecir un éxito académico. La autodisciplina también fue la variable más importante para predecir la preparatoria que elegirían los estudiantes, su regularidad para asistir a clases, las horas que dedicarían a la tarea, las horas de ver televisión (menos horas a mayor autodisciplina) y la hora del día en que comenzarían su tarea (más temprano a mayor autodisciplina). El efecto de la autodisciplina en las calificaciones finales se mantuvo constante, incluso al llevar un control de las calificaciones desde el primer periodo de evaluaciones, resultados en las pruebas de logros y alcances y, como lo hemos mencionado, los resultados en la prueba de IQ. Lo anterior apoya la idea de los educadores de que la razón principal por la cual algunos estudiantes no desarrollan su capacidad intelectual es que no logran ejercitar su autodisciplina.

Algunas personas son sencillamente más susceptibles a la tentación y la distracción. Sin embargo, todos alcanzamos algunas veces los límites de nuestra fuerza de voluntad; necesitamos práctica y apoyo para desarrollar la autodisciplina requerida para una vida satisfactoria y con capacidad para sobreponerse a los problemas.

En este libro hemos tratado de mostrar cómo puede alimentar y fortalecer la autodisciplina en sus hijos. Nuestro enfoque está basado en un modelo de capacidad para sobreponerse a las dificultades, ya que si los niños han de desarrollar las habilidades y puntos de vista que van de la mano con la capacidad de sobreponerse a los problemas, deben desarrollar la autodisciplina.

> Vea la enseñanza de la autodisciplina como un proceso a largo plazo y trate de no sentirse descorazonado si los frutos de su labor no son evidentes de inmediato.

Como resulta evidente a partir de los casos de familias que hemos compartido en este libro, reconocemos que el proceso de alimentar la autodisciplina en los niños puede ser muy difícil, y que los resultados de los esfuerzos como padres pueden no ser muy notorios de inmediato. Sugerimos que vea la enseñanza de la autodisciplina como un proceso a largo plazo y trate de no sentirse descorazonado si los frutos de su labor no son evidentes de inmediato. Algunos jóvenes necesitan más tiempo para madurar que otros. Recuerde: las semillas que siembra cuando un niño es pequeño pueden *no* alcanzar la madurez sino hasta varios años después.

LA FAMILIA STOCKLEY:
"¿CUÁNDO VA A CRECER?"

Los retos, contratiempos y logros asociados con la paternidad y la enseñanza de la autodisciplina fueron ejemplificados de forma conmovedora, graciosa y dramática con Tyler Stockley, de 11 años, y sus padres, Julie y Craig. Sam, coautor de este libro, vio a esta familia por primera vez a mediados de los años ochenta. Tyler era un niño agradable, aunque impulsivo, que cursaba quinto año y tenía problemas de aprendizaje y atención. Aunque sus padres lo querían mucho, debían lidiar con su baja autodisciplina, por lo que se les dificultaba servir como buenos modelos de disciplina consecuentes para su hijo. Cuando valoré a Tyler por primera vez y comencé a trabajar con él, describí un modelo para resolver problemas y utilicé un juego de rol para ayudarlo a comprender.

"Cuando tienes un problema, ¿cómo lo resuelves?", pregunté. "Simplemente hago lo primero que se me ocurre", respondió Tyler. "¿Y siempre funciona?" "No lo sé. No había pensado en eso." "Bueno, de ahora en adelante", respondí, "cuando tengas un problema, quiero que te detengas y pienses en él, que te expliques mentalmente por qué es un problema; piensa en una buena solución y luego reflexiona sobre cada paso que necesites dar para alcanzarla. Por último, pregúntate si la solución fue efectiva. Si no lo fue, vuelve y escoge otra".

Revisamos cuidadosamente este método para resolver problemas. Al final de la sesión pedí a la madre de Tyler que entrara y le dije: "Necesitamos que ayude a Tyler a recordar que debe utilizar su método para resolver problemas". "Bien, voy a intentarlo", respondió Julie, "pero algunas veces yo tampoco soy muy buena para resolver problemas". "Entonces éste va a ser un buen método para los dos", la animé. "Está bien", dijo ella.

"¿Ha visto cómo resuelve Tyler sus problemas?", pregunté.

Julie confirmó lo que su hijo me había dicho minutos antes: "Parece que hace lo primero que se le ocurre. Creo que aprendió eso de mí y de su padre".

Riéndose, Tyler dijo: "¿Te acuerdas de cuando te enojaste la semana pasada porque el carro no arrancaba? Lo pateaste y te lastimaste el pie".

Afortunadamente, Julie tenía un buen sentido del humor y también rió: "De todas maneras no arrancó. Ése no fue un buen ejemplo de cómo resolver problemas".

"¿Cómo ha intentado enseñarle a Tyler a resolver problemas?", pregunté.

Julie respondió: "Creo que nunca he pensado en eso. Supongo que asumí que los niños aprenden a resolver problemas con la práctica y a partir de sus experiencias".

"Bueno, ensayo y error son una forma de aprender, pero a menudo es una manera muy dura. No siempre sabemos qué hacer cuando estamos ante un fracaso".

"Nunca había pensado en eso."

Continué: "No me mal interprete; el ensayo y el error son una parte importante del proceso de resolver problemas pero sin importar la edad, todos nos beneficiamos de una guía que nos ayude durante el proceso".

"¿Como el 'señor carisma' que me dijo que necesitaba?", preguntó Tyler. En sesiones anteriores, había hablado a Tyler y a su madre sobre la importancia de lo que llamamos un "adulto carismático" para ayudar a un niño en situaciones difíciles. Como lo describe el psicólogo Jules Segal, un adulto así es una persona de quien el niño toma fuerza.

"Sí, un adulto carismático es la guía perfecta", dije.

"Mamá, ¿quieres ser mi adulto carismático?", preguntó Tyler.

"Desde luego que sí", respondió ella.

Revisamos pacientemente el modelo para resolver problemas y consideramos uno particular de Tyler: levantarse a tiempo y alistarse para ir a la escuela.

"El problema es que en las mañanas estoy cansado", explicó.

"¿Realmente ése es el problema?", pregunté, "¿o más bien es que cuando llega la hora de irse a la escuela tú no estás listo?"

"Ése es el problema", dijo Julie. "Le he dicho a Tyler que si está cansado en la mañana, entonces debe irse a la cama más temprano".

"¡Pero yo no quiero irme a la cama más temprano, no soy un bebé!", respondió rápidamente Tyler.

"Tal vez podamos pensar en otras soluciones", le dije. "¿Qué más piensas que podemos hacer para ayudarte a estar listo en la mañana?"

"Podría dormirme con la ropa puesta", comentó. "Así podría estar listo más rápido."

"Bueno, tendrás que cambiarte de ropa algunas veces", respondió Julie apenas conteniendo la risa.

"Tal vez podrías traerme el desayuno a la recámara y así podría desayunar mientras me visto", respondió Tyler.

"Eso no funcionaría porque no eres lento al vestirte, sino para levantarte de la cama, y luego encuentras otras cosas qué hacer en lugar de vestirte", dijo su madre.

Esta conversación sobre cómo resolver el problema continuó hasta que llegaron a un acuerdo: Tyler iba a sacar su ropa la noche anterior y se levantaría diez minutos antes; su madre le recordaría más lo que hay que hacer en la mañana. Durante las semanas siguientes, Tyler estaba listo más temprano, aunque su falta de autodisciplina lo seguía persiguiendo no sólo al levantarse por la mañana, sino en todas las áreas de su vida. Julie estuvo de acuerdo en seguir utilizando el método para resolver problemas con Tyler, recordándole cuando necesitaba pensar en cómo enfrentar las distintas circunstancias que se le presentaban. De hecho, escribió los pasos del método para resolver problemas en una tarjeta para que el niño la trajera en el bolsillo.

Tyler le dijo: "Algunas veces olvidó sacar la tarjeta del pantalón y entonces olvidó qué hacer".

Dos semanas después de aprender el método para resolver problemas, Tyler vino a verme. Sus primeras palabras en la sala de espera fueron: "Utilicé el plan para resolver problemas y me metí en muchos problemas. Es culpa suya".

Lo invité a pasar a mi consultorio: "Dime qué pasó".

Su respuesta fue como un guión de película: él y su amigo estaban jugando con una pelota de béisbol que cayó sobre el techo de la casa y rodó hasta caer en la coladera del desagüe de la azotea. Tyler continuó: "Recordé lo que me había dicho. El problema es la pelota atorada en el techo. Debíamos recuperarla. Lo primero que pensé fue traer las llaves de nuestra casa rodante y moverla más cerca de ese lado de la casa".

"¿Por qué lo pensaste así?" pregunté.

"Porque tiene una escalera lateral. Podía subir por ahí hasta el techo de la casa rodante y bajar la pelota", respondió Tyler, "pero la casa rodante estaba muy lejos de ese lado de la casa, así que debía ir por las llaves para moverla".

Para entonces ya no sabía qué decir, así que me limité a escuchar.

"Recordé lo que dijo sobre dividir la solución en partes, así que pensé en cómo mover la casa rodante. Tenía las llaves. He visto a mi papá moverla para atrás hacia la calle. Metes la llave y la echas a andar. Pisas el freno, metes la reversa, no pisas el acelerador, solamente sueltas el pie que está en el freno lentamente y dejas que el carro llegue hasta la calle".

"¿Y qué pasó?"

"Bueno, estaba tratando de mover la casa rodante más cerca del lado de la casa. Supongo que la moví muy lejos. La casa rodante chocó con la casa".

"¿Qué hiciste entonces?", pregunté, dándome cuenta de la gravedad de la situación, pero tratando de no sonreír ante la explicación de Tyler.

"Bueno, detuve la casa rodante y me bajé para ver qué había pasado. La casa rodante tenía un hoyo, el lado del techo estaba chocado y la pelota seguía atorada ahí", explicó Tyler. "Pero Dr. Sam, yo recordé lo de resolver un solo problema a la vez. ¡Así que mi amigo y yo pensamos qué más podíamos hacer para bajar la pelota!"

Para entonces yo me había quedado sin habla.

"Nuestra segunda opción era traer a mi hermano pequeño y tal vez subirlo al techo". El hermano menor de Tyler, un niño de siete año, un poco amanerado y bastante tranquilo, había sido quemado una vez accidentalmente por Tyler. Cuando su hermano vio a Tyler y a su amigo dirigirse hacia él, sabiamente salió corriendo. Tyler continuó: "Entonces decidimos ir por una escalera".

"Qué buena idea", respondí.

"Pero no tenemos una escalera".

"¿Y quién tiene?".

"La vecina, pero no voy a pedírsela".

"¿Por qué no?"

"Porque si le pido una escalera va a llamar a la policía".

No tenía idea de por qué pasaría eso, así que le pregunté: "¿Por qué habría de llamar a la policía?"

"Bueno, hace unas semanas mi mamá me envío a pedirle un poco de mantequilla. La vecina no estaba en casa, así que fui a la puerta trasera porque siempre la deja abierta. Lo sé porque a veces me pide que deje salir a su perro en la tarde. Decidí quedarme a ver su gran televisión hasta que regresara", explicó Tyler.

"¿Y entonces qué pasó?"

"Llegó a casa y estaba muy enojada. Me dijo que aunque la puerta estaba abierta, yo era un criminal porque me había metido en su casa. También me dijo que en el estado de Utah puedes dispararles a los criminales en tu casa. Yo no me vuelvo a acercar a ella", dijo Tyler con firmeza.

Al ver este desastre decidimos modificar el método para resolver problemas. De ahí en adelante, cuando Tyler pensara en soluciones debía hacer una lista de cuatro o cinco posibilidades y debía escoger la tercera, cuarta o quinta, pero nunca las primeras dos. Expliqué a Tyler que con frecuencia sus primeras dos opciones eran impulsivas y no muy bien pensadas; también, debía considerar las consecuencias de cada solución. Estuvo de acuerdo.

Cuando Julie fue a recoger a Tyler al final de esta sesión memorable, de inmediato me preguntó si su hijo me había hablado de la casa rodante. Le respondí que sí. Con un tono de exasperación afirmó: "Simplemente no sé cómo ayudarlo a encontrar buenas soluciones cuando resuelve problemas".

"Mamá", intervino Tyler, "cuando tenga un problema, no voy a escoger la primera ni la segunda solución que se me ocurran. ¡Voy a escoger la tercera!"

"¿Quién pensó en eso?", preguntó.

"El Dr. Sam."

"Creo que es una buena idea, pero necesitamos una estrategia para que puedas recordarlo", dijo Julie. Su sugerencia indicaba que ella reconocía los elementos de un plan para resolver problemas.

"No te preocupes, mamá. Simplemente recordaré cuánto voy a extrañar mi dinero cuando tenga que pagarte lo que rompa."

"Buena idea, Tyler. Vamos a ver qué tan bien funciona esa estrategia", dije mientras apuntaba en la agenda la fecha de la siguiente cita.

Unas semanas después recibí una llamada de un oficial de policía que preguntó si conocía a Tyler; le expliqué las leyes y los permisos de privacidad y aseguré que no podía decirle si lo conocía o no. Aun así le pedí que me contara de qué se trataba.

El policía me dijo: "Tyler estaba en una alberca y poco faltó para que lastimara muy seriamente a una niña pequeña".

"¿Qué pasó?", pregunté.

El policía me explicó que Tyler y esta niña comenzaron a discutir por un área que cada uno reclamaba como suya en el pasto al lado de la alberca. Tyler levantó la toalla, la puso alrededor del cuello de la niña y la jaló. Afortunadamente la niña no se había lastimado muy fuerte, pero podía haberlo estado.

El policía continuó: "Vi lo que pasó y llevé a Tyler aparte. Me explicó que el 'Dr. Sam' le había dicho que cuando tuviera un problema no debía hacer lo primero que se le ocurriera. Me dijo que lo primero había sido pegarle a la niña. Después me dijo que el 'Dr. Sam' le había dicho que cuando tuviera un problema no debía hacer la segunda cosa que se le ocurriera; ésta fue empujar a la niña a la alberca y brincarle encima. Tyler dijo que el 'Dr. Sam' le había dicho que hiciera la tercer cosa que se le ocurriera; en este caso fue ponerle una toalla en el cuello y darle un jalón".

No sabía cómo reaccionar. Estaba muy claro que Tyler había fracasado en considerar las consecuencias de esta opción. Su falta de disciplina había trastocado el método para resolver problemas recién diseñado. A pesar de sus mejores esfuerzos volvió a meterse en problemas una vez más.

Tyler recibió un citatorio por comportamiento agresivo. Poco después esa misma semana él y sus padres vinieron a verme.

"Tyler necesita ser más responsable", dijo Craig Stockley. "Tenemos muchas cosas que hacer y muchos problemas. No tenemos el tiempo para estar detrás de él. Está tomando un medicamento para ayudarlo. ¿Cuándo va a madurar?"

Tyler estaba enfrentando muchos retos. En una visita anterior, sus padres habían reconocido que ambos tenían problemas con el alcohol y habían decidido divorciarse, pero no podían pagarlo. Para aumentar el caos familiar, a Craig lo acababan de despedir del trabajo. Aun así, el hermano menor y la hermana mayor de Tyler, quienes estaban pasando por lo mismo, no parecían tener problemas de autodisciplina como Tyler. El medicamento que el chico estaba tomando lo ayudaba a tener mejores resultados en la escuela, pero los fármacos no sustituyen las habilidades desarrolladas a través de experiencias positivas.

"Usted sabe que Tyler es un buen chico", Julie añadió, "simplemente debe aprender a controlarse".

Tyler miraba el piso. Se veía preocupado y avergonzado, pero cuando le pregunté qué creía que podía ayudarlo no supo qué decir. Expliqué la importancia de supervisar más cercanamente a Tyler y la necesidad de brindarle más oportunidades para desarrollar la autodisciplina y tener éxito, no sólo en el área de juegos, sino en la escuela y en todas partes.

Poco después la familia se mudó. Pasaron siete años y medio antes de que volviera a saber de ellos. Craig llamó para informar que Tyler había comenzado a asistir a un curso de entrenamiento de electricistas. Me preguntó: "¿Podría escribir una carta explicando su discapacidad de aprendizaje para que pueda tomar las clases con ayuda y que no le pongan límite de tiempo en los exámenes?"

"Por supuesto", respondí, "¿Cómo le va a Tyler?"

"Muy bien".

Aunque estaba muy contento de escuchar esto, mi último encuentro con Tyler había indicado que era probable que la limitada autodisciplina del chico le generaría problemas cada vez más graves. Le pregunté: "¿Por qué cree usted que le está yendo tan bien?"

Su padre dijo que realmente no lo sabía.

"Ha pasado bastante tiempo desde la última vez que estuvimos en contacto. Me gustaría saber qué ha pasado con Tyler en estos siete años", insistí.

Craig me dijo que él y su madre habían estado sobrios y sin drogas los últimos cinco años. Finalmente se divorciaron y ambos se volvieron a casar poco después. Tyler vivía con su padre, y sus dos hermanos decidieron quedarse con su madre. El chico había salido de la preparatoria y ahora estaba en el curso de entrenamiento para electricistas.

"¿Por qué para electricistas? ¿Es usted un electricista?", pregunté.

"No", respondió Craig, "pero es una historia interesante". Según me dijo, durante el primer año de la preparatoria Tyler participó en una clase de formación vocacional que duraba un año, en la que los jóvenes ayudaban a construir una casa. El contratista de electricidad para esta clase era un hombre dedicado a eso desde hacía muchos años, pero no era oficialmente un maestro. Hizo un buen vínculo con Tyler cuando le dijo: "Me recuerdas a como era yo cuando estaba joven". Animó a Tyler a convertirse en electricista. No tenía mayores motivos. En un sentido, este hombre se convirtió en el adulto carismático para Tyler, le ofreció un trabajo de tiempo completo en el verano y uno de medio tiempo durante el último año de la preparatoria. Apoyó a Tyler a través del sindicato de electricistas para ingresar a un curso para aprendices de electricistas. "Lo más probable es que debido a los problemas de la escuela y a las discapacidades de aprendizaje de mi hijo, él nunca hubiera calificado para ingresar al curso sin este tipo de apoyo."

Sobra decir que escribí la carta para apoyar a que Tyler ingresara al curso de preparación de electricistas. Lo terminó muy bien y, tres años después, recibí la grata sorpresa de su llamada.

"Me está yendo muy bien", dijo Tyler. "Me gusta ser electricista. Siempre he trabajado bien con las manos. Estoy casado. Amo a mi esposa y acabamos de tener a nuestro primer hijo. Por eso le estoy llamando."

"¿Tiene problemas el bebé?", pregunté.

"No. No exactamente", respondió Tyler, "pero se despierta llorando con frecuencia y cuesta trabajo calmarlo. Mi madre dice que yo era así. Yo sé cuánto trabajo me costó desarrollar la autodisciplina. Si mi hijo va a tener los mismos problemas, quiero comenzar lo antes posible".

LO QUE TYLER NOS ENSEÑÓ SOBRE LA AUTODISCIPLINA

El camino de Tyler nos enseña que desarrollar autodisciplina y tener un estilo de vida con capacidad para sobreponerse a los problemas, la mayoría de las veces es un proceso lento. Su vida también nos recuerda que nunca debemos subestimar el poder de cada persona —un maestro, un padre o un electricista— que puede convertirse en un adulto carismático. Un adulto así puede proporcionar un modelo de autodisciplina y guiar al joven a ser más responsable y maduro.

Además, aunque los padres de Tyler estaban lidiando con sus propias cuestiones de autodisciplina, las conversaciones con nosotros tal vez ayudaron a que plantaran las semillas del éxito futuro de Tyler. Nunca se rindieron y buscaron constantemente nuevas estrategias para ayudarlo a ser menos impulsivo y más reflexivo. Eventualmente, Tyler encontró su isla de competencia como electricista. Como mencionamos antes, a veces los frutos de nuestro trabajo con los niños se notan hasta años después.

VER A TRAVÉS DE LOS OJOS DE NUESTROS HIJOS

En 2005 editamos un libro científico importante, *Manual para criar niños adaptables*. En el último capítulo cuestionamos cómo predecir el futuro de los niños de hoy. ¿Qué estadísticas deben estudiarse? ¿Qué resultados deben ser evaluados? ¿Qué fórmula debe aplicarse? A pesar de contar cada vez con más información valiosa, no tenemos respuestas definitivas ni precisas a estas preguntas. Sin embargo, analizamos el número de riesgos que enfrentan los niños, mismo que va en aumento, y observamos que la investigación a corto y largo plazo —como los estudios de Duckworth y Seligman descritos en este capítulo— señalan constantemente la importancia de la autodisciplina como un factor poderoso y protector de capacidad para sobreponerse a los problemas.

Para ver el futuro de la humanidad simplemente necesitamos ver en los ojos de nuestros niños. Nuestro futuro depende del éxito o el fracaso en los esfuerzos para preparar a nuestros hijos como miembros felices de la sociedad, saludables, funcionales y participativos en su vida adulta. Pero como debe saberlo, la tarea de educar a los niños y de preparar una generación que ocupe nuestro lugar se ha vuelto extremadamente difícil. La complejidad de nuestra cultura parece aumentar los riesgos y vulnerabilidad que han alimentado las estadísticas de la adversidad —los problemas son cada vez mayores en número y gravedad— para nuestros jóvenes. Estas estadísticas reflejan la dificultad en aumento para fomentar en los niños las cualidades necesarias para obtener la salud, la felicidad y el éxito. La ausencia de una enfermedad mental ya no es garantía de salud mental y prosperidad. Todos debemos hacer un esfuerzo consciente para ayudar a los niños a que aprendan formas de pensar, sentir y comportarse basadas en la autodisciplina, que los prepararán para enfrentar con eficacia los muchos problemas y fuentes de estrés que se les presentarán.

> Nuestro futuro depende del éxito o el fracaso en los esfuerzos para preparar a nuestros hijos como miembros felices de la sociedad, saludables, funcionales y participativos en su vida adulta.

En un número reciente de la revista *American Psychologist*, Robert Weissberg, Karol Kumpfer y Martin Seligman reflexionan en torno al creciente interés en la disciplina preventiva, que utiliza lo que conocemos como capacidad para sobreponerse a los problemas. Esta disciplina comienza en las familias. Todavía son necesarias muchas investigaciones antes de que podamos comprender totalmente cuál es la mejor manera de promover este conocimiento para que sea una parte integral de la formación de niños con una capacidad para la autodisciplina. Pero al aplicar lo que hemos aprendido hasta el momento, esperamos que este libro marque una diferencia positiva importante en su vida y la de sus hijos.

LECTURAS RECOMENDADAS

Bernstein, J., *10 días para tener a un hijo menos desafiante*, Nueva York, Marlowe, 2006.

Bernstein, N. F., *Cómo mantener a su hijo fuera de los problemas y qué hacer si no puede*, Nueva York, Editorial Workman, 2001.

Borba, M., *¡Deja ya esa actitud! 24 cosas groseras, egoístas e insensibles que hacen los niños y cómo frenarlas*, San Francisco, Jossey-Bass, 2004.

Brooks, R., y S. Goldstein, *Formando niños con capacidad para sobreponerse a los problemas*, Nueva York, McGraw-Hill, 2001.

——————, *Fomentando la capacidad de sobreponerse a los problemas en nuestros hijos: respuestas a las preguntas más importantes sobre la paternidad*, Nueva York, McGraw-Hill, 2003.

Cline, F.W., y J. Fay., *Paternidad con amor y lógica*, Colorado Springs, Pinon, 2006.

Coloroso, B., *Los niños lo valen*, Nueva York, Harper Collins, 2002.

Curwin, R.L., y A.N. Mendler, *Disciplina con dignidad*, Alexandria, VA, Asociación para la supervisión y el desarrollo del currículo, 1988.

Edwards, C.D., *Cómo manejar a un niño difícil de manejar*, Minneapolis, Espíritu libre, 1999.

Ford, E.E., *Disciplina para la casa y la escuela*, Scottsdale, AZ, Editorial Brandt, 1994.

Goldstein, S., y R. Brooks., *Niños enojados, padres preocupados: siete pasos para ayudar a las familias a manejar el enojo*, Plantation, Florida, Specialty, 2004.

Goldstein, S., K. Hagar, y R. Brooks., *Siete pasos para ayudar a su hijo a preocuparse meno*s, Plantation, Florida, Specialty, 2002.

Goldstein, S., y N. Mather, *Vencer el bajo rendimiento*, Nueva York, Wiley, 1998.

Griffin, L., *Generación de la negociación: retome su autoridad paternal sin castigos*, Nueva York, Penguin, 2007.

Hagar, K., S. Goldstein, y R. Brooks, *Siete pasos para mejorar las habilidades sociales de su hijo*, Plantation, Florida, Specialty, 2006.

Kurcinka, M. S., *Niños, padres, y luchas de poder: ganar para toda una vida*, Nueva York, Harper Collins, 2001.

MacKenzie, R. J., *Poniendo límites a su hijo obstinado*, Nueva York, Three Rivers, 2001.

Mogel, W., *La bendición de una rodilla raspada*, Nueva York, Penguin Compass, 2001.

Nelsen, J., *Disciplina positiva*, Nueva York, Ballantine Books, 1987.

Samalin, N. *Ame sin malcriar: y otros 100 consejos de todos los tiempos para formar hijos excelentes*, Nueva York, McGraw-Hill, 2003.

Shure, M.B. *Formando a un niño reflexivo*, Nueva York, Henry Holt, 1994.

—————. *Padre reflexivo, niño reflexivo: Cómo convertir sus problemas cotidianos más grandes en soluciones*, Nueva York, McGraw-Hill, 2004.

Sornson, B. *Amor y lógica: crear salones de clase donde los maestros amen enseñar y los alumnos amen aprender*, Golden, CO, Instituto de Amor y Lógica, 2005.

Taylor, J., *Presión positiva: Cómo formar un hijo exitoso y feliz*, Nueva York, Hyperion, 2002.

Zentall, S., y S. Goldstein., *Siete pasos para el éxito en la tarea*, Plantation, Florida, Specialty, 1999.

REFERENCIAS

Abrahams, N., Foro de discusión de matemáticas en: http://www.mathforum.org/kb/profile.jspa?userid=41379 (la información ya no está disponible en línea), 2006.

Baumrind, D., "Patrones actuales de autoridad paternal", en *Monografía de psicología de desarrollo,* 4:1-103, 1971.

Boston Globe, "Una razón más para que sea usted su propio jefe", julio 25, 1997.

Bromhall, C., *El niño eterno: cómo la evolución ha hecho niños a todos nosotros,* Londres, Editorial Edbury, 2003.

Bronson, M.B., *Autorregulación en la infancia temprana: naturaleza y educación*, Nueva York, Guilford, 2000.

Brooks, R., y S. Goldstein, *Formando niños con capacidad para sobreponerse a los problemas.* Nueva York, McGraw-Hill, 2001.

—————. *El poder de la capacidad para sobreponerse a los problemas: alcance equilibrio, confianza y fortaleza personal en la vida.* Nueva York, McGraw-Hill, 2003.

Covey, S. *Los 7 hábitos de la gente altamente eficaz.* Nueva York, Fireside, 1989.

Duckworth, A.L., y M.E.P. Seligman. "La autodisciplina supera el IQ en predecir el desempeño académico en adolescentes." *Ciencia Psicológica* 16: 939-44, 2005.

Edwards, C.D. *Cómo manejar a un niño difícil de manejar*. Minneapolis, Espíritu libre, 1999.

Fine, C. "Autodisciplina: el camino al éxito académico." *Australiano*, junio 14, 2006.

Goldstein, S. Y R.B. Brooks, eds, *Manual de capacidad para sobreponerse a los problemas en los niños*. Nueva York, Springer, 2005.

Goldstein, S. Y R.B. Brooks. "El futuro de los niños hoy", en *Manual de capacidad para sobreponerse a los problemas en los niños*. Nueva York, Springer, 2005, pp. 397-400.

Goleman, D, *Inteligencia emocional*. Nueva York, Bantam, 1995.

Katz, M, *Sobre jugar una buena partida con malas cartas*. Nueva York, Norton, 1997.

Marano, H.E. "Un país de peleles". *Psicología hoy*, noviembre/diciembre, 2004. http://psychologytoday.com/articles/pto-20041112-000010.html.

Segal, J. "Los maestros tienen un poder enorme en afectar la autoestima de un niño". *Revista del comportamiento y desarrollo del niño de la Universidad de Brown*. 4:1-3, 1998.

Seligman. M. E. P. *Optimismo aprendido: cómo cambiar su mente y su vida*. Nueva York, Simon and Schuster, 1990.

Shure, M. B. *Formando a un niño pensante*. Nueva York, Holt, 1994.

―――――. *Formando a un preadolescente pensante*. Nueva York, Holt, 2000.

―――――. *Padre pensante, niño pensante: Cómo convertir sus problemas cotidianos más grandes en soluciones*. Nueva York, McGraw-Hill, 2004.

Von Oech, R. *Un golpe en la cabeza*. Nueva York, Warner Books, 1990.

Weiner, B. *Motivación para alcanzar cosas y teoría de las atribuciones*. Morristown, NJ, General Learning, 1974.

Weissberg, R. P., K. L. Kumpfer, y M. E. P. Seligman. "La prevención que funciona para niños y jóvenes". *Psicólogo americano* 58: 425-32, 2003.

Weltner, L. "Siempre tan humildes: los niños necesitan dar tanto como recibir". *Boston Globe*, diciembre 11, 1997.

Wen, P. "Los doctores buscan nuestra perspicacia en nuestro punto de vista". *Boston Globe*, noviembre 27, 2001.

Werner, E. "Riesgo, capacidad para sobreponerse a los problemas y recuperación: perspectivas del estudio longitudinal Kauai". *Desarrollo y psicopatología* 5: 503-15, 1993.

Este libro terminó de imprimirse en octubre de 2008
en Editorial Penagos, S.A. de C.V., Lago Wetter
núm.152, Col. Pensil, C.P.11490, México D.F